焦汉伟 ©著

股权战略

中国法治出版社
CHINA LEGAL PUBLISHING HOUSE

前言

公司是最重要的市场主体。据统计，我国公司数量从 2014 年的 1303 万户，增加至 2023 年 11 月底的 4839 万户，增长了 2.7 倍。[①] 激烈的市场竞争中，业绩是公司血肉，股权则是公司骨骼，内外兼修才会有真正的竞争力。目前公司治理实践中，很多企业往往忽视公司的股权战略，导致公司发展昙花一现。公司法是社会主义市场经济制度的基础性法律。2023 年 12 月 29 日，十四届全国人大常委会第七次会议修订通过了《中华人民共和国公司法》（以下简称公司法[②]），自 2024 年 7 月 1 日起施行。新公司法坚持问题导向，总结实践经验和理论成果，为优化公司治理机制、便利公司投融资提供了更为丰富的制度选择。在市场经济新阶段和新公司治理规则下，股权战略对促进公司发展越来越重要。

股权架构、股权融资和股权激励称为公司股权战略的"一体两翼"。其中，股权架构相当于公司的四梁八柱，是公司持续发展的根基，为公司股权战略的重中之重。公司发展是不断融资的过程。公司可以通过沉淀经营利润、对外举债等多种方式筹得发展所需资金，但这往往是杯水车薪。随着我国资本市场发展，股权融资成为公司筹集资金的重要手段，特别是创业期企业。股权融资虽然能融得企业发展所需的资金，但也意味着引进了新股东，会在一定程度上影响公司的人合性，利弊共存。公司发展又是不断融智的过程。

[①] 《完善认缴登记制度　营造诚信有序的营商环境》，国家市场监督管理总局网：https：//www.samr.gov.cn/zw/zfxxgk/fdzdgknr/xwxcs/art/2023/art_4d25423ee4ec4da988871decf43a7db6.html，最后访问时间：2025 年 1 月 15 日。

[②] 本书对法律文件名称均采用此种简称方式。

随着社会发展，人才观念也在发生变化。长期以来行之有效的工资、奖金等传统薪酬工具已经不能满足现代人力资源经营需求。作为长期激励工具的股权激励不同于工资、奖金等短期激励工具，已成为现代企业引人、用人和留人更为有效的手段。但，股权激励比传统薪酬工具复杂，用好则是公司与员工双赢，用不好则会导致人散股走。华为、阿里巴巴、京东、真功夫、俏江南、小黄车、土豆网等公司治理案例表明：公司股权战略不仅会影响公司业务发展，而且在很大程度上决定了公司能否成为"百年老店"。

法律指引方向，规则创造价值。本书站在法律规则和经营实践全视角，根据新公司法，主要以有限责任公司为例（以下简称公司，特别说明除外）探讨公司股权战略之股权架构、股权融资和股权激励。用经营思维思考法律问题，用法律工具实现商业目的，致力于为公司及创始人创造价值。衷心希望本书能够在一定程度上帮助企业经营者更好地实现经营目的。此外，本书仅以出版日期为限分享最新法律信息或案例，不构成法律意见或建议；如有任何具体法律问题，请寻求专业人士的意见或建议。另，本书定有不足之处，敬请广大法律专业人士、企业经营者和读者批评、指正。

2024 年 12 月 31 日

目录

第一章　股权架构 / 001

　第一节　股权架构是创业者的第一堂课 / 003

　　一、股权架构与控制权 / 003

　　二、股权架构与婚姻风险 / 006

　　三、股权架构与继承风险 / 007

　　四、股权架构与企业传承 / 008

　　五、股权架构与税务筹划 / 009

　第二节　股权分配艺术 / 009

　　一、股权分配原则 / 010

　　二、五大持股比例线 / 012

　　三、海底捞股权结构演变 / 014

　第三节　股东投票权安排策略 / 016

　　一、股权与股东投票权 / 016

　　二、股东投票权安排策略 / 017

　　三、创新企业双层股权架构 / 020

　第四节　董事会经营权控制 / 022

　　一、董事会与经营权 / 023

　　二、董事会控制策略 / 024

　　三、阿里巴巴合伙人制度 / 026

　第五节　持股方式与税负筹划 / 027

一、自然人持股 / 028

　　二、公司持股 / 028

　　三、合伙企业持股 / 030

第六节　股东出资义务与责任 / 033

　　一、股东义务与股东出资义务 / 033

　　二、股东加速出资情形 / 034

　　三、股东未尽出资义务的法律后果 / 037

第七节　出资协议与公司章程 / 040

　　一、出资协议 / 040

　　二、公司章程 / 043

　　三、出资协议与公司章程的关系 / 046

第八节　股东股权与婚姻 / 047

　　一、股权归属 / 047

　　二、股权收益归属 / 048

　　三、股权处分权 / 049

　　四、土豆网 / 050

第九节　境内股权家族信托 / 052

　　一、家族信托制度优势 / 053

　　二、境内股权家族信托困境 / 055

　　三、境内股权家族信托架构 / 057

　　四、欧普照明境内股权家族信托 / 059

第二章　股权融资 / 063

第一节　股权融资面面观 / 065

　　一、债权融资与股权融资 / 065

　　二、私募股权融资时间窗口 / 066

　　三、私募股权融资估值方法 / 068

四、私募股权融资过程 / 070

　　五、私募股权融资交易文件 / 070

第二节　创始人核心义务 / 071

　　一、声明与保证 / 071

　　二、股东承诺 / 072

　　三、股权转让限制 / 073

　　四、股权兑现 / 074

　　五、全职和不竞争 / 075

　　六、竞业限制 / 076

　　七、业绩对赌 / 077

　　八、股权回购 / 077

　　九、违约责任 / 078

第三节　投资人特殊权利 / 079

　　一、一票否决权 / 080

　　二、优先购买权 / 081

　　三、共同出售权 / 082

　　四、优先认缴权 / 083

　　五、反稀释权 / 084

　　六、领售权 / 085

　　七、优先清算权 / 086

第四节　股权融资与对赌 / 087

　　一、对赌概念 / 088

　　二、对赌类别 / 088

　　三、对赌效力 / 091

　　四、对赌补偿 / 093

第五节　股权融资与股权回购 / 094

　　一、股权回购概念 / 094

二、股权回购机制 / 095

　　三、创始人股权回购责任 / 097

第六节　股权融资与婚姻 / 098

　　一、创始人配偶回购责任 / 098

　　二、小马奔腾股权回购案 / 099

第七节　公募融资与股票发行注册制 / 100

　　一、注册制实施历程 / 101

　　二、股票发行注册条件 / 101

　　三、股票发行注册程序 / 104

　　四、股票发行失败及法律责任 / 105

　　五、欣泰电气强制退市案 / 106

第三章　股权激励 / 109

第一节　股权激励利与弊 / 111

　　一、股权激励正面作用 / 111

　　二、股权激励负面影响 / 114

　　三、华为公司股权激励 / 115

第二节　股权激励三大底层逻辑 / 116

　　一、奖励与激励 / 117

　　二、分利与分权 / 118

　　三、进入与退出 / 119

第三节　股权激励工具、持股方式和持股平台 / 119

　　一、股权激励工具 / 120

　　二、股权激励持股方式 / 122

　　三、股权激励持股平台 / 124

第四节　股权激励定人、定量、定价 / 125

　　一、定人 / 125

二、定量 / 127

　　三、定价 / 128

　第五节　合伙人进入和退出机制 / 130

　　一、股权期权与分期行权机制 / 130

　　二、限制性股权与股权锁定机制 / 131

　　三、合伙人退出机制 / 132

　第六节　股权激励所得税税负 / 133

　　一、非上市公司股权激励所得税税负 / 133

　　二、上市公司股权激励所得税税负 / 138

第四章　常用法律文本 / 141

　第一节　出资协议 / 143

　第二节　公司章程 / 150

　第三节　一致行动协议 / 163

　第四节　增资协议 / 164

　第五节　股东协议 / 182

　第六节　股权激励计划 / 200

　第七节　激励股权授予协议 / 207

附录

　中华人民共和国公司法 / 217

GUQUAN ZHANLUE

第一章
股权架构

第一节 股权架构是创业者的第一堂课

股权架构并非法律概念。一般认为，公司股权架构是指公司股东构成、持股比例、持股方式及其之间的关系。公司股权架构是公司"一体两翼"股权战略中的"体"，犹如万丈高楼的四梁八柱。股权架构决定了公司治理机制。稳健的股权架构是公司管理层及经营方向稳定的基础，为公司高效决策、快速执行、减少内耗提供制度保障。京东、小米、美团等公司之所以能够长期保持战略方向清晰和经营稳健，与其稳定的股权架构有很大的关系。反之，若公司股权架构不稳定，管理层和公司经营发展则会发生动荡。有些公司后期发展产生动荡或陷入僵局，与其不稳定的股权架构不无关系。因此，就现代企业经营管理而言，创始人应从战略层面重视公司股权架构，根据业务发展规划前瞻性地搭建合理的股权架构。

一、股权架构与控制权

通常，公司组织机构由股东会、董事会和监事会组成，其中股东会为公司权力机构。按照公司法和章程的规定，公司股东会通常行使下列职权：（1）决定公司的经营方针和投资计划；（2）选举和更换非由职工代表担任的董事、监事，决定有关董事、监事的报酬事项；（3）审议批准董事会的报告；（4）审议批准监事会或者监事的报告；（5）审议批准公司的年度财务预算方案、决算方案；（6）审议批准公司的利润分配方案和弥补亏损方案；（7）对公司增加或者减少注册资本作出决议；（8）对发行公司债券作出决议；（9）对公司合并、分立、解散、清算或者变更公司形式作出决议；（10）修改公司章程；（11）公司章程规定的其他职权。因此，作为权力机构的公司股东会决定了企业经营方针、董事任免、监事任免、企业合并分立等事项，是公司治理的关键。公司法还规定，公司股东会由全体股东组成；股东会会议由股东按照出资比例行使表决权；但是，公司章程另有规定的除外。因此，股东持股比例直接决定了股东在公司股东会享有的表决权数量，也关乎创始人对公司的控制权。此外，不同的公司股权架构中，公司股东相同的持股比例所代表的表决权并不一定相同。如，自然人甲出资人民币 60 万元，自然人乙出资人民币 40 万元，设立 A 公司，注册资本为人民币 100 万元。图一和图二两种股权架构中，自然人甲持有 A、B 公司股权均为 60%，但在两种股权架构中持有的表决权是不同的。图一股权架构中，自然人甲持有 A 公司 60% 表决权；图二股权架构中，自然人甲则通过持股公司 B 间接控制了 A 公司 100% 表决权。由此可见，公司创始人的公司控制权与股权架构息息相关。

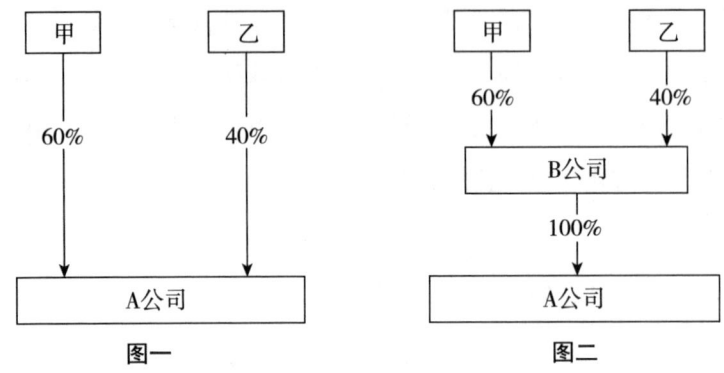

图一　　　　　　　　图二

真功夫是中式快餐连锁企业的代表品牌之一。根据公开资料①，其前身是创始人潘宇海于 1990 年在东莞长安镇 107 国道旁边开的一家 168 甜品店，主营蒸饭、蒸汤和甜品等餐饮业务。1994 年，蔡达标及其配偶潘敏峰（系潘宇海姐姐）投入约 4 万元加入经营。此时股权结构为：潘宇海持股 50%、蔡达标持股 25%，潘敏峰持股 25%。经营初期，潘宇海任公司法定代表人、执行

---

① 根据相关公开报道整理。张泉薇：《家族企业内乱遗恨：无缘 IPO、重组告吹》，《新京报》2017 年 7 月 10 日；郭芳：《真功夫内斗硝烟再起：一半股权归属悬而未决成隐患》，《中国经济周刊》2015 年 7 月 6 日；胡晓玲：《真功夫内乱风波：微妙的股权结构》，《中国经营报》2009 年 8 月 24 日；等等。

董事、总经理，负责公司全面管理；蔡达标主要负责开店等事务；潘敏峰则负责收银等工作。1997年，在潘宇海主导下真功夫通过"电脑程控蒸汽设备"攻克了中式快餐的"标准化"难题，开始在全国范围内开店，企业发展进入快车道。2004年，品牌正式更名为"真功夫"，并立志将其打造成为"中国的麦当劳"。2006年9月，蔡达标、潘敏峰夫妇离婚；潘敏峰将其持有的25%股权转让给了蔡达标。此时真功夫股权结构变更为：潘宇海50%、蔡达标50%。此后，负责门店扩张的蔡达标对企业发挥的作用越来越大，企业管理权逐步从潘宇海的手中转移到了蔡达标手中。2007年7月，真功夫餐饮管理有限公司成立（以下简称真功夫公司），蔡达标任公司董事长兼法定代表人。2007年10月，今日资本和中山联动投资真功夫公司，投后真功夫公司估值约为50亿元人民币，投资人各投1.5亿元人民币，分别持有真功夫公司3%股权。增资完成后，真功夫公司股权结构变更为：潘宇海47%（其中5.26%通过双种子公司持有）、蔡达标47%（其中5.26%通过双种子公司持有）、今日资本3%、中山联动3%。上述股权融资后，投资者力主公司快速扩大规模，目标2010年上市。此时，蔡达标与潘宇海的经营思路却出现了分歧，蔡达标追求企业快速发展，而潘宇海更重视企业稳健经营。相比于经营风格较稳健的潘宇海，蔡达标的经营策略更符合投资人需求。因此，无论在股东会还是在董事会，投资人都比较支持蔡达标，并力主确立蔡达标的核心地位，潘宇海被逐渐边缘化。之后，蔡达标为了完全控制公司经营权，开始着手"去家族化"改革：从肯德基、麦当劳等餐饮连锁企业挖来众多职业经理人，并辞退了真功夫多位与潘宇海关系密切的中高层，股东冲突由此爆发。2009年6月，潘宇海向真功夫公司发出《审计通知书》，要求指定会计师事务所对真功夫公司账目进行审计，但遭到了公司拒绝。遭拒后，潘宇海于2009年7月起诉至法院，主张股东知情权。2010年2月，天河法院作出一审判决，支持了潘宇海的审计请求。真功夫公司不服一审判决，上诉至广州市中级人民法院。2010年8月，广州中院终审判决维持一审判决，支持对真功夫公司进行司法审计。2010年9月，为打破公司僵局，在投资方的努力下，投资方、蔡达标和潘宇海达成协议，由指定的相关方逐渐受让潘宇海的股份，从而降低潘宇海的股权比例，最终使蔡达标成为控股股东。但此时潘宇海并不愿意退出公司经营。2010年11月4日，在蔡达标支付股权转让款时，潘宇海夫妇即以该笔资金为由，向公安部门举报蔡达标涉嫌经济犯罪。2011年3月，公安部门对蔡达标等人涉嫌经济犯罪立案侦查，并对蔡达标采取了刑事强制措施。嗣后，广州市天河区人民法院于2013年12月12日作出（2012）穗天法刑初字第1306号刑事判决，判决被告人蔡达标犯职务侵占罪，判处有期徒刑十年，并处没收财产人民币100万元；犯挪用资金罪，判处有期徒刑六年；数罪并罚，决定执行有期徒刑十四年，并处没收财产人民币100万元。宣判后，被告人蔡达标不服，提出上诉。广州市中级人民法院二审经审理，于2014年6月4日作出（2014）穗中法刑二终字第68号刑事裁定书，裁定维持原判。[①] 在此期间，各方还进行了多起民事诉讼。真功夫两位创始人均分的股权结构和公司控制权之争导致企业发展陷入动荡，错失了上市做大做强的机会。

二、股权架构与婚姻风险

婚姻危机是公司创始人要面临的一次"大考"，特别是家族企业。公司创始人婚姻变故不仅会影响公司控制权的稳定性，还会极大地影响公司经营，特别是资本运作。地素时尚为中国高端服装公司，其IPO之路堪称曲折。根据公开资料[②]，地素时尚2015年第一次IPO申请遭遇股市不景气，不得不搁浅；2017年第二次IPO申请过会又遭到公司创始人马瑞敏前夫和前婆婆的举

[①] 载中国裁判文书网：https://wenshu.court.gov.cn/website/wenshu/181107ANFZ0BXSK4/index.html?docId=gIIMxCIkCxERgkaEm4sesyXmcBU8eX+t65k59fxMC36nDwZ66mwqGJ/dgBYosE2gV6P7xgDWHtsyyWecezKhhtIlgcTXMkf52sseoZYeM3L0DWKbC9KBMtR6Z3cvqWFw，最后访问时间：2025年1月15日。

[②] 根据相关公开报道整理。黄淑慧：《被举报隐瞒重大股权纠纷 地素时尚称股权变动基于双方协商》，中国证券报·中证网：https://www.cs.com.cn/ssgs/gsxw/201707/t20170706_5360370.html，最后访问时间：2025年1月15日；矫月：《地素时尚IPO遭"家庭式"勒索 法院终结"夫妻反目"闹剧》，中国质量新闻网：https://www.cqn.com.cn/cj/content/2017-07/06/content_4527677.htm，最后访问时间：2025年1月15日；等等。

报和诉讼，被迫暂缓上市；2018 年第三次 IPO 申请再遭创始人马敏瑞前夫举报阻挠，最终穿越"枪林弹雨"成功登陆资本市场。其实，地素时尚创始人马瑞敏与前夫的婚姻早在 2010 年便已结束，但在夫妻分道扬镳数年后又遭遇婚姻纠纷，导致公司上市一波三折。

前瞻性的公司股权架构则可以在一定程度上将创始人婚姻变故与公司经营隔离，避免或降低婚姻风险可能导致的负面影响。龙湖地产为港股上市地产公司，1993 年创建于重庆。根据公开资料①，2012 年龙湖地产宣布集团主席吴亚军与其丈夫蔡奎解除婚姻关系。吴亚军与蔡奎两人于 1992 年结婚，婚后长期共同经营龙湖地产，当时很多人都担心婚姻变故会引发龙湖地产动荡。消息发布当天，龙湖地产股价下跌 4.2%；持续不久，龙湖地产股价就开始反弹，公司经营也未受到影响。龙湖地产创始人婚变之所以负面影响不大，很大程度上要归功于龙湖地产背后的家族信托股权架构。2007 年吴亚军和丈夫蔡奎就已经做好了龙湖地产的股权架构设计，其中吴亚军持有约 45.36% 股权，蔡奎持有约 30.24% 股权，并且把自己的股权都放入了各自名下的股权家族信托。上述股权架构搭建后，吴亚军和蔡奎都不再直接持有公司的股权，而是通过吴氏家族信托和蔡氏家族信托控制龙湖地产。2012 年离婚时，吴亚军将蔡奎从吴氏信托受益人名单中除名，蔡奎将吴亚军从蔡氏信托受益人名单中除名，不仅避免了股权之争，而且不会影响龙湖地产股东构成。因此，通过前瞻性的股权架构设计可以在一定程度上降低公司创始人婚姻变故对公司造成的负面影响。

三、股权架构与继承风险

生、老、病、死是每个自然人都无法回避的现实问题。继承事实发生时，自然人股东持有公司股权为其遗产，若继承人不能就遗产分配达成一致，往往会引起继承纠纷，进而影响公司经营的稳定性。股权架构则可以在一定程

---

① 《女首富吴亚军家产分割术：未雨绸缪与公司完美隔离》，环球网：https://finance.huanqiu.com/article/9CaKrnJxULX，最后访问时间：2025 年 1 月 15 日。

度上将继承纠纷可能对公司造成的不利影响降到最低。就上文所述图一股权架构，若自然人乙发生继承事实，其继承人可以主张分配自然人乙持有的 A 公司 40% 股权。此时，自然人乙的继承人登记为 A 公司股东影响了 A 公司股东构成稳定性；若发生继承纠纷还会影响 A 公司经营的稳定性。就上文所述图二股权架构，若自然人乙发生继承事实，其继承人仅可分配乙持有的 B 公司 40% 股权，而不能主张分配 A 公司股权。如此，自然人乙的继承人则无权主张登记为 A 公司股东，保持了 A 公司股权结构的稳定性，避免了自然人股东乙的继承风险。因此，就自然人股东股权继承风险而言，搭建合理的股权架构有很大的现实意义。

四、股权架构与企业传承

就家族企业而言，基业传承和家族兴旺是每个创始人追求的目标。中国第一代创业者在经历 40 多年的奋斗后，无论是企业资产还是家族财富都积累到较大规模。如何实现企业传承逐渐成为中国民营企业经营者关注的重要问题。与遗嘱继承、家族信托等工具相比，公司股权架构同样可以实现企业传承的效果。统筹性地使用股权架构、遗嘱继承和家族信托等工具，企业传承效果更佳。贝尔纳·阿尔诺（Bernard Arnault）为法国奢侈品巨头酩悦·轩尼诗-路易·威登（LVMH）集团的掌门人。根据公开资料[1]，Arnault 家族通过家族控股阿尔诺金融公司（Financière Agache）等多家法人实体共计拥有 LVMH 集团约 47.99% 的股份及约 63.5% 的投票权。2022 年 7 月，Financière Agache 公司宣布已将其法律结构更改为股份合作制，由阿尔诺有限责任公司（Agache Commandité SAS）控股；Agache Commandité SAS 则由 Bernard Arnault 的五个孩子平均持有公司绝大部分股权。此外，Agache Commandité SAS 的章程规定，仅 Bernard Arnault 的五个子女及其直系后代才能成为公司股东，且

---

[1] 陈奇锐：《分家不分权，奢侈品沙皇决定工作到 95 岁》，界面新闻网：https://www.jiemian.com/article/10277078.html，最后访问时间：2025 年 1 月 15 日。

在 2052 年之前所有人不得出售股份。与此同时，Agache Commandité SAS 的章程还规定，直到 Bernard Arnault 95 周岁前，他都将以公司董事的身份把控公司管理权，并拥有无限制的权利。至此，Bernard Arnault 于生前通过股权架构设计，按照平分的原则把 LVMH 集团的控股权转交至其五个子女手中，不仅避免了可能发生的继承纠纷，而且保证了未来家族企业控制权的稳定性。

五、股权架构与税务筹划

公司股权架构在一定程度上还会影响股东税负成本。按照目前税法相关规定，同样的股权，不同的持股形式，税负成本不同。就上文所述图一股权架构，若 A 公司年度分红额为人民币 1000 万元，自然人股东甲就其 600 万元分红所得应缴纳 20% 个人所得税，即实际税负为人民币 120 万元，且由 A 公司代扣代缴。就上文图二股权架构，若 A 公司年度分红额为人民币 1000 万元，则 B 公司取得该 1000 万元分红时无须缴纳企业所得税。后续，若 B 公司继续向其自然人股东甲和乙分配红利，则会发生 20% 个人所得税问题；若暂不分配，则不涉及个人所得税。故，公司股权架构具备一定的税务筹划功能。

第二节　股权分配艺术

股权是指公司股东基于出资而取得的，依法定或章程约定而享有的人身和财产权益，具体包括知情权、表决权、分红权、异议回购权等。股东会是指依法由公司全体股东组成的权力机构，是股东在公司内部行使股东权利的法定组织，决定公司经营的一般事项和重大事项。股权则是股东与公司股东会间的纽带。就股东会决议而言，公司股东基于其持有的股权参加股东会，在股东会上通过行使相应的股东表决权参与公司决策。公司股东会决策实行资本多数决，股东持有的股权比例不仅会影响股东在股东会话语权的大小，还会影响公司股东会决策效率。因此，合理地分配公司股权，意义重大。

一、股权分配原则

从公司经营的角度看，企业发展阶段不同，任务侧重点不同，公司治理关注点也不同。初创及成长期企业主要任务是实现快速发展；规模期企业主要任务是实现可持续发展。初创及成长期企业为了实现快速发展，应该坚持效率优先、快速决策、快速执行，抓住每一个瞬息万变的机会，不浪费任何发展机遇。因此，初创及成长期企业在分配股权时除了考虑控制权因素，还要坚持效率优先原则。否则，若公司股东构成过于复杂、持股比例过于分散，会导致公司决策效率低下或陷入决策僵局，错失转瞬即逝的发展机遇。成熟期企业更多关注经营稳定性，确保企业发展可持续性。故，成熟期企业分配公司股权时更多要考虑决策机制的科学和制衡。通常而言，公司分配股权时要考虑以下原则：

（一）控股股东要明确

初创及成长期的企业面对瞬息万变的市场环境，要第一时间进行取舍决策，拥抱新风口，在发展中进行完善，在试错中实现成长。企业控股股东明确、表决权集中，才能保障股东会第一时间高效决策，抓住转瞬即逝的市场机会。相对于明确控股股东的股权分配方案，平均分配股权是实践中常见的另一种股权分配方案。平均分配公司股权有优点，也有缺点。优点是公司股权分散，控制权由几个股东分享，股东相互监督制衡，保证了公司决策的民主，能在一定程度上抑制可能存在的大股东以公谋私行为，保证公司稳健可持续发展。缺点是公司股权平均分配，公司表决权分散，股东相互制衡，会导致决策效率下降，公司无法对瞬息万变的市场变化做出及时反应，错失发展机遇。同时，公司股权平均分配方案在技术上容易导致各股东就所议事宜无法达成一致意见；若互不让步，则会导致股东会无法达成任何有效决议，使公司运营陷于瘫痪或动荡，甚至最终造成团队分裂和项目失败。因此，平均分配股权结构侧重决策稳健性，适用于规模成熟企业。初创及成长期公司分配股权时应明确控股股东，慎用平均分配股权的股权结构。企业私募股权融资实践中，公司控股股东是否明确往往是投资人的关注点之一。

（二）股东构成要简单

作为公司权力机构的股东会并不是公司常设机构，而是以股东会会议的形式运作。股东会会议又分为定期会议和临时会议。定期会议依照公司章程的规定按时召开；临时股东会根据公司法规定或公司经营需要不定时召开。公司法规定，代表 1/10 以上表决权的股东、1/3 以上的董事或者监事会提议召开临时会议的，应当召开临时会议。无论是股东会定期会议，还是股东会临时会议，公司股东会都必须严格按照法定的或章程约定的程序进行，包括通知程序、议事程序、表决程序等。股东构成简单，则会极大地提高公司股东会会议效率。如果公司股权分散，股东构成复杂，会导致公司股东会召开程序运作低效，甚至导致股东会决策久议不决，公司陷入僵局，违背了效率优先的经营原则。此外，公司具有人合性，每个股东（特别是自然人股东）都存在不确定性；公司股东构成复杂，则公司股权结构不确定性因素就多，一定程度上会影响公司股权结构的稳定性。虽然法律层面上有限责任公司股东可以为 50 人以下，但从公司股权结构稳定性和公司治理效率层面考虑，股东构成要相对简单，不宜规模太大或太复杂，特别是初创期企业。

（三）自然人股东不宜太多

就公司股东构成而言，自然人、公司、合伙企业等市场主体均可成为公司股东。公司治理实践中，自然人直接持股不仅简单，而且在所得税方面具有一定优势，是目前常见的股东持股方式。但从现代公司治理角度考虑，公司股东构成中自然人股东不宜太多。因为每个自然人股东都会面临生、老、病、死、婚姻变故、继承、与第三人债权债务纠纷等不可控事件。如果该自然人股东在公司任职，还会发生岗位变动、离职等不确定事件。自然人股东一旦发生上述情况，则大概率会引起公司股权变更、股权争议或股权纠纷，给公司股权结构稳定性带来极大的挑战，甚至导致股东结构被动发生变化，影响公司稳定和可持续发展。因此，除公司创始人外，公司股东构成中自然人股东不宜太多。如果自然人股东过多，我们建议设立自然人股东持股平台，除创始人以外的自然人股东通过该持股平台间接持有公司股权，隔离风险。如此设计，一方面，隔离了自然人股东的个人不确定性因素带来的风险，保证公司股权结构相对稳定；另一方面，通过持股架构在一定程度上还可以集中公司表决权，保证公司股东会的高效运转，为公司快速发展提供制度保证。

二、五大持股比例线

公司股东会实行资本多数决，通常股东持股比例决定了股东表决权数量。在公司股权结构中，股东存在如下五大持股比例，则法律意义重大，在分配公司股权时需要重点关注：

（1）持股 0.1% 以上

此处 0.1% 是个概数，准确讲应该是创始人在分配公司利益时要慎重评估是否向第三人分配公司股权。第三人持有公司股权，由公司外部人变为公司内部人，不仅对公司享有财产收益权，而且还基于该股权对公司享有经营信息知情权、参与决策、选择管理者、清算等股东权利。就有限责任公司而言，股东有权查阅、复制公司章程、股东会会议记录、董事会会议决议、监事会会议决议和财务会计报告，还可以要求查阅公司会计账簿和会计凭证。债权关系中，债权人则不会因为对公司持有债权而享有上述权利。由此可见，股东持有股权对公司影响很大。公司发展过程中，若可以通过绩效奖金、合同等形式实现合作或分享利益，则公司应优先采用非分配股权方式。

(2) 持股 10% 以上

10% 以上为公司临时股东会召集和主持持股线。公司法规定，股东会会议由董事会召集，董事长主持；董事长不能履行职务或者不履行职务的，由副董事长主持；副董事长不能履行职务或者不履行职务的，由过半数的董事共同推举一名董事主持。董事会不能履行或者不履行召集股东会会议职责的，由监事会召集和主持；监事会不召集和主持的，代表 1/10 以上表决权的股东可以自行召集和主持。股东会会议由董事会召集，董事长主持；董事长不能履行职务或者不履行职务的，由副董事长主持；副董事长不能履行职务或者不履行职务的，由过半数的董事共同推举一名董事主持。董事会不能履行或者不履行召集股东会会议职责的，监事会应当及时召集和主持；监事会不召集和主持的，连续 90 日以上单独或者合计持有公司 10% 以上股份的股东可以自行召集和主持。单独或者合计持有公司 10% 以上股份的股东请求召开临时股东会会议的，董事会、监事会应当在收到请求之日起 10 日内作出是否召开临时股东会会议的决定，并书面答复股东。因此，公司治理陷入僵局时，持股 10% 以上的股东可以自行召集和主持临时股东会，故持股 10% 以上是股权结构中有重大法律意义的持股比例线。公司私募股权融资实践中，持股比例超过 10% 的投资人一般被视为重要投资人。

(3) 持股 1/3 以上

1/3 以上持股比例又称为小股东重大事项一票否决权持股线。公司法规定，修改公司章程、增加或者减少注册资本的决议，以及公司合并、分立、解散或者变更公司形式的决议，应当经代表 2/3 以上表决权的股东通过。若公司持股 1/3 以上股东不同意，股东会则无法就上述重大事项形成有效决议。因此，股东持有 1/3 股权虽不能控制公司一般事项的表决，但可以控制公司上述重大事项决议的通过。在代表 1/3 以上表决权股东不同意的情况下，公司则不能就修改公司章程，增加或者减少注册资本，公司合并、分立、解散或者变更公司形式重大事项形成有效决议。因此，公司股东持股 1/3 以上拥有对公司重大事项一票否决权，是公司股权结构中一个有重大法律意义的持股比例线。

（4）持股 50% 以上

50% 以上持股比例为控股股东持股线。公司法规定，公司股东会实行资本多数决，股东根据持股比例行使表决权。就有限责任公司而言，在公司章程没有特殊规定的情况下，除修改公司章程、增加或者减少注册资本、公司合并、分立、解散或者变更公司形式等重大事项外，其他一般事项经代表 1/2 以上表决权的股东通过即可以形成有效决议。因此，股东持股 50% 以上原则上控制了股东会一般事项的决议。公司法还规定，控股股东是指其出资额占有限责任公司资本总额 50% 以上或者其持有的股份占股份有限公司股本总额 50% 以上的股东；出资额或者持有股份的比例虽然不足 50%，但依其出资额或者持有的股份所享有的表决权已足以对股东会、股东大会的决议产生重大影响的股东。因此，持股 50% 以上股东为公司控股股东。

（5）持股 2/3 以上

2/3 以上为公司绝对控股持股线。公司法规定，公司章程没有特殊约定的情况下，持股 2/3 以上的股东可以就全部公司经营事项形成相关决议，包括但不限于修改公司章程、增加或者减少注册资本的决议，以及公司合并、分立、解散或者变更公司形式等重大事项。这就意味着，持股 2/3 以上的股东不仅可以在股东会上否决其他股东的提案，而且还可以通过行使股东表决权通过自己提出的全部提案，确保公司经营始终按照其意愿方向发展，意义重大。原则上，持股 2/3 以上的股东对股东会拥有绝对控制权，又称绝对控股股东，法律意义重大。

三、海底捞股权结构演变

根据海底捞招股说明书等公开资料[①]，海底捞是一家全球领先、快速发展

[①]《招股文件》，海底捞官网：https://www.haidilao.com/investment/prospectus，最后访问时间：2025 年 1 月 15 日；《战略股权设计：从股权架构剖析海底捞是如何从均分走向控制》，搜狐网：https://www.sohu.com/a/227922705_483734，最后访问时间：2025 年 1 月 15 日。

的中式餐饮品牌，主打火锅品类，其创始人为张勇。海底捞创立于1994年，前身为张勇夫妇和施永宏夫妇在四川简阳开的一家只有四张桌子的小火锅店。1994年，张勇召集其女友舒萍，同学施永宏及其女友李海燕，凑了8000余元启动资金，创办了海底捞的第一家店。因当时不知道怎么给火锅店起名字，就用了"海底捞"这个四川麻将的叫法。创业之初，海底捞股权结构为：4人平均持股25%。在经营上，张勇主导项目发展，施永宏辅助。随着公司规模的扩大，企业管理和发展的问题越来越多、越来越复杂。张勇最早让自己的配偶舒萍离开海底捞，不再参与公司经营。2004年，张勇又让施永宏的太太李海燕离开了公司。后来，张勇又让施永宏不再参与公司经营，离开了海底捞。此时海底捞股权结构为：张勇夫妻持股50%，施永宏夫妻持股50%，但经营仍由张勇主导。2007年，张勇从施永宏夫妻手中以原始出资额的价格购买了其18%的股权。股权转让完成后，张勇夫妻合计持股68%，超过2/3，成为海底捞绝对控股股东。2009年，海底捞再次进行股权重组，设立简阳市静远投资有限公司，张勇持股52%，舒萍、施永宏和李海燕各持股16%。再次重组后，海底捞股权结构调整为：静远投资持股50%，张勇持股25.5%，舒萍、施永宏和李海燕各持股8%，员工股权激励持股0.5%。此时，张勇个人通过直接持股和间接持股的方式共持有海底捞51.5%股权，但控制着海底捞75.5%的表决权，成为海底捞绝对控股股东。嗣后，海底捞在张勇的带领下，进入快速发展期。2017年，海底捞营业收入约102亿元，净利润约12亿元，成为发展最快的中式餐饮品牌。2018年9月26日，海底捞国际控股有限公司在港交所成功上市，成为全球领先的餐饮品牌。就股权分配而言，海底捞初期平均分配的股权结构对公司发展而言是一颗定时炸弹。于是在公司后期发展过程中就有了2007年的股权重组。一方面企业一直是张勇主导，另一方面张勇具有很大的智慧，其于2007年通过受让施永宏18%股权的方式，实现了夫妻合计持股68%，确立了张勇夫妻控股股东地位。海底捞该次股权重组是明智的，也是幸运的。2009年，海底捞再次进行股权重组分配，张勇控制了海底捞75.5%的投票权，确立了其个人绝对控股地位。此时，张勇对海底捞公司的控制权不再受包括其妻子在内的其他股东的影响。海底捞早期股权分配方案有极大的隐患，但后期及时调整升级，确立了张勇绝对控股股东地位，为公司高速发展提供了根本性制度保障。

第三节 股东投票权安排策略

股东投票权，又称股东表决权，是公司股东按其持有的股权或股份多少对公司事务进行表决的权力。早期同股同权的公司制度中，股东投票权与其持股比例在数量上是画等号的。如，股东持有公司1%股权即享有1%投票权。但随着社会的发展，公司经营需求越来越多样化，同股同权理念已经不能满足现代企业经营的需求，此时同股不同权理念应运而生。如，创始人基于公司发展的需要释放股权，但为了保持控制权并不愿意按比例释放投票权；财务投资者为了能对公司进行股权投资获取投资收益，也可以在一定程度上让渡投票权。目前公司治理实践中，很多公司创始人通过股东投票权特殊安排持有远超其股权数量的投票权，控制着公司发展方向，取得了良好的公司治理效果。如，2009年时，海底捞创始人张勇通过直接持股和持股平台间接持股的方式共持有海底捞约51.5%股权（权益），但控制了海底捞75.5%的投票权。

一、股权与股东投票权

公司具有独立法人人格，股东通过股权与公司建立法律关系。公司法规定，公司股东对公司依法享有资产收益、参与重大决策和选择管理者等权利。理论上，股权具体分类如下：（1）身份权，是指公司股东出资后有权获取出资证明书并将自身身份记载于股东名册，以此证明自己股东身份的权利；（2）治理权，是指公司股东参与公司治理的权利，具体包括股东会表决权、提案权等，还包括对公司经营状况和财务状况的知情权和监督权；（3）收益权，是指公司股东获得投资收益的权利，股东通过分红来获利，同时，股东也可以通过行使股权转让权、优先购股权、股份回购请求权等权利来获得资本性收益；（4）救济权，是指股东获得外部救济的权利，即当公司运营损害了公司或股东的权利，而无法通过公司内部治理机制来保护有关各方的合法权益时，法律赋予股东行使决议无效或撤销请求权、股东代表诉讼权、司法强制解散请求权等，以寻求外部公权力的救济；（5）清算权，是指当公司因各种特定原因而清算走到其"人生终点"时，股东享有参加或确定清算组成员、剩余财产分配等权利来维护自己的权益。根据公司法规定，公司股东享有下列具体股权：（1）依照其所持有的持股比例或股份获得利益分配；（2）依法请求、召集、主持、参加或者委派股东代理人参加股东会，并行使相应的表决权；（3）对公司的经营进行监督，提出建议或者质询；（4）依照法律、行政法规及本章程的规定转让、赠与或质押其所持有的股权；（5）查阅本公司章程、股东名册、公司债券存根、股东大会会议记录、董事会会议决议、监事会会议决议、财务会计报告等公司信息；（6）公司终止或者清算时，按其所持股比例参加公司剩余财产的分配；（7）对股东会作出的公司合并、分立决议持异议的股东，要求公司收购其股权；（8）法律、行政法规、部门规章或章程规定的其他权利。因此，股东投票权是股权项下的一项重要权能，但与股权是两个不同的法律概念。

二、股东投票权安排策略

实践中，公司股权融资、股权激励、上市等事宜不断稀释创始人持有的公司股权，进而稀释创始人持有的投票权。如上所述，股权与投票权是两个不同的法律概念，股权稀释与投票权稀释是可以差异化安排的。创始人股东应如何更好地安排投票权控制公司股东会呢？就股东投票权的安排，实践中通常有以下五种方式：

(一) 章程约定不按照持股比例享有投票权

我国公司法经历了多次修订，不同时期的公司治理理念不同。在不同公司治理理念下，公司股东投票权差异化配置的法律空间也不同。2005年公司法修订前，"同股同权"是我国公司法的基本理念，不认可"同股不同权"理念，此时公司不得通过章程实施股东投票权差异化安排。2005年公司法接纳了"同股不同权"理念，特别是对有限责任公司进行了明确规定，股东会会议由股东按照出资比例行使表决权；但是，公司章程另有规定的除外。自此，原则上有限责任公司股东按照出资比例行使表决权，但是公司法允许有限责任公司章程对此作出不同的规定。因此，有限责任公司可以在公司章程中另行约定与股东出资比例不一致的股东表决权比例，对股东投票权进行差异化安排。如，有限责任公司融资过程中，通过增资释放40%的股权，但章程可以另行约定该40%股权仅享有20%的投票权。如此，公司既可以融入发展所需的资金，创始人又可以通过持有股东会80%的投票权将公司绝对控制权掌握在自己手中。

(二) 采用双层股权结构

双层股权结构，是股份公司基于"同股不同权"理念创设的一种公司治理模式。国外公司治理实践中，双层股权结构是比较常见的。实行双层股权结构的股份公司通常会发行两种不同表决权的股票：一种是普通股票，一股享有一票表决权；另一种是超级表决权股票，一股享有N票表决权。其中，普通股票主要向广大的公众投资者或财务投资人发行，而超级表决权股票则主要向公司创始人或管理层发行，最终通过投票权的特殊设置实现创始人或管理层在持有较少股票的情况下仍然控制公司股东会决策权之目的。实行双层股权结构的公司进行股权融资，会导致股权被稀释，但并不必然导致公司表决权成正比例的稀释。就双层股权结构，我国公司法长期持谨慎态度。如，

2018年公司法规定，股份公司股东出席股东大会，所持每一股份有一表决权；但是，公司持有的本公司股份没有表决权。此外，我国资本市场也长期对股份公司双层股权结构持否定意见。2019年前，公司上市前必须清理双层股权结构。2019年科创板推出后，证监会正式引入"同股不同权"理念，允许符合条件的双层股权结构股份公司直接上市。2019年6月，最高人民法院发布《关于为设立科创板并试点注册制改革提供司法保障的若干意见》，以意见的形式肯定了股份公司施行"同股不同权"制度的有效性。新公司法明确规定，股份公司公开发行前可以发行类别股份，如每一股的表决权数多于或者少于普通股的股份。目前，无论是有限责任公司还是股份公司，双层股权机构不再存在制度障碍。

(三) 设置持股平台持股

持股平台持股，是指公司设置特定持股平台，部分公司股东通过持股平台间接持有公司股权。实践中，持股平台通常有合伙企业和公司两种类型。在持股平台方式下，持股平台为公司股东，对公司享有投票权；间接持股股东并不是法律意义上的公司股东，对公司并不享有投票权。通常，公司实控人作为合伙型持股平台执行事务合伙人或公司型持股平台的控股股东控制着持股平台决策权，进而控制持股平台持有的公司投票权。就公司投票权、控制权而言，该方式具有一定的杠杆效果，且能够很好地实现"分利不分权"的效果，同时隔离了自然人股东的不确定性风险，具有很大的优势。现阶段，采用该方式的公司越来越多，特别是在公司实施股权激励时。

(四) 签署一致行动协议

一致行动人，是通过协议等安排确保在公司治理活动中保持一致行动的股东。一致行动人协议，是指公司一致行动人之间承诺就公司特定事务保持一致行动的法律文书。我国公司法并未规定一致行动人概念。《上市公司收购管理办法》第八十三条中规定，本办法所称一致行动，是指投资者通过协议、其他安排，与其他投资者共同扩大其所能够支配的一个上市公司股份表决权数量的行为或者事实。在上市公司的收购及相关股份权益变动活动中有一致行动情形的投资者，互为一致行动人。虽然上述一致行动人规定仅适用于上市公司，但越来越多的非上市公司股东也开始参照一致行动人理念订立一致行动协议，以扩大享有公司表决权的数量。股东间的一致行动协议属于合同范畴。如果承诺人没有按照一致行动协议约定一致行动，违约方需要承担一致行动人协议中约定的违约责任，比如违约金、赔偿股份等。实践中，公司大小股东之间或各小股东之间均可签署一致行动协议，扩大其对公司投票权数量，提高话语权。

（五）委托投票权

委托投票权，是指公司股东在股东会召开之前把投票权授权给出席股东会的其他人来行使。公司法规定，股东可以委托代理人出席股东会会议，代理人应当向公司提交股东授权委托书，并在授权范围内行使表决权。公司创始人可以让公司其他股东向其出具投票授权委托书，取得该授权股东对公司特定数量的投票权，扩大其手中的投票权数量。委托投票权主体不同于一致行动协议主体。委托投票权是委托人股东委托他人行使其投票权的民事法律行为，受托人可以是公司股东，也可以是公司股东以外的第三人。一致行动协议的主体则是公司股东，是公司股东之间约定一致行动的承诺。

三、创新企业双层股权架构

随着经济的发展，科技创新企业对经济贡献度越来越高。科技创新企业在首次公开发行股份（IPO）之前通常需要进行多轮股权融资以解决企业发展巨额资金的需求问题。多轮股权融资则会导致创始团队的股权被大大稀释。在这种新的情况下，如果还是采用传统的"同股同权"理念，创始团队很容易失去控制权，甚至可能在资本市场上被"恶意"并购。公司股东会双层股权架构则可以解决企业这一难题。公司治理实践中，京东、小米、优刻得等科技创新企业股东会均采用双层股权结构。

（一）京东双层股权结构

京东集团是中国自营式电商企业，也是在美国纳斯达克上市的一家双层股权结构公司。京东集团股本分为A类股份和B类股份：A类股份为1股享有1票表决权；B类股份为1股拥有20票表决权。投资人持有的为A类股份；创始人刘强东持有的为B类股份。京东集团2018年年报[1]显示，腾讯为京东第一大股东，持有京东17.8%的股份，但仅拥有4.5%的表决权；刘强东为京东第二大股东，持有京东15.4%的股份，但其拥有79%的表决权。京东集团2022年向美国证券交易委员会（SEC）递交的文件显示，截至2022年3月31日，刘强东持股比例为13.8%，却拥有76.1%的投票权。由此可见，京东创始人刘强东虽然不是法律意义上持有股份最高的大股东，但其通过双层股权结构牢牢控制着公司。

（二）小米双层股权结构

小米公司是专注于智能硬件、电子产品、芯片研发、智能手机、智能电动汽车、通信、金融、互联网电视及智能家居生态链建设的全球化移动互联网企业、创新型科技企业，也是港交所上市的一家双层股权结构公司。小米公司是港交所再次允许"同股不同权"后上市的第一家双层股权结构公司。小米公司招股书显示[2]，上市前小米公司股本分为A类股份和B类股份，A类股份持有人每股享有10票表决权，而B类股份持有人则每股享有1票表决权。其中，A类股份仅雷军和林斌两人拥有，外部投资人拥有的为B类股份。

---

[1] 《2018年京东年报》，京东官网：https://ir.jd.com/static-files/d4d1ee39-164d-4adb-9805-39f105d91eae，最后访问时间：2025年1月15日。

[2] 《小米集团公开发行存托凭证招股说明书（申报稿2018年6月14日报送）》，中国证券监督管理委员会网：http://www.csrc.gov.cn/csrc/c101803/c1005952/content.shtml，最后访问时间：2025年1月15日。

雷军持有的股权比例为31.41%，但通过双层股权结构拥有55.7%的表决权；林斌持有公司13.33%的股份，通过双层股权结构拥有30%的表决权，二者合计拥有85.7%的表决权。通过双层股权结构，小米公司的控制权牢牢地掌握在了创始股东雷军和林斌手里。

（三）优刻得公司

优刻得公司是中国知名的中立云计算服务商，也是在我国科创板上市的一家双层股权结构公司。公开资料显示[1]，优刻得科技股份有限公司是我国科创板允许"同股不同权"后上市的第一家双层股权结构公司。优刻得公司上市前设立了双层股权结构，公司股本分为A类股份和B类股份，A类股份持有人每股享有5票表决权，而B类股份持有人则每股享有1票表决权。其中，公司共同控股股东、实际控制人季昕华、莫显峰、华琨三人拥有的为A类股份，其他股东及投资人拥有的为B类股份。公司共同控股股东、实际控制人季昕华、莫显峰、华琨合计持有公司26.8%的股份，但通过双层股权结构享有64.7%的表决权。通过双层股权结构，优刻得股东大会的控制权牢牢地掌握在了季昕华、莫显峰和华琨手里。

第四节　董事会经营权控制

通常，公司组织机构由股东会、董事会和监事会构成。公司三会治理机制的逻辑在于公司所有权、经营权和监督权分立，通过分权与制衡，保障企业的有效管理和控制，维护公司股东、管理层、员工等各方主体的合法权益，以实现公司有效运行。在公司治理机构中，董事会为公司实际经营机构，执

---

[1]《优刻得科技股份有限公司招股说明书》，上海证券交易所网：http://www.sse.com.cn/disclosure/listedinfo/bulletin/star/c/688158_20200114_1.pdf，最后访问时间：2025年1月15日。

行股东会决议，行使公司章程规定的或股东会授予的职权，决定公司经营事务。初创期企业，股东往往与董事一致，所以很少面临董事冲突或董事会失控等情形。随着公司的发展，特别是在公司引进外部投资人的情况下，投资人往往会要求向公司委派董事，此时董事会构成会发生变化，往往会出现董事意见冲突等问题。特别是股权比较分散的公司或公众公司，董事冲突等问题出现的概率更大。公司董事冲突不仅会影响公司股东会决议的执行效果，还会影响公司经营。因此，公司创始人应从战略角度关注公司董事会，控制公司经营权。

一、董事会与经营权

经营权，是指企业经营过程中对企业财产经营、投资和其他事项所享有的支配、管理权。公司原则上应设董事会，但股东人数较少或者规模较小的公司可以不设董事会，设一名董事，行使董事会职权。在公司治理机构中，董事会是公司实际经营决策机构，行使公司章程约定的或股东会授予的职权，具体负责公司一般经营事宜。具体而言，董事会职权有：（1）召集股东会会议，并向股东会报告工作；（2）执行股东会的决议；（3）决定公司的经营计划和投资方案；（4）制订公司的年度财务预算、决算方案；（5）制订公司的利润分配方案和亏损弥补方案；（6）制订公司增加或者减少注册资本以及发行公司债券的方案；（7）制订公司合并、分立、解散或者变更公司形式的方案；（8）决定公司内部管理机构的设置；（9）决定聘任或者解聘公司经理及其报酬事项，并根据经理的提名决定聘任或者解聘公司副经理、财务负责人及其报酬事项；（10）制定公司的基本管理制度；（11）公司章程规定的其他职权。因此，董事会职权范围涵盖了公司人、财、物、产、供、销等经营事项，对公司经营水平和股东控制权而言均意义重大。实践中，若公司董事会治理不完善，则会造成公司经营权失控，或出现内部人控制的问题。所谓的内部人控制是指现代企业中的所有权与经营权相分离的情况下，股东与经营者利益不一致，经营者利用对企业经营的决策、管理、财务支配和人事任免等职权，在企业经营方案、薪酬制定、红利分配等方面进行利益自我输送。经营权失控或内部人控制问题不仅会导致公司股东意志无法有效执行，还会侵害公司股东经济权益。因此，无论是从公司控制角度，还是从公司经营角度来看，公司股东均应重视董事会治理机制，构建勤勉尽责、专业高效的董事会。

二、董事会控制策略

新公司法规定，董事会由3名以上董事构成；职工人数300人以上的公司，其董事会成员中应当有公司职工代表；其他公司董事会成员中可以有公司职工代表。公司董事可以在公司任职，也可以不在公司任职。下列人员不得担任公司董事：（1）无民事行为能力或者限制民事行为能力；（2）因贪污、贿赂、侵占财产、挪用财产或者破坏社会主义市场经济秩序，被判处刑罚，或者因犯罪被剥夺政治权利，执行期满未逾5年；（3）担任破产清算的公司、企业的董事或者厂长、经理，对该公司、企业的破产负有个人责任的，自该公司、企业破产清算完结之日起未逾3年；（4）担任因违法被吊销营业执照、责令关闭的公司、企业的法定代表人，并负有个人责任的，自该公司、企业被吊销营业执照之日起未逾3年；（5）个人所负数额较大的债务到期未清偿。就董事会经营权控制策略而言，具体如下：

（一）合理设置董事会职权范围

如上所述，董事会行使公司章程约定的或股东会授予的职权，因此公司董事会职权范围的设置就尤为重要。一般事项，公司章程可以授权董事会决定；重大事项，公司可以收归股东会决定，如公司对外提供担保、借款、辞退或任命财务负责人等。合理设置公司董事会职权范围是公司股东控制公司董事会经营权的重中之重。

（二）控制董事产生办法

公司法规定，股东会选举和更换由非职工代表担任的董事，决定有关董事报酬事项，但并未规定非职工代表董事人选的提名、推荐等具体产生办法。非职工代表董事人选产生办法属于公司股东意思自治范畴，可以由公司章程自行约定。公司治理实践中，通常有委派制和选举制两种方式。委派制，是指公司非职工代表董事直接由公司股东委派；选举制，是指先由股东推荐非职工代表董事人选，然后由股东会选举产生非职工代表董事。此时，非职工代表董事人选提名权或推荐权就变得异常重要。因为非职工代表董事人选提名权或推荐权在一定程度上决定了股东会最终选举公司非职工代表董事的范围。正因如此，私募股权投资人往往非常重视董事提名权，其通常会要求享有一定数量的董事提名权，以确保其能在一定程度上参与公司经营。因此，公司股东要重视公司董事产生办法，确保公司董事会的可控性。

（三）控制董事长提名权

董事长在公司董事会的话语权非常重要。公司法规定，董事会设董事长1人，可以设副董事长；董事会会议由董事长召集和主持。公司法还规定，有限责任公司董事会董事长产生办法由章程自行决定；股份公司董事会董事长由全体董事选举产生。公司治理实践中，公司董事长多是由董事会选举产生；也可以设置特殊的董事长产生办法，如董事长人选由大股东提名或推荐。在上述董事长产生办法中，董事长人选提名权或推荐权尤为重要。公司股东控制董事长提名权或推荐权，则可以控制董事长选举范围，是股东控制董事会的策略之一。

（四）控制董事会表决程序

公司法规定，就董事会议事规则和表决规则，除公司法有规定外，章程可以自行决定。新公司法规定，董事会会议应当有过半数的董事出席方可举行；董事会就相关议题表决时，实行一人一票制度；必须经全体董事过半数通过方能形成相关决议。公司治理实践中，股东往往基于不同的商业目的设置不同的表决机制。如，必须经全体董事 2/3 通过方能形成董事会决议，或就特定事项设置董事一票否决权等。私募股权融资交易中，投资人为了控制公司经营权，通常会就特定事项要求享有董事会一票否决权。投资人有董事会一票否决权的情况下，公司董事会形成决议不仅需要经全部董事过半数同意，还需要经拥有一票否决权的投资人董事的同意。新公司法明确了董事会表决规则的前提下，公司章程能否约定投资人享有董事会一票否决权，存在争议。有些地方公司登记机关也以此为由，不同意章程规定董事会一票否决权。

三、阿里巴巴合伙人制度

阿里巴巴是我国知名电商运营商。2014 年 9 月，阿里巴巴在美国纽交所上市，成为当时全球史上最大的 IPO。阿里巴巴最引人注目的是其合伙人制度。公开资料显示[1]，阿里巴巴创立后经过历次股权融资，申请上市时软银持有阿里巴巴集团 797742980 股，占比达 34.4%；雅虎持有 523565416 股，占比达 22.6%；马云持有 206100673 股，占比 8.9%；蔡崇信持有 83499896 股，占比 3.6%。此外，陆兆禧、张勇等高管持股比例均未超过 1%。此时，马云及其管理团队持股不足 50%，并非传统意义上的控股股东。管理层如果想继续控制公司，就必须设计一套既符合股东利益最大化又符合管理团队利益最大化的制度，阿里巴巴合伙人制度应运而生。阿里巴巴合伙人制度的核心在于公司章程中设置了有关董事提名权的特殊条款，以此控制公司董事会和经营权，进而控制公司。首先，按照合伙人制度，要成为阿里巴巴集团的董事

---

[1] 阿里巴巴投资者关系网站：https://ali-home.alibaba.com/investor-relations，最后访问时间：2025 年 1 月 15 日；《阿里股权结构披露：马云持有 2 亿股占 8.9%》，网易网：https://www.163.com/tech/article/9RKBHH9N000915BF.html，最后访问时间：2025 年 1 月 15 日。

必须经过公司合伙人提名前置程序。其次，如果阿里巴巴合伙人提名的候选人没有获得股东大会批准，或现任董事离职，阿里巴巴合伙人有权指定其他人选担任临时董事直至下一次年度股东大会。这样的制度设计就保证了董事会中特定比例的董事是阿里巴巴合伙人认可的人。如此，股东对董事的选任权被阿里巴巴合伙人制度控制，阿里巴巴合伙人指定的董事牢牢掌握着阿里巴巴集团董事会过半数席位，而不用担心股东更换董事或恶意收购，保证公司的控制权牢牢掌握在管理层手里。阿里巴巴合伙人制度的安排使创始团队通过掌握董事会简单多数人选的提名权和临时董事的决定权控制董事会。阿里巴巴在美国上市前曾考虑在中国香港证券交易所上市。中国香港证券交易所认为阿里巴巴合伙人可以决定公司董事会简单多数人选，属于内部人控制的情形，不仅可能损害大股东利益，也可能损害中小股东的利益，需要调整。阿里巴巴不愿调整其合伙人制度，转而选择在美国这一中小股东诉讼更为频繁的证券市场上市。2017年起，中国香港证券交易所改变了从前对"同股不同权"差异化表决权结构的态度，推出"差别投票权制度（分类表决制度）"，接受双重架构治理的企业。从2019年，阿里通过二次上市回归港股，到2024年8月，阿里成为在中国香港证券交易所和纽约证券交易所双重主要上市的公司，阿里终于在中国香港证券交易所也拥有了股价定价权，阿里的港股价格也不再取决于美股。

第五节　持股方式与税负筹划

在营改增和税收征收管理日益规范的大背景下，股东所得税筹划日益重要。在公司股权架构中，股东的持股比例意义重大；股东的持股方式同样意义重大。目前，股东持有公司股权方式主要有自然人持股、公司持股和合伙企业持股三种类型。三种持股方式的税法意义是不同的。就投资收益而言，分红所得和股权转让所得是公司股东从公司获取的两大核心投资收益。在目前税法政策下，同样股权在不同持股形式下税负成本不同，股东最终实现的投资收益也是不同的。

一、自然人持股

自然人股东直接以个人名义持有标的公司的股权，是目前最常见的股东持股方式。就所得税而言，自然人股东取得的分红所得和股权转让所得适用个人所得税法的规定，在中国境内有住所，或者无住所而一个纳税年度内在中国境内居住累计满183天的个人，为居民个人；居民个人从中国境内和境外取得的所得，依照个人所得税法规定缴纳个人所得税。就适用税率而言，个人所得税法规定，利息、股息、红利所得，财产租赁所得，财产转让所得和偶然所得，适用比例税率，税率为20%。就纳税时间而言，个人所得税法规定，纳税人取得利息、股息、红利所得和财产转让所得，按月或者按次计算个人所得税；有扣缴义务人的，由扣缴义务人按月或者按次代扣代缴税款。综上所述，在自然人股东直接以个人名义持有标的公司股权时，其从标的公司取得的分红所得和股权转让所得均适用20%个人所得税税率；纳税时间通常为取得的分红所得或股权转让所得时。

二、公司持股

股东以其实际控制的公司持有标的公司股权是另一种常见的股东持股方式。就公司持股方式的所得税税负成本而言，公司股东从公司取得的分红所得和股权转让所得适用所得税政策是不同的，具体如下：

（一）分红所得

企业所得税法规定，在中华人民共和国境内，企业和其他取得收入的组织为企业所得税的纳税人，依照本法的规定缴纳企业所得税，但个人独资企业、合伙企业除外。企业所得税法还规定，符合条件的居民企业之间的股息、红利等权益性投资收益为免税收入。居民企业，是指依法在中国境内成立，或者依照外国（地区）法律成立但实际管理机构在中国境内的企业。因此，目前符合条件的居民企业分得的股息、红利等权益性投资收益为免税收入，持股公司无须就分红所得缴纳企业所得税。就该所得，若持股公司不继续向自然人股东进行分配，则不会产生所得税成本。若持股公司继续向其自然人股东进行红利分配，则其自然人股东需要按照个人所得税法的规定缴纳20%的个人所得税。

（二）股权转让所得

企业所得税法规定，持股公司转让标的公司股权取得的股权转让所得收益为应税所得，需缴纳企业所得税。就适用税率而言，企业所得税法规定，企业所得税的税率为25%；非居民企业取得的应税所得，适用税率为20%；特殊情况除外，如高新技术企业适用15%企业所得税率。因此，持股公司转让标的公司股权时，原则上应适用25%企业所得税率缴纳企业所得税。

就纳税时间而言，我国公司实行所得税预交、年度汇算清缴制度。企业所得税法规定，企业所得税按纳税年度计算；纳税年度自公历1月1日起至12月31日止；企业在一个纳税年度中间开业，或者终止经营活动，使该纳税年度的实际经营期不足12个月的，应当以其实际经营期为一个纳税年度。《企业所得税汇算清缴管理办法》（国税发〔2009〕79号）规定，企业所得税汇算清缴是指纳税人自纳税年度终了之日起5个月内或实际经营终止之日起60日内，依照税收法律、法规、规章及其他有关企业所得税的规定，自行计算本纳税年度应纳税所得额和应纳所得税额，根据月度或季度预缴企业所得税的数额，确定该纳税年度应补或者应退税额，并填写《企业所得税年度纳税申报表》，向主管税务机关办理企业所得税年度纳税申报、提供税务机关要求提供的有关资料、结清全年企业所得税税款的行为。因此，从纳税时间上看，持股公司转让标的公司股权取得的投资收益实行月度或季度预交、年度汇算清缴，而不是在取得股权转让所得时缴纳。需要指出的是：公司实行月度或季度预交、年度汇算清缴制度，在持股公司存在经营性亏损情况下，持股公司缴纳企业所得税时的应税所得额与持股公司转让标的公司股权取得的所得额是两个不同的概念。比如，持股公司转让目标公司股权取得的投资收益为1000万元，持股公司年度自身可抵扣经营亏损为1000万元，在持股公司年度汇算清缴时的所得税应税所得额则为0元，企业实际所得税纳税额也为0元。

三、合伙企业持股

股东通过合伙企业持股，也是目前实践中存在的一种持股方式，特别是高管股权激励和私募投资基金。企业所得税法规定，在中华人民共和国境内，企业和其他取得收入的组织为企业所得税的纳税人，依照本法的规定缴纳企业所得税，但个人独资企业、合伙企业除外。故，合伙企业不属于企业所得税法范畴的纳税主体，不适用企业所得税政策。财政部、国家税务总局发布的《关于合伙企业合伙人所得税问题的通知》（财税〔2008〕159号）规定，合伙企业以每一个合伙人为纳税义务人。合伙企业合伙人是自然人的，缴纳个人所得税；合伙人是法人和其他组织的，缴纳企业所得税。因此，就合伙企业持股方式而言，该持股合伙企业为所得税税收透明体，无须缴纳企业所得税，而是由其合伙人缴纳个人所得税或企业所得税。其中，自然人合伙人按照个人所得税法规定缴纳个人所得税；公司合伙人按照企业所得税法规定缴纳企业所得税。持股合伙企业获取的分红所得和股权转让所得适用的所得税政策有所不同，具体如下：

（一）分红所得

就适用税率而言，《国家税务总局关于〈关于个人独资企业和合伙企业投资者征收个人所得税的规定〉执行口径的通知》（国税函〔2001〕84号）规定，个人独资企业和合伙企业对外投资分回的利息或者股息、红利，不并入企业的收入，而应单独作为投资者个人取得的利息、股利、红利所得……按"利息、股息、红利所得"应税项目计算缴纳个人所得税，适用税率为20%。因此，在合伙企业持股方式下，持股合伙企业从标的公司取得的"利息、股息、红利所得"不计入企业所得，而是由合伙企业按照20%个人所得税税率代扣代缴其自然人合伙人的个人所得税。就纳税时间而言，财政部、国家税务总局发布的《关于合伙企业合伙人所得税问题的通知》（财税〔2008〕159号）规定，合伙企业生产经营所得和其他所得采取"先分后税"的原则……前款所称生产经营所得和其他所得，包括合伙企业分配给所有合伙人的所得和企业当年留存的所得（利润）。根据该规定，分配给合伙人的所得和企业本年所得但还没分配的部分，其合伙人均应缴纳所得税。另，《国家税务总局关于利息、股息、红利所得征税问题的通知》（国税函〔1997〕656号）规定，扣缴义务人将属于纳税义务人应得的利息、股息、红利收入，通过扣缴义务人的往来会计科目分配到个人名下，收入所有人有权随时提取，在这种情况下，扣缴义务人将利息、股息、红利所得分配到个人名下时，即应认为所得的支付，应按税收法规规定及时代扣代缴个人应缴纳的个人所得税。因此，合伙企业实行"先分后税"政策，持股合伙企业在获得"利息、股息、红利所得"，并将相应"利息、股息、红利所得"计入合伙人个人名下时，就应代扣代缴其自然人合伙人的个人所得税，具体方式为月度或季度预交、年度汇算清缴，与是否最终向其自然人合伙人实际分配无关。

（二）股权转让所得

就持股合伙企业股权转让所得适用税率而言，财政部、国家税务总局《关于印发〈关于个人独资企业和合伙企业投资者征收个人所得税的规定〉的通知》（财税〔2000〕91号）规定，个人独资企业和合伙企业每一纳税年度的收入总额减除成本、费用以及损失后的余额，作为投资者个人的生产经营所得，比照个人所得税法的"个体工商户的生产经营所得"应税项目，适用5%~35%的5级超额累进税率，计算征收个人所得税。前款所称收入总额，是指企业从事生产经营以及与生产经营有关的活动所取得的各项收入，包括商品（产品）销售收入、营运收入、劳务服务收入、工程价款收入、财产出租或转让收入、利息收入、其他业务收入和营业外收入。就合伙企业转让股权所得，自然人合伙人所得税是适用20%财产转让所得税率，还是适用5%~35%的5级超额累进税率，很长时间内各地有所差异。现阶段，自然人合伙人就合伙企业转让股权所得税适用税率正在逐步统一，即适用5%~35%的5级超额累进税率。就缴税时间而言，合伙企业实行月度或季度预交，年度汇算清缴制度。但根据合伙企业"先分后税"政策，持股合伙企业代扣代缴其自然人合伙人的个人所得税，包括合伙企业分配给自然人合伙人的所得，也包括合伙企业当年留存的所得（利润），与是否实际分配无关。

通过上述三种持股方式下股东所得税税负政策分析，我们可以发现：股东以不同持股方式持有同样的股权，其适用税率、纳税时间、纳税所得额等并不相同。如果侧重适用税率低，自然人股东个人直接持股具有一定的优势；如果侧重纳税时间税务筹划，公司股东持股具有一定的优势。比如，中国公民甲出资人民币100万元设立乙公司（居民企业），乙公司经过经营实现可分配利润人民币1000万元。在乙公司全额分红情况下，如果自然人甲以个人名义直接持有乙公司100%股权，则乙公司在分红时需按照20%个人所得税税率代扣代缴自然人股东甲人民币200万元个人所得税，甲最终实际分配投资收益为人民币800万元。如果自然人甲通过其名下丙公司（居民企业）持有乙公司100%股权，则在乙公司向丙公司分红时，乙公司无须代扣代缴，丙公司也无须缴纳企业所得税；若丙公司暂不向自然人甲分配该1000万元分红所得，而将其对外投资，或将其投入自身经营，则不会发生实际税负成本。但是，每种持股方式没有绝对的优劣之分，关键看商业目的。另，新三板挂牌企业、上市公司等企业适用特殊的所得税优惠政策，在此不做赘述。

第六节 股东出资义务与责任

公司法规定，有限责任公司的股东以其认缴的出资额为限对公司承担责任；股份有限公司的股东以其认购的股份为限对公司承担责任。我国公司注册资本原则上实行认缴制，即除特定情况外，出资人设立公司时并不需要将全部认缴注册资本实缴到位，只需按照章程约定的时间出资到位即可。公司股东有限责任和注册资本认缴制，极大地降低了股东的出资压力和投资风险，释放了社会投资积极性和投资热情，推动了社会经济的发展。虽然公司法规定注册资本认缴制下股东出资期限利益受法律保护，但特定情形下公司股东需要加速提前将其认缴的、未到期的注册资本出资到位。另，若股东未尽出资义务损害公司利益或公司债权人利益的，还需承担赔偿损失等法定不利后果。注册资本认缴制下，股东认缴注册资本不是空头支票，公司注册资本也不是越多越好。

一、股东义务与股东出资义务

股东义务，是指公司股东对公司承担的义务，也是股东享受股东权利的条件。具体而言，公司股东承担下列义务：（1）遵守法律、行政法规和章程；（2）依其所认缴出资额缴纳出资款；（3）除法律、法规规定的情形外，不得退股；（4）不得滥用股东权利损害公司或者其他股东的利益，不得滥用公司法人独立地位和股东有限责任损害公司债权人的利益，公司股东滥用股东权利给公司或者其他股东造成损失的，应当依法承担赔偿责任；（5）法律、行政法规及章程规定应当承担的其他义务。股东出资义务是公司股东对公司承担的股东义务之一，也是股东获得股东资格的条件之一，是指公司股东按照公司章程约定按时、足额缴纳认缴注册资本的义务。公司法规定，公司设立或增资时，公司股东可以用货币出资，也可以用实物、知识产权、土地使用权、股权、债权等可以用货币估价并可以依法转让的非货币财产作价出资。就公司股东货币出资形式而言，出资标准清晰，按照章程约定将货币按时、足额存入公司在银行开设的账户即全面履行了股东出资义务。就公司股东非货币出资义务，出资标准比较复杂，具体要关注以下要求：（1）股东出资的非货币资产必须是可评估，且可转让的资产。不可评估或不可转让的资产不能作为股东出资，如劳务、集体土地使用权、名誉等。（2）非货币出资需要足额到位。股东非货币资产出资需要评估，且非货币财产评估价值不得低于章程所确定的价格。非货币出资但未评估作价的情况下，因非货币财产其实际价值是否与章程所定价额相符并不明确，公司请求认定出资人未履行出资义务时，法院通常会委托合法的评估机构进行评估，然后将评估所得的价额与章程所定价额相比较，以确定出资人是否完全履行了出资义务。若非货币资产评估价值低于章程所定价额，则为公司股东未全面履行出资义务情形。（3）非货币出资需要及时到位。其中，权属变更不需要登记的非货币资产，要及时交付，如库存商品；权属变更需经登记的非货币财产，如土地、房屋、股权等，实行权属变更与财产实际交付并重标准，即该财产不仅需要实际交付公司使用，还要办理权属变更登记，否则即为未全面履行出资义务情形。因此，在公司设立或公司增资环节，公司股东要足额、及时全面履行出资义务。

二、股东加速出资情形

股东加速出资，是指在章程约定的注册资本缴付期限届满前，公司股东提前缴付其认缴公司注册资本的行为。关于注册资本缴纳时间，我国公司法早期实行注册资本实缴制，即公司股东在公司设立或增资时原则上应将认缴的注册资本实缴到位，并进行验资，以保障公司资本之维持，进而保障公司及公司债权人的利益。2013年公司法将注册资本从"实缴制"调整为"认缴制"，即股东认缴注册资本在公司设立或增资时原则上没有缴付到位的要求，具体缴付金额或时间由公司章程自行约定。新公司法对公司注册资本认缴登记制进行了完善，规定有限责任公司全体股东认缴的出资额由股东按照公司章程的规定自公司成立之日起5年内缴足；法律、行政法规以及国务院决定对有限责任公司注册资本实缴、注册资本最低限额、股东出资期限另有规定的，从其规定。另，新公司法还规定，股份公司发起人应当在公司成立前按照其认购的股份全额缴纳股款。在公司注册资本认缴制下，股东在章程中依法约定出资缴纳期限是公司法赋予股东的一项期限利益。在注册资本认缴出资期限未届满前，股东出资期限利益受法律肯定和保护，股东无须提前缴付未到缴纳期的认缴注册资本。但，特定情形下公司股东不再享有期限利益，需按法律规定加速出资，提前缴纳认缴注册资本。根据法律规定，股东加速出资具体情形如下：

（一）公司破产

企业破产法规定，人民法院受理破产申请后，债务人的出资人尚未完全履行出资义务的，管理人应当要求该出资人缴纳所认缴的出资，而不受出资期限的限制。因此，公司破产时，股东需要加速出资，提前缴纳认缴注册资本。

（二）公司解散

《最高人民法院关于适用〈中华人民共和国公司法〉若干问题的规定（二）》第二十二条第一款规定："公司解散时，股东尚未缴纳的出资均应作为清算财产。股东尚未缴纳的出资，包括到期应缴未缴的出资，以及依照公司法第二十六条和第八十条的规定分期缴纳尚未届满缴纳期限的出资。"因此，公司解散时，股东需要加速出资，提前缴纳认缴注册资本。

（三）具备破产原因而不申请破产

《全国法院民商事审判工作会议纪要》（法〔2019〕254号）中规定，在注册资本认缴制下，股东依法享有期限利益。债权人以公司不能清偿到期债务为由，请求未届出资期限的股东在未出资范围内对公司不能清偿的债务承担补充赔偿责任的，人民法院不予支持。但是，下列情形除外：公司作为被执行人的案件，人民法院穷尽执行措施无财产可供执行，已具备破产原因，但不申请破产的。何谓具备破产原因？企业破产法规定，公司破产情形为：公司不能清偿到期债务，且公司资产不足以清偿全部债务或公司明显缺乏清偿能力。因此，若公司作为被执行人的案件，人民法院穷尽执行措施无财产可供执行；公司资产不足以清偿全部债务或公司明显缺乏清偿能力，但不申请破产的，未届出资期限的股东在未出资范围内对公司不能清偿的债务承担补充赔偿责任。

（四）决议延长股东出资期限

注册资本出资期限未届满前，虽然股东出资期限利益受法律肯定和保护，股东无须提前缴付未到缴纳期的认缴注册资本，但该期限利益保护以股东善意为前提。公司债务发生后，若公司股东（大）会决议或以其他方式延长股东出资期限，该股东出资期限利益则不受法律保护。

《全国法院民商事审判工作会议纪要》中规定，在注册资本认缴制下，股东依法享有期限利益。债权人以公司不能清偿到期债务为由，请求未届出资期限的股东在未出资范围内对公司不能清偿的债务承担补充赔偿责任的，人民法院不予支持。但是，下列情形除外：……在公司债务产生后，公司股东（大）会决议或以其他方式延长股东出资期限的。因此，在公司债务产生后，公司股东（大）会决议或以其他方式延长股东出资期限的，未届出资期限的股东在未出资范围内对公司不能清偿的债务承担补充赔偿责任。

（五）公司不能清偿到期债务

新公司法规定，有限责任公司不能清偿到期债务，公司或者债权人有权要求已认缴出资但出资期限未届满的股东提前缴纳出资。需要注意的是，就该情形下股东出资加速到期是否需要入库问题，最高人民法院认为目前仍应按照《全国法院民商事审判工作会议纪要》精神判令股东向债权人直接赔偿。

三、股东未尽出资义务的法律后果

资本维持原则，又称"资本充实原则"，是指公司在其存续过程中应维持与其资本总额相当的财产，以保障公司及公司债权人的合法权益。公司股东未尽出资义务违背了公司资本维持原则，既损害公司利益，也损害公司债权人的利益。就公司股东未尽出资义务情形，具体又分为未履行出资义务和未全面履行出资义务两种。若公司股东未尽出资义务，除承担继续出资义务外，还需承担赔偿损失等其他法定不利后果。具体法定不利后果如下：

（一）全面履行出资义务，并赔偿损失

公司法规定，股东未按照公司章程规定的出资日期缴纳出资，公司依照前条第一款规定发出书面催缴书催缴出资的，可以载明缴纳出资的宽限期；宽限期自公司发出催缴书之日起，不得少于60日。宽限期届满，股东仍未履行出资义务的，公司经董事会决议可以向该股东发出失权通知，通知应当以书面形式发出。自通知发出之日起，该股东丧失其未缴纳出资的股权。《最高人民法院关于适用〈中华人民共和国公司法〉若干问题的规定（三）》第十三条第一款规定：股东未履行或者未全面履行出资义务，公司或者其他股东请求其向公司依法全面履行出资义务的，人民法院应予支持。除全面履行出资义务外，若公司股东未尽出资义务行为给公司造成损失，该未尽出资义务股东还应赔偿公司损失，如利息损失等。

(二) 股东权利受限

权利与义务统一，利益与风险一致是民法基本原则。公司股东在没有履行出资义务的前提下行使全部股东权利，有违公平的原则，对瑕疵出资股东的权利进行合理限制是必要和合理的。《最高人民法院关于适用〈中华人民共和国公司法〉若干问题的规定（三）》第十六条规定："股东未履行或者未全面履行出资义务或者抽逃出资，公司根据公司章程或者股东会决议对其利润分配请求权、新股优先认购权、剩余财产分配请求权等股东权利作出相应的合理限制，该股东请求认定该限制无效的，人民法院不予支持。"因此，公司有权限制未履行出资义务或未全面履行出资义务的公司股东权利，督促该股东履行出资义务，但限制股东权利一定要在公司章程中明确约定，或者经过股东会决议表决；否则，公司对股东权利作出的限制无效。

(三) 股东资格被解除

若公司股东未履行出资义务，公司经特定程序可以解除该股东的股东资格。《最高人民法院关于适用〈中华人民共和国公司法〉若干问题的规定（三）》第十七条第一款规定："有限责任公司的股东未履行出资义务或者抽逃全部出资，经公司催告缴纳或者返还，其在合理期间内仍未缴纳或者返还出资，公司以股东会决议解除该股东的股东资格，该股东请求确认该解除行为无效的，人民法院不予支持。"需要指出的是，上述解除股东资格只适用于股东未履行出资义务或者抽逃全部出资的情形；公司股东未全面履行出资义务情形不适用该规则。在此基础上，新公司法进一步规定，有限责任公司成立后，董事会应当对股东的出资情况进行核查，发现股东未按期足额缴纳出资的，应当向该股东发出书面催缴书，催缴出资。公司依照前款规定催缴出资，可以载明缴纳出资的宽限期；宽限期自公司发出出资催缴书之日起，不得少于60日。宽限期届满，股东仍未履行出资义务的，公司可以向该股东发出失权通知，通知应当以书面形式发出，自通知发出之日起，该股东丧失其未缴纳出资的股权。因此，根据新公司法规定，目前有限责任公司股东失权制度不仅适用于未全面履行出资义务的情形，也适用于部分未履行出资义务的情形。此外，股东失权制度不再需要经过股东会决议，而是失权通知发出后该股东即丧失其未缴纳出资的股权。公司解除未尽出资义务股东资格后，由于该股东所认缴的出资依旧处于空洞状态，需要通过减资将公司注册资本中该股东未出资部分的"空洞"数额减下来，或者由其他股东或者第三人缴纳出资将该"空洞"补起来，此为公司解除未尽出资义务股东资格后的义务。

（四）承担补充赔偿责任

公司股东未尽出资义务除了损害公司利益，还损害了公司债权人的利益。《最高人民法院关于适用〈中华人民共和国公司法〉若干问题的规定（三）》中规定，在公司股东未履行出资义务损害公司债权人利益的情况下，公司债权人有权要求该股东在未出资本息范围内对公司债务不能清偿的部分承担补充赔偿责任。需要指出的是，该补充赔偿责任以该股东未出资本息为限，且仅适用于公司不能清偿的债务，如无法执行到位的公司债务等。此外，若有限责任公司的股东未履行或者未全面履行出资义务即转让股权，受让人对此知道或者应当知道，公司债权人可以要求受让人对该股东之补充赔偿责任承担连带责任；受让人承担责任后，可以向该未履行或者未全面履行出资义务的股东追偿，但是当事人另有约定的除外。

甲公司由自然人王某和自然人李某共同出资设立，注册资本为人民币1000万元。甲公司设立后，长期处于歇业状态，两股东并未实际缴纳出资。经营过程中，甲公司为第三人乙公司1000万元银行借款债务提供了连带担保责任。后因乙公司无法偿还债务，银行向法院提起诉讼，要求乙公司偿还1000万元债务，并主张甲公司对乙公司的1000万元债务承担连带赔偿责任。此时，王某和李某认为公司债务与他们无关，未予理睬。经开庭审理，法院支持了银行的全部诉讼请求，判决乙公司偿还其拖欠银行1000万元本金及利息，并判决甲公司就乙公司1000万元债务承担连带赔偿责任。嗣后，因乙公司和甲公司均无资产可供执行，所以银行向法院申请对甲公司进行破产清算。法院受理银行申请后，指定清算组对甲公司进行破产清算。清算过程中，破产管理人向甲公司股东王某和李某追缴了其1000万元认缴但未实缴的注册资本，嗣后偿还了甲公司的对外债务。股东王某和李某追悔莫及。

第七节　出资协议与公司章程

公司经营涉及公司、股东、债权人、员工等多个主体；公司治理涉及股权分配、股东投票权安排、股东持股方式、组织机构设置、治理规则等复杂制度；公司运营涉及筹备、设立、变更、解散、注销等多个环节。如此复杂的民事法律行为，稍有不慎则会导致分歧。因此，需要签署完备的法律文件，明确所涉各方的权利义务。公司经营实践中，出资协议和章程是两份重要的法律文件。出资协议明确了出资人在公司设立环节的权利和义务，指引公司筹备及设立。公司章程明确了公司设立后公司股东权利义务、组织机构及公司治理规则，是指导公司运营的宪法性文件。经营实践中，很多出资人没有足够重视上述文件，导致公司设立失败，或导致公司运营陷入僵局，损失巨大。

一、出资协议

出资协议，是指公司全体出资人就公司设立行为约定各方权利和义务而签署的法律文件，又称为发起人协议。公司法规定，有限责任公司设立时的股东可以签订设立协议，明确各自在公司设立过程中的权利和义务；股份公司设立时发起人应当签订发起人协议，明确各自在公司设立过程中的权利和义务。经营实践中，出资协议名称不尽相同，如出资协议、投资协议、合作协议、合资合同、备忘录等；出资协议形式也不统一，或口头形式，或书面形式；出资协议内容的详尽程度也不同，有的只简单约定公司设立事宜，有的则详细约定出资人、出资额、出资比例、投票权、股权转让等公司设立事宜及设立后的治理规则。出资协议虽不是有限责任公司设立过程中的必备文件，但为了更好地明确合作方向，准确地界定出资人各方权、责、利，我们建议公司设立前应签署完备的出资协议。通常，一份完备的出资协议需要约定公司设立过程中出资人的权利和义务，包括但不限于出资人信息，公司名称及经营范围，注册资本规模、出资金额、出资形式及出资时间，组织机构及议事规则，财务会计制度及利润分配，出资责任等内容。对于出资协议，出资人尤其要注意以下内容：

（一）出资人信息

交易主体是关键，其次才是交易内容。公司具有极大的人合性，且经营具有持续性，公司设立时要慎重选择出资人伙伴，并归档各出资人身份证复印件。此外，公司全体股东要对公司设立行为承担连带责任；在公司设立后，还要对其他股东出资不实等违法行为承担连带责任。因此，公司设立时要进行必要的背景调查，审查股东的资产、对外有无大额负债等情况，避免将不适格的出资人个人风险引入公司。

（二）公司名称及经营范围

公司名称是公司设立的必备要素，一般是先暂定名称，最终以登记机关核准为准。公司名称可以自行选择，但不得违反法律禁止性规定，且不得损害他人商标等知识产权，以免引起侵权或不正当竞争纠纷。公司经营范围是全体出资人设立公司的商业初心及设立后开展的具体经营事项。明确公司经营范围，有利于明确经营方向，更好地实现公司商业目的。

（三）注册资本规模、出资金额、出资形式及出资时间

公司经营以一定的资金为基础。出资人要评估公司经营所需资金，确定合适的公司注册资本规模。在股东加速出资制度下，公司注册资本应根据公司经营资金需求和股东出资能力合理确定，规模不宜过大，也不宜过小。确定了公司注册资本规模后，出资协议要明确各出资人认缴金额、持股比例、出资形式及出资时间。出资形式可以是现金，也可以是可以评估且可以转让的非货币资产，但不能评估或不能转让的资产除外，如劳务、商誉等。此外，出资时间要明确，以免出现出资人认而不缴的情况，影响公司现金流。

（四）组织机构及议事规则

通常，公司组织机构由股东会、董事会和监事会构成。股东会由全体股东构成，是公司权力机构。董事会由三名以上董事组成；规模较小的有限责任公司可以不设董事会，设一名董事，行使董事会职责。在现代企业治理结构中，董事会为实际经营决策机构，作用越来越大。关于董事会的规模、董事产生办法及董事长产生办法，建议在出资协议中明确，以免后期在公司设立过程中产生争议。监事会是公司监督机构。新公司法规定，规模较小或者股东人数较少的有限责任公司，可以不设监事会，设一名监事，行使本法规定的监事会的职权；经全体股东一致同意，也可以不设监事。另，有限责任公司可以按照公司章程的规定在董事会中设置由董事组成的审计委员会，行使本法规定的监事会的职权，不设监事会或者监事。故，监事会或监事并不是公司一定要设置的机构。公司是否设立监事会或监事，需要在出资协议中提前约定。另，股东会、董事会和监事会的通知、提案、议事、决议等规则，属于公司意思自治范畴，可以在出资协议中约定，也可以在章程中约定。

（五）财务会计制度及利润分配

出资人设立公司的商业目的是通过投资实现收益。投资收益的实现需要

完善的财务会计制度作支撑，这也是公司法律法规强制性要求。作为指导公司设立的出资协议，建议明确公司财务制度，特别是财务负责人的产生办法。通常情况下，财务负责人可以由董事会聘任，也可以由股东委派。对于不委派董事或不参与公司具体业务的出资人，通过委派财务负责人可以更好地实现股东知情权。另，就利润分配的比例及利润分配时间，也建议在出资协议中明确。

（六）出资责任

交易具有不确定性。虽然出资协议明确了全体出资人的权利和义务，但出资人是否会按照出资协议的约定全面履行出资义务，存在不确定性。出资人不履行出资义务，不仅会影响公司的设立行为，而且会导致出资人对其他未全面履行出资义务的出资人承担连带责任。因此，出资协议应约定相应的违约责任，如延期履行出资义务须支付滞纳金等。出资责任约定一方面可以约束出资人全面履行出资义务，另一方面也可以在出现出资纠纷时定分止争。

二、公司章程

公司章程，是规范公司的组织与行为、公司与股东、股东与股东、公司董监高权利义务关系的具有法律约束力的文件。公司章程主要明确的是公司设立后股东及公司之间的权利义务及公司治理规则，是关于公司设立后治理规则的宪法性文件。公司章程对公司、股东、董事、监事、高级管理人员具有法律约束力。股东可以根据章程约定起诉股东、董事、监事、经理、其他高级管理人员和公司；公司也可以根据章程约定起诉股东、董事、监事、经理和其他高级管理人员。公司法规定，设立公司必须依法制定公司章程。因此，章程是公司设立必备法律文件。公司法规定，有限责任公司章程应当载明下列事项：(1) 公司名称和住所；(2) 公司经营范围；(3) 公司注册资本；(4) 股东的姓名或者名称；(5) 股东的出资方式、出资额和出资时间；

(6) 公司的机构及其产生办法、职权、议事规则;(7) 公司法定代表人的产生、变更办法;(8) 股东会会议认为需要规定的其他事项。除了上述内容外,股份公司章程还应当载明:(1) 公司设立方式;(2) 公司股份总数、每股金额和注册资本;(3) 发起人的姓名或者名称、认购的股份数、出资方式和出资时间等内容。就有限责任公司章程而言,股东要关注以下内容:

(一) 股东表决权安排

公司法规定,有限责任公司股东会由股东按照出资比例行使表决权;但是,公司章程另有规定的除外。因此,有限责任公司股东表决权安排属于意思自治范畴,可以按照股东认缴比例行使表决权,也可以按照实缴出资比例行使表决权,还可以另行约定表决权比例。公司表决权比例与注册资本认缴比例是两个不同概念,不一定为正比例关系。如,创始人股东认缴50%注册资本,可以享有50%投票权,也可以享有70%投票权。

(二) 股东会表决规则

公司法规定,有限责任公司股东会的议事方式和表决程序,除本法有规定的外,由公司章程规定;股东会作出决议,应当经代表过半数表决权的股东通过;股东会作出修改公司章程、增加或者减少注册资本的决议,以及公司合并、分立、解散或者变更公司形式的决议,应当经代表2/3以上表决权的股东通过。因此,除上述规定外,公司章程可以自行规定表决规则,如就特定事项表决,可以规定须经特定股东的同意或股东一票否决权。

(三) 董事会构成及董事产生办法

公司法规定,董事会由3名以上董事构成。董事会中的职工代表由公司职工通过职工代表大会、职工大会或者其他形式民主选举产生。就公司非职工代表董事产生办法,属于公司章程自行决定事项。公司章程可以自行约定股东关于非职工代表董事提名权的分配办法。公司法还规定,董事会设董事长一人，可以设副董事长。有限责任公司董事会董事长产生办法是由章程自行决定事项，可以是选举产生，也可以是股东提名。但，股份公司董事会董事长需由全体董事选举产生。在制定公司章程时，股东可以基于经营需要合理地确定董事会规模、董事产生办法和董事长产生办法。如，公司创始股东可以在章程中规定提名一定名额的董事，进而控制公司董事会。阿里巴巴合伙人制度的核心逻辑就是通过合伙人制度控制公司董事提名权，进而控制董事会，掌控公司经营权。

（四）董事会表决规则

新公司法规定，除另有规定外，董事会其他议事规则和表决规则由公司章程另行规定；董事会会议应当有过半数的董事出席方可举行；董事会就相关议题表决时，实行一人一票制度，必须经全体董事过半数通过方能形成相关决议。在公司治理实践中，私募股权投资人通常会就特定事项要求享有董事会一票否决权。新公司法明确了董事会表决规则，实践中就能否设置董事会一票否决权问题有分歧。如果有经营需要，公司股东在制定公司章程时可以设置董事会一票否决权等董事会表决规则，以更好地参与、控制董事会运作。

（五）利润分配机制

商业经营目的是获利。公司经营获利后，利润分配办法是商业计划的重要组成部分。我国公司法规定，公司税后利润，在弥补亏损和提取法定公积金后，有限责任公司按照股东实缴出资比例分配，但全体股东约定不按照出资比例分配利润的除外；股份有限公司按照股东持有的股份比例分配利润，公司章程另有规定的除外。因此，公司章程可以自行约定公司利润分配办法，既可以按照认缴比例分配利润，也可以按照实缴比例分配利润，还可以约定其他利润分配办法。如，股东持股50%，但分配公司70%的税后可分配利润，以更好地体现股东个人贡献。

三、出资协议与公司章程的关系

出资协议与公司章程均为公司治理重要法律文件，但二者又有所不同。如上所述，公司全体出资人共同参与订立的出资协议，主要功能是明确出资人在公司设立过程中的权利义务关系，其性质属于合同范畴，适用民法典之合同编规定，效力范围为全体出资人。公司全体股东签署的章程，主要功能在于明确公司设立后股东权利义务、组织机构及治理规则，其性质属于公司法范畴，适用公司法规定，效力范围为公司、股东以及公司董事、监事等人员。实践中，有些出资协议既调整公司设立之前出资人之间的权利义务关系，同时又调整公司成立后股东之间、公司与股东之间的权利义务关系，还会涉及公司组织机构及治理规则。一般情况下，制定在后的公司章程会吸收签署在前的出资协议中关于公司组织机构、治理规则等内容。但实践中出资协议有些内容也经常不被纳入之后所订立的公司章程之中。一方面是因为出资协议中某些内容不便载入公司章程中，如公司设立事项；另一方面是因为有些公司登记机关要求使用格式文本导致许多出资协议中特别约定内容无法纳入公司章程之中，此情况在私募股权融资交易中经常出现。在上述情形下，出资协议往往承担了公司章程之外的规则性协议的功能。通常认为，公司完成设立后，由全体出资人共同签署的出资协议仍具有法律效力，其中涉及公司成立后的股东之间、股东与公司之间的权利义务关系的内容，只要未违反法律强制性规定或不与后制定公司章程规定相冲突，对各缔约方仍依法具有合同约束力。就出资协议与章程规定冲突情形，具体可以分为两种情况：（1）若有约定效力优先规则，则按约定执行，如在私募股权融资协议中通常会约定股东协议等交易文件效力优先于工商登记的章程；（2）若没有效力优先规则约定，一般是后形成文件效力优于先前形成的文件。总之，出资协议和公司章程是两份性质不同的法律文件，两者不存在效力关联性或效力高低之分。

第八节　股东股权与婚姻

就财产构成而言，现阶段公司股权是股东财产重要组成部分。股东财产与股东婚姻状况关系密切，因此股东股权与股东婚姻状况也存在强关联。如公司股东在持股期间结婚，或在结婚后取得股权，其名下股权和该股权增值部分是否为夫妻共同财产？公司股东能否独立处分该股权？其配偶是否有权主张分割该股权？上述问题不仅是股东个人问题，更是影响公司股权结构稳定性的公司治理问题。

一、股权归属

民法典第一千零六十五条第一款中规定，男女双方可以约定婚姻关系存续期间所得的财产以及婚前财产归各自所有、共同所有或者部分各自所有、部分共同所有。第一千零六十二条第一款规定："夫妻在婚姻关系存续期间所得的下列财产，为夫妻的共同财产，归夫妻共同所有：（一）工资、奖金、劳务报酬；（二）生产、经营、投资的收益；（三）知识产权的收益；（四）继承或者受赠的财产，但是本法第一千零六十三条第三项规定的除外；（五）其他应当归共同所有的财产。"《最高人民法院关于适用〈中华人民共和国民法典〉婚姻家庭编的解释（一）》第三十一条规定："民法典第一千零六十三条规定为夫妻一方的个人财产，不因婚姻关系的延续而转化为夫妻共同财产。但当事人另有约定的除外。"因此，公司股东夫妻之间可以通过"夫妻财产协议"的形式书面约定各自名下股权的归属，既可以约定婚前股权的归属，也可以约定婚姻关系存续期间取得股权的归属。若股东夫妻之间没有通过"夫妻财产协议"的形式书面约定名下股权的归属或约定不清，股东结婚前取得公司股权则属于其个人财产，不因婚姻关系的延续而转化为夫妻共同财产；婚姻关系存续期间因经营、投资取得的公司股权则属于夫妻共同财产。

二、股权收益归属

股权收益是股东股权权益重要组成部分，但又不同于股权。就夫妻共有股权婚后收益，如上文所述，在没有夫妻财产协议的情况下，婚姻关系存续期间生产、经营、投资的收益原则上为夫妻共同财产。就夫妻一方个人所有公司股权，在婚姻关系存续期间发生的收益是否属于夫妻共同财产呢？这是一个复杂的法律问题。实践中，财产收益通常分为孳息、自然增值和经营性收益三类。具体如下：（1）孳息，我国法律并未明确定义。理论上采用两分法，将孳息分为天然孳息和法定孳息。天然孳息，是指基于物的自然属性产生的收益，如鸡下的蛋、果树结的果子等；法定孳息，是指利息、租金及其他因法律关系所得的收益。（2）自然增值，我国法律也未明确定义。理论上，自然增值是指因通货膨胀或市场行情的变化而导致的财产增值，与夫妻一方或双方经营、劳动、投资、管理等行为无关。比如，房屋、古董等财产价值随市场行情的上涨而增加的价值。（3）经营性收益，我国法律也未明确定义。理论上，通常是指基于夫妻一方或双方经营、劳动、投资、管理等行为而产生的收益，如进行股票、股权、基金等投资而获得的收益。《最高人民法院关于适用〈中华人民共和国民法典〉婚姻家庭编的解释（一）》第二十六条规定："夫妻一方个人财产在婚后产生的收益，除孳息和自然增值外，应认定为夫妻共同财产。"股东个人股权婚后收益主要表现为股东分红和股权增值两部分。由于我国法律对孳息和自然增值并未进行明确定义，司法实践中就股东分红和股权增值收益属性认定常有分歧。通常认为，夫妻一方婚前股权婚后取得的分红收益和股权增值收益，要么是基于权利人直接参与公司经营行为而发生，要么是基于权利人间接参与公司经营行为而发生，两种情形下权利人均投入了一定精力，故夫妻一方婚前股权婚后获得的股东分红和股权增值收益不属于孳息，也不属于自然增值，而是属于经营性收益，原则上应属于夫妻共同财产。需要指出的是，若夫妻一方婚前个人股权婚后增值不是来自经营，而是来自通货膨胀或市场行情的变化，则应认定为该股权收益属于自然增值，属于股东个人财产。(2020)最高法民申1003号[1]谭某离婚后财产纠纷再审案，法院认为："根据查明的事实，新鸿基公司成立后，未对土地进行开发，也未进行其他生产经营活动；雷某婚前持有的新鸿基公司股权价值在婚后的变化，主要是由公司所持有的地产市场行情变动引起，并不是雷某对公司进行经营管理或者利用该股权进行再投资产生的收益。"据此，法院认定："雷某转让其持有的新鸿基公司股权即便有溢价应定性为自然增值，也不应作为夫妻共同财产进行分割。"因此，股东个人股权婚后收益归属取决于该收益的具体性质：若是孳息和自然增值则属于个人财产；若是经营收益则属于夫妻共同财产。

三、股权处分权

婚姻关系存续期间，夫妻一方可否独立处分登记在其名下的公司股权？若夫妻一方持有的公司股权属于其个人财产，该股东当然有权独立处分其持有的公司股权。若夫妻一方持有的公司股权虽登记在个人名下，但其属于夫妻共同财产，可否独立处分呢？通常认为，公司的股东作为出资者按投入资本额对公司享有决策、管理、收益等股东权利；公司股权具有财产性和管理性双重属性，其中公司股权财产性权利，包括收取股息、红利、股权转让价款等方面，可以作为夫妻共同财产，但公司股权管理性权利具有一定的人身属性，仅限于公司登记股东；夫妻一方持有的公司股权能够被认定为夫妻共同财产的只是股权中的财产性权益。公司法规定，公司应当将股东的姓名或者

---

[1] 载中国裁判文书网：https://wenshu.court.gov.cn/website/wenshu/181107ANFZ0BXSK4/index.html?docId=vUmy3C2ryokrWi3hSM1Hg161Ho6viFaNQ4y15+XLGUM7AjwRfwajP5/dgBYosE2gV6P7xgDWHtvACHKBoXOd7lbm9q6xW6Eg0tS85Nvcvik1sPPZZoO/3O7q/UFt6XtN，最后访问时间：2025年1月15日。

名称向公司登记机关登记；登记事项发生变更的，应当办理变更登记；未经登记或者变更登记的，不得对抗第三人。司法实践中，北京市三中院在(2018)京03民终12607号[①]案中认为："即使是以夫妻共同财产出资而取得股权，登记在夫妻一方名下，股权本身也并不是夫妻共同财产，作为夫妻共同财产的只能是股权代表的价值利益和所带来的收益，未登记一方不属于股权的共有人。"因此，登记于夫妻一方名下的公司股权虽属于夫妻共同财产，但基于公司股权这一财产的特殊性质，依据商事行为的"外观主义原则"，该股权的各项具体权能应由登记的股东本人独立行使，登记股东有权单独处分该股权，包括但不限于转让股权、出质股权等，不需经过其配偶同意。

四、土豆网

土豆网为知名短视频网站之一，公开资料显示[②]，创始人王微出生在福建福州，后出国留学。2005年，王微自掏100万元创办了土豆网，聚焦短视频赛道；当年即获得IDG资本50万美元投资。此后，土豆网开创性地在视频作品前后端植入广告，并于2008年拿到了广电牌照。此时，土豆网在年轻人中广为传播，成为视频网站赛道的领跑者。土豆网蒸蒸日上时，王微与上海文广传媒主播杨蕾于2007年结婚。在王微和杨蕾的婚姻关系存续期间，土豆网成立了上海全土豆网络科技有限公司，王微占股95%。上海全土豆网络科技有限公司拥有土豆网的《增值电信业务经营许可证》和《网络传播视听节目许可证》牌照，为土豆网核心业务公司。嗣后，王微和杨蕾感情破裂。2008

[①] 载中国裁判文书网：https：//wenshu.court.gov.cn/website/wenshu/181107ANFZ0BXSK4/index.html? docId＝2hBPLhgZtbzXTU9lGTV9JxYTXBul1OGh4DeOFHh+oARPcg0P4pms2Z/dgBYosE2gV6P7xgDWHtvACHKBoXOd7gamFS+ywX1qAakdq2Zd+qg1sPPZZoO/3BQn6HracYYb，最后访问时间：2025年1月15日。

[②] 根据相关公开报道整理。侯云龙：《土豆网CEO王微：当IPO遭遇"婚姻保卫战"》，经济参考报社：http：//jjckb.xinhuanet.com/invest/2010-11/26/content_272378.htm，最后访问时间：2025年1月15日；《土豆网IPO前的离婚纠葛》，第一财经日报2011年6月30日：https：//www.yicai.com/news/900305.html，最后访问时间：2025年1月15日；《土豆条款背后的股权控制"暗潮"》，搜狐网：https：//www.sohu.com/a/388257141_120338441，最后访问时间：2025年1月15日；等等。

年11月，王微向上海市徐汇区人民法院提起诉讼，要求与杨蕾离婚，但未获法院支持。6个月后，王微再次起诉至上海市徐汇区人民法院要求离婚，获得法院支持，判决双方离婚。杨蕾对判决不服，提起上诉。2010年3月，上海市第一中级人民法院判决维持一审判决，但对于王微所拥有的土豆网的相关股权，因涉及公司及第三人，法院要求双方另案处理。

2010年11月9日，土豆网向美国证券交易委员会（SEC）提交了纳斯达克上市申请。此时，美国股市对中国互联网企业十分看好。如果土豆网上市成功，将成为全球首个在美国独立上市的网络视频公司，必将受到资本市场的热捧。但在土豆网提交上市申请的次日，杨蕾向徐汇区人民法院提起离婚后财产分割纠纷诉讼，要求分割王微名下3家公司38%的股权，同时对上海全土豆网络科技有限公司股权申请了财产保全。众所周知，股权结构稳定是公司上市的前提条件。土豆网因创始人婚姻纠纷导致的股权分配问题迟迟得不到解决，上市计划搁浅，只能眼睁睁看着上市时机溜走。就在土豆网上市计划搁浅的时候，其竞争对手优酷竟抢先一步在纽交所上市。优酷网上市受到美国资本市场热捧，上市首日涨幅达165%，市值超过30亿美元，风头盖过了土豆网。2011年6月10日，王微与杨蕾婚后财产分割案经法院调解，达成和解。创始人离婚纠纷解决后，土豆网最终于2011年8月17日登陆美国纳斯达克。虽然成功上市，但自2011年以来市场已发生翻天覆地的变化，土豆网上市首日大跌，市值只有7.12亿美元，不到优酷的1/4。企业发展，一步落后，步步落后，土豆网再也无法恢复往日强劲势头。2012年，土豆网被优酷收购；创始人王微也离开了一手创办的土豆网。

土豆网创始人王微婚姻纠纷案给私募股权投资界带来了巨大的冲击。有些投资人要求在股东协议中增加条款，要求他们所投公司的创始人结婚或者离婚必须经过董事会，尤其是优先股股东的同意；除在股东协议中增加上述条款外，有些投资者还要求创始人配偶出具"配偶同意函"，承诺如发生离婚，配偶只能获得等额的金钱赔偿，无权要求分割股权，并保证放弃对公司的管理权。上述投资条款，俗称为"土豆条款"。有些人认为"土豆条款"

违反了民法典婚姻家庭编中规定的婚姻自由原则，质疑它存在的效力，也有些人包括律师仍致力于研究合法合理的"土豆条款"。"土豆条款"的内容确实因涉及约束婚姻处于合同无效的边缘，侥幸追求其合法性也有"钻法律空子"的嫌疑，不妨可以尝试换个角度，不约束婚姻状况本身，而是考虑对夫妻名下的财产进行详细约定。①

第九节　境内股权家族信托

　　信托，是指委托人基于对受托人的信任，将其财产权委托给受托人，由受托人按委托人的意愿以自己的名义，为受益人的利益或者特定目的，进行管理或者处分的行为。关于信托起源，说法不一。通常认为，信托发源于中世纪的英国。中世纪英国神权与王权交错，宗教理念影响广泛，教徒们践行博爱和利他，很多教徒自愿地将个人土地等财产捐赠给教会；教会财产不断增加威胁了国王的利益。12世纪末，英国国王亨利三世颁布了《没收法》，明令禁止教徒将土地直接赠与教会。面对没收法令，教徒便在临终前将土地所有权转让给值得信任的受托人，由他们对财产进行管理，再将收益捐赠给教会用于救济穷人等群体。这就是英国的信托（USE）制度，其为家族信托建立了原始雏形。其实，信托制度与我们并不遥远。北宋时期"先天下之忧而忧，后天下之乐而乐"的政治家、文学家范仲淹，在他第三次被贬后，用官宦生涯的大部分积蓄，购置了1000多亩田产，在其原籍江苏吴县设立了中国甚至可以说是全世界第一个信托——"范式义庄"。信托本质上是基于特定目的对信托财产所有权、管理权和收益权等权益的灵活安排。根据不同的标准，可以将信托分为不同的类别。银保监会于2023年3月发布的《关于规范信托公司信

---

　　① 大工法律：《土豆条款——由一场离婚诉讼所催生出的风险投资条款》，搜狐网：https：//www.sohu.com/a/489096670_121090014，最后访问时间：2025年1月15日。

托业务分类的通知》以信托目的、信托成立方式、信托财产管理内容为分类维度，将信托业务分为资产服务信托、资产管理信托、公益慈善信托3大类共25个业务品种。其中，资产服务信托分为家族信托、遗嘱信托、保险金信托等不同品种。故，家族信托属于资产服务信托类别下的一种业务品种。

一、家族信托制度优势

家族信托属于信托的一种，是指受托人接受单一个人或者单一家庭的委托，以家庭财富的保护、传承和管理为主要信托目的，提供财产规划、风险隔离、资产配置、子女教育、家族治理、公益（慈善）事业等定制化事务管理和金融服务。家族信托受益人通常为与委托人存在亲属关系、血缘关系等身份关系的家庭成员，可以包括委托人，但委托人不得为唯一受益人。家族信托的目的主要是家庭财富的保护、传承和管理；单纯以追求信托财产保值增值为主要信托目的，具有专户理财性质和资产管理属性的信托业务不属于家族信托。虽然我国的家族信托业务还处在起步阶段，但是与遗嘱继承、法定继承、赠与等其他各种财富传承工具相比，家族信托的优势正在被逐步认识和重视。具体制度优势如下：

1. 隔离风险。在信托制度中，信托财产的所有权不再属于委托人，而是转移给了受托人。在委托人发生经营风险、个人意外、婚姻变故或继承纠纷时，能够保证信托资产的安全，起到"防火墙"作用。传媒大亨鲁伯特·默多克有过四段婚姻，其中与第二任妻子安娜的离婚轰动一时。当时默多克并没有提前通过家族信托来防范婚姻风险，经协商最终分给安娜17亿美元。默多克意识到了财富与婚姻之间的微妙关联，离婚后他设立了家族信托，目前其家族持有新闻集团约40%的拥有投票权的股票，其中超过38.4%的股票由默多克家族信托基金持有，受益权人是默多克的六个子女。默多克与前两任妻子的四个子女是这个信托的监管人，拥有对新闻集团的投票权；而默多克与第三任妻子邓文迪的两个女儿仅享有受益权而无投票权。如此，新闻集团的控制权牢牢掌握在默多克家族的手中。在默多克与邓文迪离婚案中，邓文迪只分得约 2000 万美元资产，与默多克约 134 亿美元总资产相比微不足道，离婚也未影响新闻集团的运营。①

2. 家业传承。法定继承或遗嘱继承中，分割遗产不仅容易导致继承纠纷，而且析产后会导致公司投票权分散，进而有可能导致家族企业控制权旁落。家族信托相比法定继承或遗嘱继承，信托财产由受托人按照委托人意愿进行管理，委托人家族人员仅享有相应的收益权，不存在分配遗产情况，不仅避免了遗产继承纠纷，而且避免了遗产分割导致企业投票权分散；此外，由于遗产由受托人管理，避免了继承人随意处分继承的股权，实现了家族企业控制权的持久稳定。

3. 税务筹划。发达国家普遍征收高额遗产税。在家族信托制度中，信托财产所有权已经转移给受托人，法律上已经不属于遗产的范畴，因此受益人享受的相应信托财产利益并不会涉及遗产税问题。税务筹划优势是国外家族信托蓬勃发展的重要原因之一。根据公开资料，美国总统特朗普的父亲弗雷德·特朗普 1995 年通过设立 GRAT 信托的方式避免了近 5 亿美元的遗产税。②GRAT 信托的策略是，委托人（设保人）将一项资产投入信托，除了按照提取年金的方式进行返还本金收益给受益人，无论置入的资产升值多少，增值部分都可获得免税。

4. 私密性。信托财产交付后，信托财产的所有权不再属于委托人，外界对家族信托财产或各受益人之间的分配方案无从知晓，除非委托人主动披露，因此在一定程度上具有保密作用。

---

① 林秋彤、程维妙等：《传媒大亨默多克修改遗产继承人被驳回，家族信托治理机制设计再引关注》，新浪财经：https://finance.sina.com.cn/roll/2024-12-11/doc-inczcarm0538924.shtml，最后访问时间：2025 年 1 月 15 日。

② 汉正家族办公室：《家族信托案例分析》，搜狐网：https://business.sohu.com/a/742472992_100244361，最后访问时间：2025 年 1 月 15 日。

二、境内股权家族信托困境

股权家族信托是家族信托的一种，是指委托人将自己控制的公司股权委托给受托人，受托人根据委托人意愿进行公司股权管理，并将股权收益分配给指定的受益人。随着我国市场经济发展和财富积累，个人财富构成发生重大变化。相比于现金和不动产，作为现代企业制度和资本市场产物的股权已成为个人财富的重要组成部分。就家族信托而言，股权家族信托比现金家族信托和不动产家族信托更具传承价值。境内股权家族信托是相对于离岸股权家族信托的称谓，指委托人以其合法拥有的境内外股权在境内设立的，一般适用境内法律法规的股权家族信托。相对于离岸股权家族信托快速发展，境内股权家族信托目前尚处于探索期。在现有的法律框架下，境内股权家族信托存在一定的制度障碍，导致实践中设立境内股权家族信托的案例较少。具体制度困境如下：

1. 信托财产登记制度缺失。信托法第十条规定："设立信托，对于信托财产，有关法律、行政法规规定应当办理登记手续的，应当依法办理信托登记。未依照前款规定办理信托登记的，应当补办登记手续；不补办的，该信托不产生效力。"故，办理信托登记是信托生效的要件之一，否则会影响信托本身的效力。但除现金信托登记制度外，主管部门至今尚未出台统一的信托财产登记制度，导致境内股权信托财产登记制度长期处于缺位状态。股权信托财产登记制度缺位，不仅会影响信托的效力，还会导致受托人固有财产与信托财产边界不清，从而无法将信托财产与受托人风险隔离。此外，公司法规定，公司应当将股东的姓名或者名称向公司登记机关登记；登记事项发生变更的，应当依法办理变更登记。未经登记或者变更登记的，不得对抗第三人。基于现有法律框架下股权登记对抗主义制度，设立股权家族信托时需要将作为信托财产的股权出资人登记为受托人。股权登记在受托人名下，但没有配套的信托财产登记制度，则会导致受托人固有资产和信托财产混同。虽然《全国法院民商事审判工作会议纪要》已明确提出信托财产在信托存续期间独立于委托人、受托人、受益人各自的固有财产，但是在受托人固有资产与信托资产混同的情况下，基于财产外观主义原则和保护善意第三人原则，司法机关可能会判定要求信托公司作为登记的出资人以其固有财产承担出资责任，或者判定以该信托股权偿还受托人经营债务，这与信托法下的资产隔离原则相悖。

2. 信托财产转移税负成本高。如上所述，我国现有法律采用股权登记对抗主义。境内股权家族信托中，股权在信托设立与终止环节通常要经过两次所有权的转移。首先，信托设立时，委托人将信托股权财产转移给受托人；其次，信托终止时，受托人再将信托股权财产转移给委托人或受益人。若为永久性信托，则仅会发生一次所有权转移。《股权转让所得个人所得税管理办法（试行）》第三条规定："本办法所称股权转让是指个人将股权转让给其他个人或法人的行为，包括以下情形：（一）出售股权；（二）公司回购股权；（三）发行人首次公开发行新股时，被投资企业股东将其持有的股份以公开发行方式一并向投资者发售；（四）股权被司法或行政机关强制过户；（五）以股权对外投资或进行其他非货币性交易；（六）以股权抵偿债务；（七）其他股权转移行为。"由于我国税法没有明确信托税制度，实践中税务部门根据上述规定倾向于将信托股权财产所有权转移行为视为交易性过户，并按照股权转让的标准征收所得税。另，信托股权财产所有权转移还会涉及印花税。因此，境内股权家族信托税负成本较高。目前，行业正在积极推动建立国家层面的股权信托非交易性过户登记制度。

3. 资本运作障碍。境内股权家族信托除了要遵守信托法等信托相关法律法规外，还需要遵守公司法、证券法等相关法律法规的规定。除了上述登记制度缺失和税负成本高外，非上市公司股权设立的家族信托是公司境内上市的障碍之一。按照目前境内上市规则，企业上市前要拆除股权家族信托架构，特别是持股比例较高的股权家族信托。上市公司股票设立的家族信托，还受到上市公司股份过户制度、上市公司股份协议转让规则、上市公司一致行动人认定、减持限制、信息披露等诸多方面的管制。

三、境内股权家族信托架构

面对境内股权家族信托上述困境，实践中对境内股权家族信托架构进行了有益的创新。较为认可的境内股权家族信托架构为：资金信托+有限责任公司（SPV）持股模式，或资金信托+合伙企业（SPV）持股模式。具体如下：

（1）资金信托+有限责任公司（SPV）持股模式

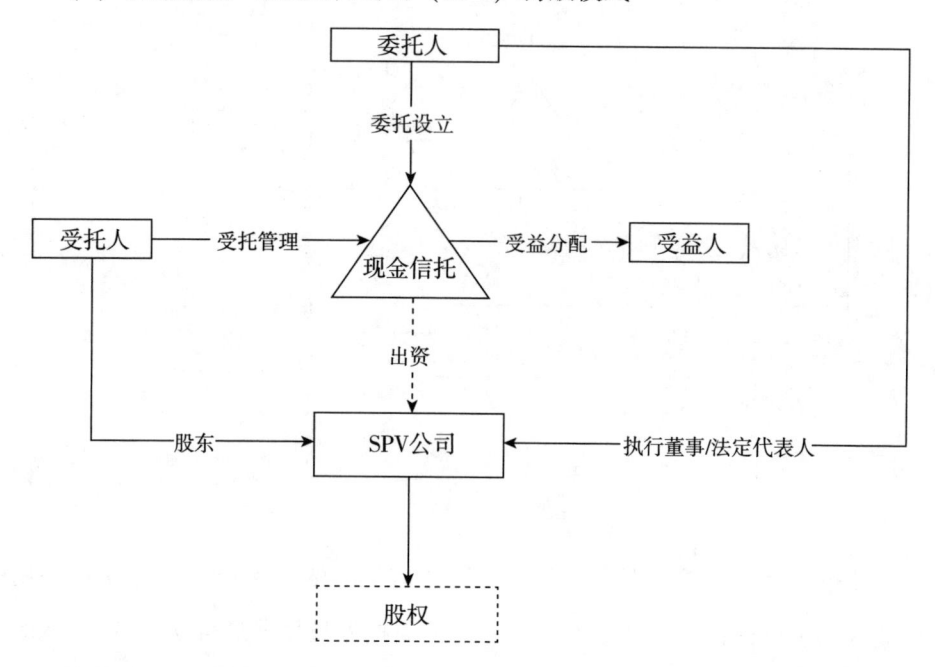

```
                    委托人
                      │
                    委托设立
                      ▼
      受托人 ──受托管理──▶ 现金信托 ──受益分配──▶ 受益人
        │                    │
        │                   出资
        │                    ▼
        └──股东──────▶ SPV公司 ◀──执行董事/法定代表人──
                          │
                          ▼
                        股权
```

该模式为：委托人先行设立一个资金信托，然后该资金信托受托人用已装入的现金信托财产出资设立一个有限责任公司作为特殊目的公司（SPV），最后由该SPV公司以现金交易的方式收购委托人持有的信托股权，支付相应对价。如前所述，股权家族信托存在信托财产登记制度缺失的障碍，但资金信托则可以进行信托登记；同时，信托法规定，受托人因信托财产的管理运用、处分或者其他情形而取得的财产，也归入信托财产。因此，该架构下，不仅通过现金信托解决了登记问题，而且保证了利用信托资金购买的股权归于信托财产范畴，解决了股权家族信托的有效性问题。该模式下，可以通过委托人担任 SPV 公司执行董事的方式行使 SPV 公司的管理权限，进而实现对目标公司的经营、决策及管理的控制。另，受托人仅担任 SPV 公司的股东，以认缴出资额为限对公司债务承担有限责任，也隔离了受托人持股风险。但该股权家族信托架构无法克服信托股权财产转移时税负成本高的问题。

（2）资金信托+有限合伙企业（SPV）持股模式

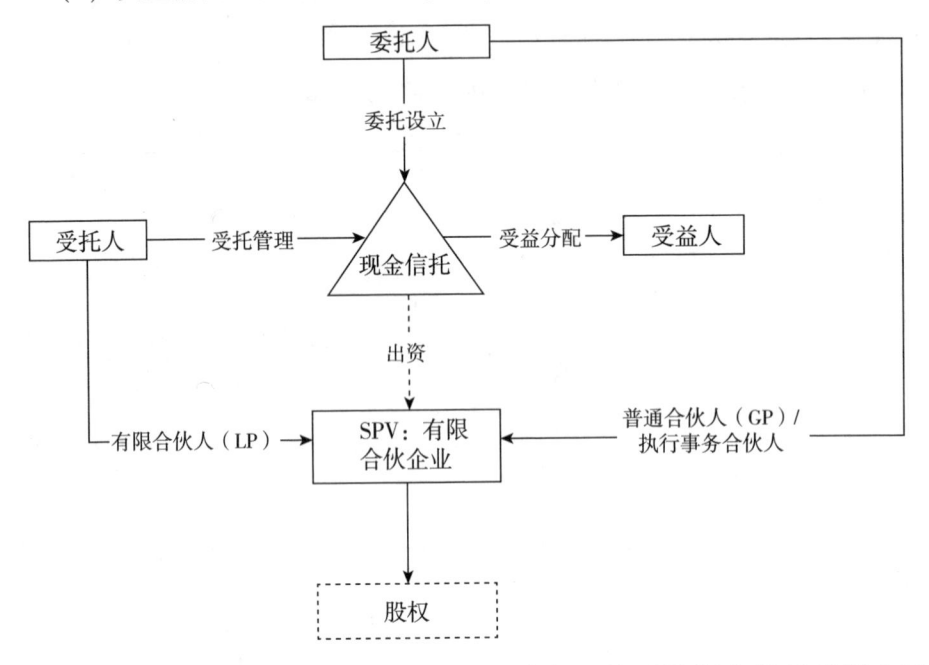

该模式为：委托人先行设立一个资金信托，然后该资金信托受托人用已装入的现金信托财产再出资设立一个由委托人担任普通合伙人（GP）的有限合伙企业（SPV），最后由该有限合伙企业（SPV）以现金交易的方式收购委托人持有的标的公司股权，支付相应对价。首先，该模式下基于目前资金信托可以登记的便利性，满足了信托登记的生效要件。其次，该模式下委托人可以作为合伙企业普通合伙人（GP）直接控制有限合伙企业（SPV）持有的目标公司股权，行使目标公司的管理权限，满足了委托人对目标公司的经营、决策及管理的控制需求。此外，受托人作为有限合伙人，不参与目标企业实际经营管理，不仅免除了受托人对股权家族信托的繁琐管理义务，也隔离了受托人被目标公司经营纠纷牵连的风险。最后，该模式下，合伙企业不是企业所得税纳税主体，无法避免SPV合伙企业经营过程中的双重征税问题。但该股权家族信托架构依然无法克服信托股权财产转移时税负成本高的问题。

四、欧普照明境内股权家族信托

欧普照明股份有限公司创立于1996年，总部位于上海，2016年成功登陆上海证券交易所主板，其实际控制人为马秀慧和王耀海夫妇（以下简称欧普照明）。2022年9月10日，欧普照明发布了《关于实际控制人增加一致行动人及一致行动人之间内部转让达到1%的提示性公告》[①]，公告称：因资产规划需要，公司实际控制人马秀慧女士（本次转让前持有公司18.71%股份），通过大宗交易的方式向上海峰岳企业管理合伙企业（有限合伙，以下简称上海峰岳）转让公司股份7600000股，约占公司总股本的1.01%，转让价格为14.48元/股。上海峰岳则为欧普照明股权家族信托的持股合伙企业（SPV）。欧普照明境内股权家族信托采用的模式即为资金信托+有限合伙企业（SPV）持股模式。具体架构如下：

[①] 《欧普照明股份有限公司 关于实际控制人增加一致行动人及一致行动人之间内部转让达到1%的提示性公告》，上海证券交易所网：http://www.sse.com.cn/disclosure/listedinfo/announcement/c/new/2022-09-10/603515_20220910_1_koxH1WlQ.pdf，最后访问时间：2025年1月15日。

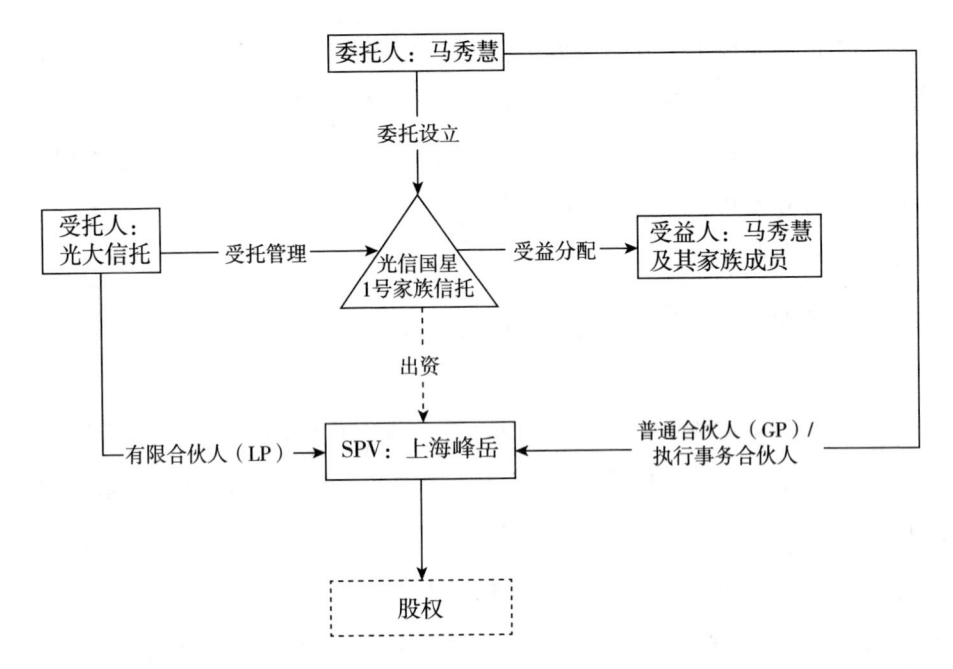

```
                    委托人：马秀慧
                         │
                         │ 委托设立
                         ▼
受托人：        受托管理    ╱╲       受益分配    受益人：马秀慧
光大信托  ──────────→  ╱  ╲ ──────────→   及其家族成员
                    ╱光信国星╲
                   ╱ 1号家族信托╲
                    ─────────
                         │
                         │ 出资
                         ▼
        有限合伙人（LP）              普通合伙人（GP）/
   ──────────────→ SPV：上海峰岳 ←────────────
                                       执行事务合伙人
                         │
                         ▼
                    ┌─────────┐
                    │  股权   │
                    └─────────┘
```

欧普照明境内股权家族信托设立步骤为：

第一步：2021年，马秀慧与中山市欧普投资有限公司（以下简称中山欧普，实际控制人为马秀慧和王耀海夫妇）共同出资设立上海峰岳，出资额为1001万元，其中中山欧普出资1万元，担任普通合伙人（GP）；马秀慧出资1000万元，担任有限合伙人（LP）。

第二步：马秀慧作为委托人、光大兴陇信托有限责任公司（以下简称光大信托）作为受托人设立了"光信·国昱1号家族信托"，受益人为马秀慧及其家庭成员。嗣后，光大信托按照信托文件规定用信托资金收购了马秀慧持有的上海峰岳的合伙份额，并同步进行增资。此步完成后，上海岳峰出资增加为6001万元，其中中山欧普认缴1万元，担任管理合伙人（GP）；光大信托认缴6000万元出资，担任有限合伙人（LP）。

第三步：2022年，马秀慧与上海峰岳签订股权转让协议，将其名下欧普照明1.01%股份转让给上海峰岳，即上述公告披露的欧普照明之股份变动信息。

第四步：2023年，中山欧普将其持有的上海峰岳1万元合伙份额转让给马秀慧。此步完成后，马秀慧持有上海峰岳1万元财产份额，担任普通合伙人（GP）；光大信托持有6000万元财产份额，担任有限合伙人（LP）。至此，当时价值约1.1亿元欧普股份被置入了家族信托，且马秀慧通过上海峰岳（SPV）控制着该股权信托财产，境内股权家族信托设立完毕。

GUQUAN ZHANLUE

第二章
股权融资

第一节 股权融资面面观

股权融资是企业"一体两翼"股权战略的重要组成部分。资金是企业发展的血液。无论是初创期企业，还是规模期企业，资金对企业而言永远是最重要的资源。企业不仅可以通过经营获利，还可以通过对外融资的方式获取企业发展所需资金。就企业对外融资而言，随着我国资本市场的发展，股权融资是现阶段非常重要的一种融资手段，特别是初创期企业。企业股权融资交易涉及经营、法律、财务、税务等多方面问题，是一项专业性强、复杂的交易。有些企业通过股权融资推动了企业快速发展，成长为明星企业，如京东、腾讯、小米、蒙牛等；也有一些企业股权融资后并没有达到预期的效果，甚至给企业经营带来极大的压力，导致企业陷入困境。一般交易影响的是企业的盈亏，股权融资交易则是一把关乎企业命运的"双刃剑"。

一、债权融资与股权融资

企业对外融资的手段多种多样，如银行贷款、民间借贷、发行债券、私募股权融资、证券市场公开发行股份（IPO）等。按照融资工具不同，企业对外融资可分为债权融资和股权融资两大类。具体如下：

（一）债权融资

债权融资，是指企业通过向金融机构、企业或个人借款的方式融入企业发展所需资金，如银行贷款、民间借贷、发行债券等。债权融资中，债权人对公司享有债权，但不享有股东权利，原则上无权参与公司经营管理和分红收益，与企业盈亏没有直接的利害关系。借款期限届满后，企业按照约定向债权人归还本金和利息。实践中，在多数债权融资中，企业还需要按照债权人的要求提供资产作为抵押物或由第三人提供担保。债权融资的优点是不稀释公司股权，不影响创始人投票权；债权人不参与公司经营管理和收益分配。债权融资的缺点是会增加公司负债，且到期后企业须归还债权人本金和约定利息，增加了企业现金流压力。

(二) 股权融资

股权融资，是指企业通过增发部分股权，以企业增资的方式引进新的股东，融得企业发展所需资金。相比于债权融资，股权融资无须企业提供资产抵押，不会增加公司负债，也不存在到期后归还本金和利息带来的现金流压力等问题。但是，股权融资会稀释原公司股东股权持股比例，影响创始人投票权；资金提供方参与公司经营决策，对企业享有知情权、参与权、表决权和分红权等股东权利，并与原股东共享企业的增长价值和盈利。根据不同标准，股权融资又有不同的分类。根据融资对象不同，股权融资可分为个人股权融资、私募基金股权融资、证券市场公开发行股份融资等。根据融资方式是否公开，股权融资又可以分非公开股权融资和公开股权融资两种。非公开股权融资，通常又称私募股权融资，即公司以非公开的方式向特定投资者发行或出让公司股权，募集公司发展所需资金的行为。公开股权融资，是指公司经核准或注册以公开的方式向不特定投资者发行股份，以募集公司发展所需资金的行为，比如IPO。实践中，基于企业自身资产实力有限、无法提供抵押物、金融机构风险偏大等现实困境，中小企业开展债权融资难度较大。随着我国资本市场的发展，现阶段企业股权融资日益活跃，股权融资成为很多公司常见的融资路径，特别是面向投资基金开展的私募股权融资。

二、私募股权融资时间窗口

企业私募股权融资不仅可行性高，还具有市场定价、引进资源等多种功能，受到越来越多创业企业的青睐。股权融资节奏很重要。企业什么时候开展私募股权融资比较好呢？实践中，就私募股权融资时间而言，窗口企业可以参考以下三项具体原则：(1) 企业没有资金需求时无须进行私募股权融资。融资是有成本的，私募股权融资也不例外。如果企业现金流充沛，并且中长期内没有资金需求的话，不建议企业过早进行私募股权融资。因为早期企业估值较低，私募股权融资会极大地稀释公司原股东股权，从而稀释创始人手中的投票权，进而削弱创始人控制权。另，新股东还要参与公司经营和决策，且与公司原股东共享企业的增长红利。私募股权融资后，投资人股东参与公司经营决策还会在一定程度上降低公司股东会或董事会的运作效率。(2) 企业不要等到现金流"揭不开锅"时再考虑私募股权融资。企业股权融资不是一蹴而就的交易，短则几个月，长则大半年。企业现金流紧张时进行私募股权融资，融资压力大，此时企业往往会比较被动。(3) 不要在经营困难时进行股权融资。私募股权融资时，企业经营状况很重要。业务是公司根本，经营状况是决定公司估值最重要的指标。企业经营困难，不仅会使投资人的投资兴趣打折，还会影响企业估值。因此，企业要站在公司资金需求和业务发展的全视角，根据业务发展节奏，提前规划股权融资计划，在业务上升时期推进私募股权融资。

　　阿里巴巴股权融资案例可以给我们很好的启发。阿里巴巴（中国）网络技术有限公司（以下简称阿里巴巴）成立于1999年9月9日。根据公开资料，[①] 1999年12月，阿里巴巴成立后不久便完成天使轮私募股权融资，获得了约500万美元的投资，给刚刚起步的阿里巴巴带来了发展急需的资金。2000年，互联网寒冬到来，纳斯达克指数暴跌，注入很多互联网公司陷入困境，甚至关门大吉。此时，阿里巴巴于2000年12月完成了约2000万美元的第二轮融资，成为阿里巴巴熬过互联网寒冬的关键。2003年起，互联网春天到来。阿里巴巴先后于2004年2月和12月完成C轮和D轮私募股权融资，

---

① 《从500万美元到243亿美元马云15年传奇融资路》，人民网：http://culture.people.com.cn/n/2014/0913/c172318-25653945.html，最后访问时间：2025年1月15日。

融资金约 1.84 亿美元，领投机构均为软银中国资本。当时，阿里巴巴刚熬过互联网寒冬，发力 C2C 业务，淘宝网和易趣网竞争激烈，后者背靠 eBay 有极大的先发和资金优势。此时，阿里巴巴要迎战风头正劲的 eBay，急需真金白银。有了 C 轮和 D 轮融入的充足资金支持，一年后淘宝在 C2C 领域称王。上述融资对于阿里巴巴业务从 B2B 到 C2C 的转型战略的实现十分重要。同时，出于竞争的原因，2005 年阿里巴巴又接受了雅虎 10 亿美元投资和雅虎中国的资产，代价是出让了公司 40% 的股份。如果没有这 10 亿美元，淘宝免费战略就无法实施，阿里巴巴也很难在竞争中大获全胜。2007 年 11 月，阿里巴巴终于迎来 IPO，其 B2B 业务在中国香港地区上市，融资 15 亿美元，创下港股融资历史纪录，为公司继续做大做强提供了充足的资金支持。2014 年 9 月 19 日，阿里巴巴正式登陆纽约交易所，融资 217.6 亿美元，成为当时美国历史上最大的一宗 IPO。阿里巴巴每一轮股权融资时间窗口都恰到好处，既很好地满足了企业资金需求，又推动着企业业务不断向前发展，印证了所谓"阳光明媚的时候修屋顶"的资本运作理念。

三、私募股权融资估值方法

企业私募股权融资时，估值往往是要讨论的核心问题之一。估值不仅决定了企业股权融资金额，还决定了创始人公司股权的释放额度，是创始人和投资人都关注的核心问题。实践中，通常有如下五种常见公司估值方法：

1. 参考最近融资价格法，是指参照公司最近一次融资价格对公司进行估值。初创企业尚未产生稳定的收入或利润，但融资活动比较频繁，参考最近融资价格法在此类企业估值中应用较多。

2. 市场乘数法，是指根据公司所处发展阶段和所属行业的不同，运用各种市场乘数（如市盈率、市净率、企业价值/销售收入、企业价值/息税折摊前利润等）对公司进行估值。市场乘数法通常适用于相对成熟，可产生持续利润或收入的企业估值。常用的市场乘数法主要有市销率法、市盈率法和市净率法。具体如下：

（1）市销率法（P/S），是以公司市场销售规模作为评价公司价值主要参数的一种企业估值方法；计算公式为：公司价值=市场预测市销率×公司销售收入。市销率法适用于重视规模效应、净利润率较低的企业估值，如互联网企业、消费品企业等。该类企业规模优先，前期往往在不考虑利润情况下快速抢占市场份额，公司业务规模、市场份额比盈利更为重要。

（2）市盈率法（P/E），是以公司利润作为评价公司价值主要参数的一种企业估值方法；计算公式为：公司价值=市场预测市盈率×公司未来12个月利润。该方法多适用于经营比较稳定、存在可持续性经营利润的企业估值，如能源、公用事业等。

（3）市净率法（P/B），是以公司净资产作为评价公司价值主要参数的一种企业估值方法；计算公式为：公司价值=市场预测市净率×公司净资产。市净率法多适用于拥有大量固定资产且价值稳定的标的公司，比如银行、地产公司等。

3. 净资产法，是指分别估计公司的各项资产和负债的公允价值，综合考虑评估后得到标的的企业价值。净资产法多适用于企业价值主要来源于其占有资产的公司，如重资产企业、投资控股企业等。此外，此方法也可以用于经营状况不佳、可能面临清算的企业。

4. 现金流折现法，是指通过预测公司未来现金流及预测期后的现金流终值，并采用合理的折现率将上述现金流及终值折现至估值日确定标的企业相应的企业价值。现金流折现法具有较高的灵活性，在其他估值方法受限制之时仍可使用。但现金流折现法的结果易受各种因素干扰，特别是当企业处于初创、持续亏损、战略转型、扭亏为盈、财务困境等阶段时，难以对企业的现金流进行可靠预测，此时应当谨慎运用现金流折现法。

5. 行业指标法，是指行业存在特定的与公允价值直接相关的行业指标时，以此指标作为主要参考依据对企业进行估值。此方法一般被用于检验其他估值法得出的结论是否合理，而不作为单独的估值方法运用。通常，在行业发展比较成熟及行业内各企业差别较小的情况下，行业指标法才更具代表意义。

四、私募股权融资过程

相比一般交易，企业私募股权融资交易过程更复杂、周期更长。实践中，交易过程通常为：（1）项目路演，初步接触投资人；（2）确定融资意向，签署投资意向书；（3）签署保密协议，投资人对企业进行业务、法律、财务等尽职调查；（4）展开谈判，签署正式交易文件；（5）资金交割，工商变更；（6）出具出资证明和股东名册。就企业股权融资期限而言，快则一个月，慢则几个月。此外，企业股权融资的轮次不同，融资期限也不同。通常种子轮或天使轮私募股权融资仅需处理投资人与公司及公司创始团队的权利义务关系，过程相对较快；企业B轮以后的私募股权融资除了要处理投资人与公司及公司创始团队的权利义务关系外，还要处理本轮投资人与先前投资人之间的权利义务关系，利益主体多，交易条款复杂，交易流程相对较慢。

五、私募股权融资交易文件

私募股权融资交易不仅周期长，涉及的交易文件也比较复杂，通常包括投资意向书、保密协议、增资协议、披露函、股东协议、章程、股东会决议、董事会决议、交割证明书、缴款通知、出资证明、股东名册等。在上述交易文件中，增资协议和股东协议是两份最为重要的交易文件。增资协议是明确投资方、企业及企业原股东在公司股权融资交易中的权利义务的法律文件，内容主要包括：企业估值、投资额与持股比例、交割、先决条件、声明与保证、承诺等条款。股东协议是明确增资后全体股东权利义务、组织机构及公司治理规则的法律文件，内容主要包括：公司注册资本与股东出资信息、投资人权利、公司原股东义务、公司组织机构及议事规则等内容。需要指出的是，私募股权融资交易差异性很大。如，就交易方案而言，非人民币基金私募股权融资交易中，基于外汇监管政策考虑，多是办理工商变更手续后进行增资款交割，而人民币基金通常是先全部或部分交割资金后再办理工商变更手续。

第二节　创始人核心义务

私募股权融资交易复杂，涉及增资完成后公司的治理机构、治理规则、股东权利义务等内容。创始人通常为公司股东，本身就需要作为公司原股东加入交易。另外，为了保障交易安全，投资人通常会要求作为公司原股东的创始人加入交易，有甚者还会要求公司管理层加入交易，成为交易的主体之一，并承担特定的义务。经营实践中，创始人多是乐观派，在私募股权融资交易中往往只重视公司估值等商业问题，而忽视个人义务等法律问题，导致创始人甚至创始人家庭背负了极大的企业融资风险。如，北京小马奔腾文化传媒股份有限公司在私募股权融资交易中对赌失败，创始人李明去世后，其配偶最终被判负连带责任，需偿还约 2 亿元融资回购债务。[①] 除出资义务等法定义务外，私募股权融资交易中创始人的核心义务有以下几项：

一、声明与保证

私募股权融资交易依赖于项目信息的全面、真实和准确。对投资人而言，虽然在投资前通常会对公司进行业务、法律、财务等方面的尽职调查，但与创始人相比仍处于信息不对称的状态。投资人为了保障其交易的安全性，通常会在交易文件中要求公司及创始人对公司信息的真实性进行声明与保证，

---

① 《小马奔腾创始人遗孀"被负债"2 亿背后：股权隐患埋祸根》，第一财经 2018 年 1 月 11 日：https://www.yicai.com/news/5391118.html，最后访问时间：2025 年 1 月 15 日。

其目的主要是通过创始人声明保证公司交易信息的准确，以免误判，控制投资风险。该条款通常体现在增资协议中，为创始人常规义务条款。就声明与保证条款而言，公司创始人要根据项目实际情况作出，以免因欺诈触发违约责任；若有需要特别披露的事项，可以在披露函中明确。

条款示例：

除披露函披露的事项外，公司、创始股东和员工持股平台共同并连带地做出如下陈述和保证，并确保如下陈述和保证在本协议约定的签署日、交割日、工商变更登记完成日均是真实、完整和准确的：公司均为根据中国法律有效设立并合法存续的有限责任公司，且注册资本已经根据适用中国法律、各公司章程或其他组织性文件约定的期限依法按时足额缴纳；公司股东不存在迟延缴纳注册资本、虚假出资或抽逃出资、出资瑕疵的行为或情形；没有发生以公司为被告、被申请人、被处罚人的诉讼、仲裁或行政处罚、调查程序，也不存在可能引起前述诉讼、仲裁或行政处罚程序的纠纷或违法行为，并且公司承诺方没有被采取任何司法保全措施或强制执行措施。

二、股东承诺

站在投资人视角，股权投资业务过程包括募、投、管、退多个环节。完成投资只是整个投资业务的开始，并不是投资的终点。投资人能否通过项目管理、项目退出实现资本收益，很大程度上取决于投资后公司的经营行为。私募股权融资实践中，投资人为了保障交易安全不仅会在交易文件中设置大量交易前声明与保证条款，通常还会设置大量的交易后承诺或交易后义务条款，以保障投资后的项目经营符合投资预期。创始人交割后承诺条款是常规交易文件条款，有其存在的合理性。就交割后承诺而言，公司创始人要根据项目可行的发展规划进行承诺，以免承诺无法兑现，触发违约责任。

条款示例：

公司、创始股东和员工持股平台共同并连带地作出如下承诺：(1) 公司按照增资协议的约定完成交割和工商变更。(2) 创始人应确保公司持续地遵守所有适用的法律，并按照符合适用法律以及普遍认可的商业道德和准则的方式从事其业务经营及一切相关活动，且其实际经营的业务将仅限于其章程和营业执照中所规定的经营范围，并且应当进一步保证及时取得和连续持有公司业务经营所需的有效的许可、执照、资质、证照和批准。(3) 公司应于××××年××月××日前，完成公司全部员工依据各自全额工资的社会保险金、住房公积金缴纳。

三、股权转让限制

创始人股权转让限制，是指未经投资人同意，企业创始人不得对其持有的股权实施转让、质押等处分行为。投资的关键是投人，特别是初创期项目。投资人决定投资某个项目，往往是看好这个项目的创始人，如果创始人在投资人退出之前离开公司或者抛售自己的股权，对投资而言是重大负面事件，往往会严重影响投资人对该项目的信心。正因如此，在惯常私募股权融资交易文件中，投资人通常会设置创始人股权转让限制条款，如在企业IPO之前未经投资人同意企业创始人不得对其持有的股权实施转让、质押等处分行为。"股权转让限制"是常规交易条款，有其存在的合理性。创始人需要从以下两个方面关注该条款：(1) 关注限制期限。通过谈判，设置合理的限制期限，如交割后3~5年。限制期限届满后，创始人就可以自由处分其所持股权，如此既能回应投资人的关注，又兼顾了创始人部分股权变现的需求。(2) 关注限制额度。通过谈判，设置一定的免限额度，如创始人认缴注册资本的3%~5%不受限制。如此，在不影响标的公司控股权的前提下，创始人可以自由处分免限额度内的股权，满足创始人日常生活等实际需要。

条款示例：

除本协议另有约定外，公司合格首次公开发行前，未经投资人事先书面同意，创始股东、员工持股平台以及任何直接或间接持有公司股权的核心员工（统称为"受限人士"）不得：(1) 直接或者间接转让、出售、质押或以其他方式处置其直接或间接持有的公司全部、部分股权或其他任何权益，或在其上设置任何权利负担；(2) 签署转移其持有的公司全部或部分经济利益和风险的任何股权安排协议或类似协议；(3) 公布进行或实施上述第 (1) 项或第 (2) 项所述的任何该等交易的任何意向。

四、股权兑现

创始人股权兑现，又称股权成熟，是指标的公司创始人持有的股权属于限制性股权，只有在约定的兑现条件成就时才能解锁，并完全归属于创始人；如果创始人在股权兑现条件成就前离开创业团队，则未兑现的股权会被收回，甚至特殊情况下已兑现的股权也会被收回。股权兑现条款背后的逻辑主要是为了规避创始人不确定性问题，保证创始人能够长期为公司服务，避免出现创始人短期投机行为，强化创业团队的稳定性。私募股权融资实践中，股权兑现条件通常为一定时间的持续服务期限，较为常见的期限是 4 年，服务期限每满 1 年可解锁 25%，亦可 4 年服务期限届满后一次性解锁。创始人应当在兑现期内持续服务于公司，若在兑现期内因负面事件（主要包括自行辞职、因过错被公司辞退等）离职的，创始人股权会被公司以 1 元名义价格收购，或者转让给公司指定主体；若在兑现期内因正面事件（如丧失劳动能力等）离职的，创始人可以保留已经解锁兑现的股权，但未解锁的股权要以 1 元名义价格被公司收购，或者转让给公司指定主体。股权兑现条款并非常规条款，多出现在种子轮或天使轮融资协议中，成熟期公司创始人一般不会接受股权兑现条款。如果企业在股权融资中接受股权兑现条款，创始人需要重点关注以下内容：(1) 关注股权兑现条件和期限。如明确兑现条件，缩短兑现期限，如3年兑现，以加快兑现节奏。（2）关注股权未兑现的后果，特别是对已兑现股权的处理，尽量避免已兑现股权被无偿收回。

条款示例：

创始股东在本协议签署日期后持有的全部公司股权及其对应的注册资本为"限制性股权"，受限于为期4年的"兑现期"；自××××年××月××日开始，每满1年创始股东所持有的限制性股权总额的25%应予以兑现；尽管有前述约定，管理层股东享有其所持全部限制性股权的所有股东权利及权益（包括投票权、股息分配权等），无论该等限制性股权是否已兑现；兑现期内，若创始股东离职，就离职股东未兑现的限制性股权将按照本协议的规定被无偿收购，且离职股东已兑现股权的表决权将被委托给公司或公司指定的主体。

五、全职和不竞争

创始人全职，是指公司创始人需要全职服务于公司。人的精力是有限的，若创始人不能全职服务于公司，项目成功的概率将会降低。创始人禁止同业竞争，是指公司创始人在特定时间或者空间内禁止自己从事或为第三方从事与标的公司业务相同或者可能构成竞争关系的业务。禁止创始人同业竞争条款背后的逻辑是投资人投资后希望公司创始人能集中精力经营公司，不希望其再另起炉灶从事竞争性业务，以免利益输送，引发个人道德风险。同时，创始人同业竞争也是目前公司上市（IPO）的实质性障碍。需要指出的是，禁止同业竞争也是公司董事、监事及高级人员的法定义务。公司法规定，公司董事、监事及高级管理人员未经股东会同意，不得利用职务便利为自己或者他人谋取属于公司的商业机会，不得自营或者为他人经营与所任职公司同类的业务。公司创始人一般都担任公司董事职务，根据公司法规定本身就应承担法定竞业禁止义务。故创始人全职和不竞争条款为常规条款。就不竞争义务，需要重点关注的是义务期限，通常有在职期间或持股期间等，法律意义区别很大。

条款示例：

创始股东承诺全职服务于公司，且不得于其直接或间接在持有公司任何股权或其他权益期间、在公司任职期间以及不再直接或间接持有公司股权或其他权益或离职（以较晚者为准）后两（2）年内，在中国或国外以自身名义或代理身份，自行或者与第三方合作，直接或者间接（包括但不限于通过附属公司、合伙公司、合伙企业、关联方或其他合约安排等）地从事任何与公司主营业务或者其他业务相同、类似或者直接、间接相竞争的业务。

六、竞业限制

创始人竞业限制，是指用人单位在劳动合同或竞业限制协议中与创始人约定，在创始人劳动合同解除或者终止后的一定期限内，不得到与本单位生产或经营同类产品或与公司业务有竞争关系的其他用人单位任职。竞业限制属于劳动法范畴问题。劳动合同法规定，竞业限制协议仅适用于高级管理人员、高级技术人员和其他负有保密义务的人员；竞业限制的内容一般包含劳动者竞业限制范围、地域、期限、补偿金等。创始人作为公司高级管理人员，属于负有保密义务人员范畴，适用竞业限制制度。该条款背后的逻辑是，创始人离职后，通过限制其就业范围保护公司的商业秘密，进而保障公司利益。私募股权融资实践中，不仅会要求创始人承担竞业限制义务，还会要求公司其他核心人员也承担竞业限制义务。竞业限制年限一般为劳动合同解除或者终止之日后2年。但公司需在竞业限制期间按月向公司创始人支付补偿金，补偿金通常为不低于前12个月平均工资的30%。竞业限制条款与全职和不竞争条款有一定的近似性，但前者属于劳动法范畴，后者属于公司法范畴，二者目的、适用对象、法律后果等均不相同。私募股权融资实务中，竞业限制条款具体体现形式通常为公司与创始人另行签署《竞业限制协议》。该条款为常规条款，公司创始人需要重点关注竞业限制范围、期限、补偿金金额等。

条款示例：

公司、创始股东应促使公司与其在本协议生效后的任何员工签署劳动合同、保密和知识产权转让协议，并促使该等员工中的核心员工或高级管理人员与公司签署《竞业限制协议》，其中规定的竞业禁止期限为离职后两（2）年，并促使该等核心员工、高级管理人员履行其与公司签署的劳动合同、保密和知识产权转让协议及竞业禁止协议。

七、业绩对赌

创始人业绩对赌，是投资人与公司进行股权投资交易时，与公司创始人就目标公司达成的估值调整协议，约定目标公司需要在未来一段时间内实现特定的经营指标，否则创始人需要按照约定标准对投资人进行补偿。私募股权融资实践中，业绩对赌指标多为营业收入、经营利润、会员数等。基于经营业绩的不确定性，业绩对赌条款属于重大风险条款，须谨慎。创始人不参与业绩对赌是最优方案。如果创始人参与业绩对赌，要重点关注以下问题：（1）对赌业绩指标合理性。业绩指标要明确，且预留足够的经营调整空间，降低对赌失败的市场风险。（2）责任方式。若创始人参与对赌，尽量避免承担无限连带责任，适当控制个人风险。具体内容详见本章第四节。

条款示例：

公司及创始股东应当连带地向投资人承诺：截至××××年××月××日，公司经审计营业收入不低于人民币××元；否则，由公司和创始股东以法律允许的方式，按照投资金额及年息10%（单利）的价格赎回投资人要求回购的其在公司中持有的全部或者部分股权或权益。

八、股权回购

创始人股权回购，是指若公司发生约定回购事件，投资人有权要求公司创始人回购投资人所持有的公司全部或者部分股权。投资人在股权投资交易中之所以设置股权回购机制，主要是基于基金运作自身具有周期性，在公司出现重大不利事件或发展不如预期无法通过上市、转让等市场途径退出时，保障投资能够退出。基于回购事件的不确定性，回购条款属于重大风险条款，须谨慎。现阶段，多数私募股权融资会设置回购条款，但创始人是否承担股权回购义务并无标准可言。如果创始人承担股权回购义务，需重点关注以下问题：（1）回购事件要明确，避免模糊，降低回购市场风险；（2）回购价格尽量不要复利计算，以免增加回购成本；（3）明确股权回购权行使期限；（4）创始人参与回购，承担有限责任，适当控制个人风险。

条款示例：

如发生下列任一情形（以较早者为准），投资人可以发出书面回购通知，公司及创始股东应确保其委派董事作出相关决议，由公司或创始股东以法律允许的方式，按照投资额年息10%（单利）的价格赎回投资人要求回购的其在公司中持有的全部或者部分权益：（1）非投资人的原因，公司未在交割日后6年内完成合格首次公开发行、借壳上市、并购上市；（2）公司或管理层股东存在恶意欺诈、重大个人诚信问题，或实质性违反最终交易文件的陈述和保证，因管理层股东导致的公司僵局或无法正常运营，或有其他重大违约情形并给公司造成重大不利影响，且经投资人催告后三十（30）日内仍未纠正的。

九、违约责任

创始人违约责任，是指创始人在违反交易协议情况下需要承担的不利后果。创始人违约责任条款是私募股权融资交易协议的标配条款。就违约责任条款而言，投资人需要关注的是承担违约责任的范围，是无限责任还是有限责任。对创始人而言，适当地控制违约责任范围为最优方案。如创始人承担的违约或赔偿责任以其持有的公司股权对应的公允可变现价值为限，不得涉及创始人的任何私人财产。

条款示例：

创始人和公司同意，对于因违反在本协议及其他交易文件项下作出的任何陈述、保证、承诺、约定或义务而使投资人直接或间接遭受、蒙受或发生的或针对投资人或其关联方、董事、合伙人、股东、雇员、代理、代表、继任者（"受偿人士"）提起的（无论是第三方索赔、本协议各方之间的索赔还是其他索赔）任何损害、损失、权利要求、诉讼、付款要求、判决、和解、税费、利息、费用和开支（包括但不限于合理的律师费）（"损失"），创始人应共同并且连带地向投资人进行赔偿，且赔偿金额应为投资人及受偿人士的全部损失，为投资人提供辩护并使其免受损害，以确保投资人及每一位受偿人士都能获得赔偿，不论其是不是本协议的一方。

第三节　投资人特殊权利

私募股权融资交易中的投资人通常处于强势地位，往往会在交易文件中设置一系列特殊权利条款。特殊权利条款背后通常蕴含着投资人的不同投资诉求，如：（1）保证资金安全。投资人要对背后的有限合伙人（LP）负责，投资资金安全是投资机构关注的首要问题。（2）实现投资回报。投资人从LP募得资金有募资成本，通过投资获得投资回报是其最核心的商业目的。（3）保证退出便利性。私募基金有存续周期，一般为5~7年，退出通道的便利性是投资人的另一个关注点。除知情权、投票权、分红权等法定股东法定权利外，私募股权融资交易中投资人约定特殊权利主要如下：

一、一票否决权

投资人一票否决权,是指投资人要求在公司股东会或董事会对特定重大事项享有一票否决的权利。未经投资人或投资人委派董事的同意,公司股东会或董事会不得就特定重大事项形成相关决议。投资人设置一票否决权的目的主要是通过一票否决权控制公司经营行为,强化基金投资后的项目管理,以保证项目按照投资预期发展。在实践中,创始人最懂行业和企业经营,而不是投资人。因此,投资人是否深度参与经营是一个争议性话题。投资人可以通过委派董事等方式,对公司经营事宜享有一定的参与权和知情权,但就一票否决权而言,公司要格外关注。若要设置一票否决权,须合理确定一票否决权的事项范围,切勿宽泛笼统,以免创始人丧失经营决策权。私募股权融资实践中,一票否决权普遍存在,如何适当设置一票否决权事项范围对公司而言至关重要。此外,在多轮私募股权融资情况下,应避免向不同投资者授出多个一票否决权;若要向不同投资者授出多个一票否决权,最好设置相应的僵局决策机制,避免投资人意见不统一,导致公司股东会或董事会决策僵局。OFO,又称为小黄车,创始人为戴威,OFO原是一家知名的共享单车公司,当时市场规模仅次于摩拜单车。但小黄车的经营最终以失败告终。小黄车失败的原因是什么?众说纷纭。小黄车发展历程中经历了多轮股权融资。在历次股权融资中共释放了5个一票否决权,创始人戴威、阿里、滴滴、经纬和金沙江创投都先后拥有一票否决权。[①] 小黄车在发展后期有多次上岸的机会:软银欲提供约15亿美元投资,但滴滴一票否决;小黄车欲与摩拜合并,但戴威一票否决;小黄车欲卖给滴滴,但阿里一票否决。如果把小黄车比喻成一艘船,这艘船上有5个船长,谁说了算?谁说的都不算。小黄车私募股权融资过程中的一票否决权存在很大问题,特别是没有明确多个

[①] 屈丽丽:《OFO溃败:五张"一票否决权"背后的"公司僵局"》,《中国经营报》2018年12月29日。

一票否决权冲突时的解决机制，导致公司决策陷入僵局，没有抓住稍纵即逝的机会。

条款示例：

各方同意，在公司合格首次公开发行之前，公司董事会的以下重大事项须经 2/3 以上（含 2/3）公司董事（且须包括投资人委派董事在内）同意方可通过并实行：(1) 改变董事（会）人数的组成和方式；(2) 终止公司所从事的主要业务或实质性改变其现有的主营业务的行为。

二、优先购买权

投资人优先购买权，是指公司原股东出售公司股权时，投资人享有同等条件下优先受让公司原股东所售股权的权利。投资人优先购买权不同于有限责任公司股东法定优先购买权。股东法定优先购买权，是我国有限责任公司股东法定权利之一。基于有限责任公司的人合性特点，公司法规定：有限责任公司的股东之间可以相互转让其全部或者部分股权。股东向股东以外的人转让股权的，应当将股权转让的数量、价格、支付方式和期限等事项书面通知其他股东，其他股东在同等条件下有优先购买权。股东自接到书面通知之日起 30 日内未答复的，视为放弃优先购买权。两个以上股东行使优先购买权的，协商确定各自的购买比例；协商不成的，按照转让时各自的出资比例行使优先购买权。公司章程对股权转让另有规定的，从其规定。上述股东法定优先购买权是公司股东优先于非公司股东优先购买公司其他股东转让股权的权利，为法定权利。投资人优先购买权是投资人优先于公司原股东和非公司股东购买公司股东转让的股权的权利，为约定权利。投资人优先购买权属于投资人经济性权益，目的是保障在公司发展向好时投资人有机会受让其他股东出让的股权以获利，有其存在的合理性。

条款示例：

如创始股东、员工持股平台以及任何直接或间接持有公司股权的核心员工（统称为"转股股东"）向任何第三方（"预期买方"）直接或间接转让其直接或间接持有的公司股权（"转让股权"），投资人有权（但无义务）以与预期买方相同的价格和条件，优先于创始股东、员工持股平台方或预期买方及/或其他第三方，并按照行权的优先购买权人之间的相对持股比例，购买相应的转让股权。

三、共同出售权

投资人共同出售权，又称跟售权，是指公司原股东向第三方出售其持有的公司股权时，投资人有权以同等条件根据其与原股东的股权比例向该第三方出售其股权，否则公司原股东不得向该第三方出售其股权。共同出售权属于投资人退出性权利。投资人约定共同售股权的投资逻辑是为了保证自己的退出通道顺畅，以免在创始人跑路的情况下被深度套牢，有其存在的合理性。在公司发展向好的情况下，若公司原股东对外出售股权，投资人通常会行使优先购买权，提高持股比例，增加获利；在公司发展不如预期时，若创始人等公司原股东对外出让股权，投资人不会行使优先购买权，而是通过行使共同出售权退出项目。

条款示例：

若创始股东、员工持股平台以及任何直接或间接持有公司股权的核心员工（统称为"转股股东"）拟向预期买方出售其直接或间接持有的部分或全部公司股权，且优先购买权人未行使优先购买权，则该等优先购买权人（"共同出售权人"）在收到本协议约定的股东出售通知后的二十（20）个工作日内有权向公司及转股股东发出书面通知（"共同出售通知"），要求与转股股东以同样的价格、条款和条件向预期买方共同出售其所持有的公司股权（"共同出售股权"）；共同出售股权的数量应为共同出售权人持有股权数量与下述共同出售比例的乘积：共同出售比例=该共同出售权人届时所持有的公司股权数量÷（所有行使共同出售权的共同出售权人届时所持有的公司股权数量+转股股东届时所持有的公司股权数量)。

四、优先认缴权

投资人优先认缴权，又称优先认股权，是指公司进行下一轮融资时，投资人优先于公司原股东认购一定额度的公司新增注册资本的权利。私募股权融资交易中的投资人优先认购权不同于股东法定优先认购权。股东法定优先认购权，是我国有限责任公司股东法定权利之一，是指公司新增资本时，公司原股东有权优先按照实缴的出资比例认缴新增注册资本；但是，公司全体股东约定不按照出资比例优先认缴出资的除外。投资人优先认购权是投资人优先于公司原股东和非公司股东优先认购新增注册资本的权利，为约定权利；有限责任公司股东法定优先认购权是公司股东优先于非公司股东认缴公司新增注册资本的权利，为法定权利。在公司存在多轮股权融资的情况下，通常还会涉及多轮投资人之间优先认购权顺位问题。如，全体投资人按照其持股比例同一顺位优先认购，或者后进投资人优先认购等。特殊情况下，强势投资人还会主张超额优先认购权，即投资人优先认购其他投资方放弃或未完全行使的优先认购份额。优先认购权属于投资人经济性权益，一方面是为了保障在公司发展向好时有追加投资增加获利的机会，另一方面是为了避免投资人持股比例在后续融资中被稀释，有其存在的合理性。在设置投资人优先认购权时，考虑到后续引进新投资人的客观需要，可以在授予投资人优先认购权的同时，设置一定的投资人累计持股比例上限，如投资人累计持股比例不得高于10%，超过10%时则不再享有优先认购权，避免在投资人行使优先认缴权情况下导致无法引进新投资人。

条款示例：

公司在首次公开发行前，如公司计划新增注册资本或进行类似行为（包括但不限于发行具有股权性质的证券、任何可转换为公司股权的期权、认股权证或其他证券）时（统称"后续增资"），各投资方有权（但无义务）以同等条件优先于创始股东、员工持股平台及/或任何第三方，优先认购公司新增注册资本。

五、反稀释权

投资人反稀释权，又称反摊薄权，是指在投资人完成投资以后，如果发生公司以低于投资人投资估值进行融资的情形，投资人有权要求公司或创始人以新的估值重新核算投资人所持有公司股权比例的权利。该条款属于投资人比较重视的经济性条款，其背后的商业逻辑是当企业降价融资时，投资人可以通过行使反稀释权调整公司的持股比例，以保证其已获得的投资权益免受损失。投资人反稀释权有其存在的合理性，通常是私募股权融资交易文件的标配条款。但反稀释机制较为复杂，通常由触发事件、调整办法、补偿股权来源和例外情况等构成，不同调整办法结果差异较大。反稀释股权比例调整办法主要有以下两种：（1）完全棘轮法，即完全按照新投资人进入价格重新调整投资人投资估值及持有股权比例，公式为：反稀释后持有股权比例＝投资人投资金额÷新一轮公司估值金额。（2）加权平均法，该方法除了考虑估值因素外，还考虑低价发行新股的权重因素，公式为：反稀释后持有股权比例＝投资人投资额÷反稀释后投资人持有每一元注册资本价格；反稀释后投资人持有每一元注册资本价格＝投资人投资额×（公司现有注册资本＋新投资人按照上轮估值可购买注册资本）÷（公司现有注册资本＋新投资人按本轮实际购买注册资本）。相比于完全棘轮法，加权平均法考虑了低价融资权重因素，故更为合理，对公司和创始人也更为有利。

条款示例：

交割日后，未经投资人事先书面同意，公司不得以低于本次交易后的公司实际估值增资扩股；如投资人同意公司增加额外的注册资本，且新增注册资本之前对公司的估值低于本次交易后公司的实际估值，将按照加权平均计算方式调整其股权比例，以保障其在公司的权益。调整公式如下：经调整的投资人持股比例 ＝ 增资款÷经调整的单位认购价格。其中：经调整的单位认

购价格 = 投资人每单位认购价格×（A + B）÷（A+C）；A 为公司现有注册资本；B 为新投资人按照上轮估值可购买注册资本；C 为新投资人本轮实际购买注册资本。

六、领售权

投资人领售权，又称强卖权，是指投资人在卖出其持有的公司股权时，要求公司原股东一同卖出其持有的全部或部分公司股权的权利。投资人设置强卖权的目的也是保证其退出通道顺畅；在项目发展不如预期的情况下能够通过出让项目控股权顺利将项目整体出售，收回投资。对创始人而言，该条款属于高风险条款，尤其要注意。投资人在看不到预期的公司发展前景时，很有可能通过并购退出，但收购方一般都希望控股公司，所以会出现投资人要求公司原股东一起出卖股权的现实情况，导致公司控股权旁落。若设置领售权条款，创始人就要重点关注投资人行使领售权的条件，如设置公司最低估值要求、创始人一票否决权等。

条款示例：

自本次交易交割日起三（3）年届满后，如果投资人拟转让其持有的公司股权，或有第三方拟购买公司全部或实质性全部的资产或业务（统称为"整体出售"），且收购方提出的收购价比对应的公司估值不低于人民币 10 亿元，且持有公司 51% 股权以上（包含本数）的股东和全体投资人均同意前述整体出售交易安排的，则投资人有权要求其他股东按照收购方提出的价格和要求出让其持有的全部或者部分公司股权，或要求其他股东支持公司出售其全部或实质性全部的资产或业务，包括但不限于在公司股东会和/或董事会上投赞成票通过出售公司股权/资产的决议、签署相关股权/资产转让合同、办理相关工商变更手续等。

七、优先清算权

投资人优先清算权，又称清算优先受偿权，是指公司清算事件发生时，投资人有权优先于公司原股东获得清算资产，或清算资产未能覆盖投资人投资额及预期收益的，由公司原股东进行补偿。该制度设计的主要目的是在公司发生清算事件时保证投资人收回投资。通常投资人是高溢价投资，在公司发生清算事件时优先收回投资具有其合理性，该条款也是私募基金股权融资交易中的常见条款。投资人优先清算权制度较为复杂，具体由清算事件、清算顺序、清算标准、清算责任人等内容构成，其中要重点关注清算事件和清算标准。

（一）清算事件

清算事件发生是投资人享有优先清算权的前提条件。投资人优先清算权制度下的清算事件不同于公司法规定的法定清算情形。公司法规定，公司因下列原因解散：（1）公司章程规定的营业期限届满或者公司章程规定的其他解散事由出现；（2）股东会决议解散；（3）因公司合并或者分立需要解散；（4）依法被吊销营业执照、责令关闭或者被撤销；（5）人民法院依法予以解散。私募股权融资交易中，优先清算权制度下的清算事件不仅包括上述法定清算事件，同时还包括公司出售等其他被视为清算事件的情形，如公司的合并、收购或其他原因导致的控制权发生变更（包括整体出售），或出售、处置集团公司所有或大部分资产或知识产权。因此，投资人优先清算权适用的清算事件发生时，并不意味着公司资不抵债或没有价值。

（二）清算标准

就投资人优先清算权分配标准而言，主要有不参与分配的优先清算权和参与分配的优先清算权两种。其中，不参与分配的优先清算权，是指在公司清算事件发生时，投资人优先按照约定的标准进行分配，如按照投资人投资额加利息；公司剩余部分清算资产再由其他股东按照持股比例进行分配，投资人不再参与分配。参与分配的优先清算权，是指清算事件发生时，投资人优先按照约定的标准进行分配，如按照投资人投资额加利息；公司清算资产剩余部分再由公司全体股东（包括投资人）按照持股比例进行分配。在参与分配的优先清算权中，投资人不仅可以优先分得特定金额的清算财产，而且可以按照持股比例进行再次分配，其实际分得的清算资产明显多于不参与分配清算权的投资人分得的清算财产。另，在存在多轮投资人的情况下，还会涉及投资人之间清算顺序问题，如最后投资的投资人最先进行分配等问题。

条款示例：

若公司发生清算、解散或者关闭等法定清算事由或发生本协议约定的出售事件时，对于公司的资产/股权进行处分所得的收益在根据适用法律规定支付清算费用、职工的工资、社会保险费用和法定补偿金、缴纳所欠税款、清偿公司债务后的剩余财产（"可分配清算财产"），应按下列方案和顺序进行分配：（1）投资人有权获得相当于其为本次交易实际支付给公司的增资款，按照增资款每年10%的单利计算的金额加上公司已宣布但未分配的红利及股息计算的总额（"投资人清算优先金额"）；（2）剩余资产应根据其他各股东（不含投资人）届时在公司中的持股比例分配给各股东。

第四节　股权融资与对赌

私募股权融资交易中的每一个交易条款背后都蕴含着投资人特定的商业目的和投资逻辑。在众多交易条款中，对赌条款是公司创始人尤其要关注的内容。对赌背后有其存在的合理性，但会给公司及公司创始人带来极大的融资风险，企业需要站在经营和法律的视角审视、谈判，力求回避对赌或合理控制对赌风险。

一、对赌概念

对赌为商业术语，并非法律概念，我国法律并未明确定义。《全国法院民商事审判工作会议纪要》（法〔2019〕254号）中指出：实践中俗称的"对赌协议"又称估值调整协议，是指投资方与融资方在达成股权性融资协议时，为解决交易双方对目标公司未来发展的不确定性……而设计的包含了股权回购、金钱补偿等对未来目标公司的估值进行调整的协议。由于上述估值调整协议形式上是双方以某种不确定事件是否出现作为一方向另一方支付对价的条件，与"赌"有一定的相似性，因此通常称之为"对赌"。投资人在投资目标公司时掌握的公司信息是有限的，基于有限的信息对公司所作的估值等投资决策存在极大的风险；投资人设置对赌条款则可以实现对投资估值的校正，保证投资的安全性。

二、对赌类别

根据不同的标准，可以将"对赌"分为不同的类别。根据对赌主体不同分为：（1）投资人与目标公司"对赌"；（2）投资人与目标公司股东或者实际控制人"对赌"；（3）投资人与目标公司的股东和公司共同"对赌"；等等。根据对赌事件不同分为：赌企业营业收入、赌企业经营利润、赌企业会员数、赌企业标志性事件、赌企业上市时间、赌企业净资产收益率、赌企业增长率等。根据补偿机制不同分为：股权回购、股权补偿、货币补偿等。私募股权融资实践中，常用的对赌类型为业绩对赌和上市时间对赌两种，具体如下：

（一）业绩对赌

业绩对赌，是投资机构与目标公司达成股权投资协议时，与目标公司或目标公司创始人参考目标公司的经营业绩达成的估值调整协议，约定目标公司需要在未来一段时间内实现的业绩指标，否则需要按照约定对投资机构进行补偿的一种契约安排。业绩对赌补偿机制主要有投资人持股比例调整、现金补偿等。实践中，业绩对赌的具体指标以营业收入或经营净利润为主。股权投资时，创始人团队对企业未来经营业绩预测是投资人作出投资决策的最重要因素，故业绩对赌有其商业合理性。但基于企业经营业绩受自身经营水平、经济大环境等因素影响，不确定性极大，特别是企业发展早期，故企业应慎重使用业绩对赌。

永乐电器曾是我国一家知名家电零售企业，创始人为陈晓。根据公开资料[①]：2005年，永乐电器获得摩根士丹利及鼎晖合计5000万美元的联合投资；其中，摩根士丹利投资4300万美元，占股23.53%；鼎晖投资700万美元，占股3.83%。2005年10月，永乐电器在港交所上市。根据其招股说明书披露的内容，摩根士丹利及鼎晖与永乐电器管理层就上述融资签署了如下对赌协议：（1）如果永乐电器2007年（可延至2008年或2009年）的净利润高于6.75亿元（人民币，下同），投资人向永乐管理层转让4697.38万股永乐股份；（2）如果永乐电器2007年净利润等于或低于6.75亿元，永乐管理层将向投资人转让4697.38万股永乐股份；如果净利润不高于6亿元，永乐管理层向投资人转让的股份最多将达到9394.76万股永乐股份。2006年，家电零售业遭遇寒流，永乐电器公告披露：预计上半年净利润低于去年同期。消息发布后，永乐电器股价连续下跌。按照永乐电器披露的业绩预警，2006年全年业绩很可能低于2005年全年业绩3.21亿元，这也意味着业绩对赌协议涉及的2007年6.75亿元利润不可能实现，公司管理层在业绩对赌中失败。此

[①] 《永乐电器：对赌的恶果，伤人伤己》，东方财富网：https://caifuhao.eastmoney.com/news/20200825094735560717390，最后访问时间：2025年1月15日。

后，在多方撮合下国美电器于2006年7月通过"现金+股票"的方式以52.68亿港元的价格全资收购永乐电器。收购完成后，永乐电器从港交所退市。该案是一起业绩对赌，且企业对赌失败的案例。

（二）上市时间对赌

上市时间对赌，是投资机构与目标公司达成股权投资协议时，与目标公司或目标公司创始人参考目标公司上市时间达成的估值调整协议；若标的公司未在约定时间内上市，投资人有权要求特定的回购义务人按照约定回购价格和回购程序回购投资人所持有标的公司全部或者部分股权。投资人在股权投资时之所以设置上市时间对赌条款，主要逻辑是：一方面，私募基金运作本身具有周期性，周期届满需要退出投资项目；另一方面，若标的企业出现重大不利事件或发展不如预期，投资人无法通过企业上市退出项目，而对赌上市时间则可以保障退出通道顺畅。

俏江南是我国知名高端餐饮品牌，根据公开资料[①]：2008年，鼎晖以等值于2亿元人民币的美元，购买了俏江南10.53%的股权，并在投资协议中约定俏江南需在2012年底之前完成IPO，否则鼎晖拥有回购权。嗣后，俏江南连续在A股和港股上市失败。公司2012年未能实现上市触发了投资人股权回购条款；投资人行使回购权时，因资金不足无法回购，又进而触发了投资人领售权条款，导致鼎晖行使领售权；鼎晖行使领售权后，又触发了投资人优先清算权条款，投资人优先分配股权出售后的清算资产。2014年4月，CVC发布公告宣布完成对俏江南的收购，创始人从俏江南黯然退出。根据媒体报道，CVC通过实际控制的甜蜜生活美食控股公司以3亿美元的价格收购了俏江南82.7%的股权。据此推测，除了鼎晖出售的10.53%股权外，其余

---

① 根据相关公开报道整理。《CVC倒手卖掉俏江南 传张兰被踢出董事会》，人民网：http://politics.people.com.cn/n/2015/0716/c70731-27312648.html，最后访问时间：2025年1月15日；《爆火的兰姐曾因"对赌"痛失俏江南，究竟啥是"对赌"？》，雪球网：https://xueqiu.com/1748806264/236654711，最后访问时间：2025年1月15日；等等。

72.17%部分的股权应为创始人出售。本案是一起对赌上市时间，且企业对赌失败的案例。

三、对赌效力

就对赌效力，我国司法实践经历了一个从无效到有效的变化过程。基于保障债权人利益的考虑，我国公司治理实行股权回购的法定制度。公司法规定，有限责任公司有下列情形之一的，对股东会该项决议投反对票的股东可以请求公司按照合理的价格收购其股权：（1）公司连续5年不向股东分配利润，而公司该5年连续盈利，并且符合本法规定的分配利润条件；（2）公司合并、分立、转让主要财产；（3）公司章程规定的营业期限届满或者章程规定的其他解散事由出现，股东会通过决议修改章程使公司存续。除了上述法定回购情形外，有限责任公司股东能否另行约定其他股权回购情形，公司法并未明确。司法实践中，苏州工业园区海富投资有限公司（以下简称海富公司）诉甘肃世恒有色资源再利用有限公司（以下简称世恒公司）、香港迪亚有限公司（以下简称迪亚公司）、陆波增资纠纷案，案号（2012）民提字第11号，又称"海富案"，被称为我国"对赌第一案"。① 最高人民法院在该案中区分了对赌义务主体并分别作出不同的效力认定，基于合同意思自治原则，认定投资机构与目标公司股东所签订的对赌协议有效。但基于公司法资本维持原则，不认可投资机构与目标公司本身所签订的对赌协议的效力。最高人民法院认为：投资人海富公司与被投资企业世恒公司的对赌无效，理由是该约定使得海富公司的投资可以取得相对固定的收益，该收益脱离了世恒公司的经营业绩，损害了其公司和公司债权人利益。但，被投资人世恒公司股东迪亚公司需承担补偿责任，理由是迪亚公司对于海富公司的补偿承诺并不损害公司及公司债权人的利益，不违反法律法规的禁止性规定，在未达到约定

---

① 《最高人民法院公报》2014年第8期（总第214期）。

目标的情况下，迪亚公司应当依约应海富公司的请求对其进行补偿。基于公司法规定和上述"海富案"司法判例，就对赌效力问题，法律实务中总结为"投资人与公司对赌无效，投资人与原股东对赌有效"。后续其他法院判决均以此为刚性裁判指引。

2019年，投资人与公司对赌效力问题发生了改变。江苏甲创业投资有限公司（以下简称甲公司）诉乙锻压机床股份有限公司（以下简称乙公司）、潘某等请求公司收购股份纠纷一案，案号（2019）苏民再62号①，是另一个涉及对赌效力的标志性案件。2019年4月，江苏高院在该案中认可了投资人与公司对赌的效力。在该案中，江苏高院认为：对赌协议系当事人对投资商业风险的合理安排，系各方真实意思表示；公司法亦不禁止公司回购本公司股份，且由于该公司的经营状况良好，对赌回购具备法律上及事实上的可行性；对赌协议约定的回购款项的支付不会导致公司资产的减损，亦不会损害公司其他债权人的清偿能力，故投资人甲公司与融资企业乙公司的对赌协议有效，乙公司应向甲公司支付股权回购款及利息。2019年，最高人民法院发布的《全国法院民商事审判工作会议纪要》（法〔2019〕254号）指出，人民法院在审理"对赌协议"纠纷案件时，不仅应当适用合同法的相关规定，还应当适用公司法的相关规定；既要坚持鼓励投资方对实体企业特别是科技创新企业投资原则，从而在一定程度上缓解企业融资难问题，又要贯彻资本维持原则和保护债权人合法权益原则，依法平衡投资方、公司债权人、公司之间的利益。对于投资方与目标公司的股东或者实际控制人订立的"对赌协议"，如无其他无效事由，认定有效并支持实际履行。投资方与目标公司订立的"对赌协议"在不存在法定无效事由的情况下，目标公司仅以存在股权回购或者金钱补偿约定为由，主张"对赌协议"无效的，人民法院不予支持，但投资方主张实际履行的，人民法院应当审查是否符合公司法关于"股东不

---

① 载中国裁判文书网：https://wenshu.court.gov.cn/website/wenshu/181107ANFZ0BXSK4/index.html? docId=MK+xUnmVnDNvEYgtnxn3ibmOTFWPWY5hjke0WvaUZBd6vv4ZOCtxrJ/dgBYosE2gV6P7xgDWHtuqBqSToVcpXqC46iTqIrGp8bAM4n7dre66WFWTuIhWgiT7n6oDzS5R，最后访问时间：2025年1月15日。

得抽逃出资"及股份回购的强制性规定,判决是否支持其诉讼请求。基于上述案件和《全国法院民商事审判工作会议纪要》规定,目前若投资人与目标公司签署的对赌协议依据民法典不存在其他影响合同效力的事由的,则属于有效条款;但就对赌履行而言,就股权回购的规定,公司必须先履行减少注册资本程序,否则,就投资人有关公司收购其股权的请求,法院不予支持。就现金补偿而言,以公司在弥补亏损、提取公积金后有可分配利润为前提;否则,就投资人的现金补偿请求,法院不予支持。因此,就对赌效力而言,投资人与股东对赌有效;投资人与公司达成对赌也有效,但实际履行需要符合特定条件。

四、对赌补偿

私募股权融资实践中,投资人往往会要求企业或创始人承诺在对赌失败时按照约定的标准补偿投资人,如股权补偿、现金补偿、股权回购等。通常,对赌机制约定的补偿标准都是明确的。民法典第六条规定:"民事主体从事民事活动,应当遵循公平原则,合理确定各方的权利和义务。"公平原则是民法的一项基本原则,指民事主体在从事民事活动时应秉持公平理念,公正、平允、合理地确定各方的权利与义务,并依法承担相应的民事责任。公平原则是正义的道德观在法律上的体现,对弥补具体法律规定不足和保证私法自治原则的实现意义重大。民法典还规定,"一方利用对方处于危困状态、缺乏判断能力等情形,致使民事法律行为成立时显失公平的,受损害方有权请求人民法院或者仲裁机构予以撤销"。私募股权融资对赌失败时,企业或创始人可否基于公平原则撤销对赌条款,司法实践中争议较多。在翟某与青海某创业投资基金合同纠纷民事再审案中,最高人民法院认为,对赌条款系各方自行协商确定内容,业绩补偿等对赌内容符合资本市场一般商业惯例,不构成"显失公平"或"明股实债"的情形,不应适用公平原则对各方当事人约定的权利义务进行干预调整。此外,民法典还规定,"当事人可以约定一方违约时应当根据违约情况向对方支付一定数额的违约金,也可以约定因违约产生的损失赔偿额的计算方法。约定的违约金低于造成的损失的,人民法院或者仲裁机构可以根据当事人的请求予以增加;约定的违约金过分高于造成的损失的,人民法院或者仲裁机构可以根据当事人的请求予以适当减少"。私募股权融资对赌失败时,企业或创始人可否基于违约金调整条款主张调整赔偿标准。就上述翟某与青海某创业投资基金合同纠纷民事再审案,最高人民法院认为,业绩补偿等对赌条款属于估值调整制度范畴,系各方协商确定的"附条件合同义务",而不是违约责任条款,故不适用上述违约金调整规定,不应调整。

第五节　股权融资与股权回购

私募股权融资交易中的股权回购制度属于对赌范畴。股权回购往往是对赌失败后约定的救济措施之一。私募股权融资中,公司和创始人不接受投资人回购要求当然为最优方案,但这取决于公司的议价能力;大多数初创期企业很难获得如此友善的投资条件。对大多数初创期企业而言,更加可行、务实的思考方向应该是通过回购机制的合理设置,回应投资人的合理商业诉求,同时控制公司及公司创始人的融资风险,让回购处在可控范畴内。

一、股权回购概念

广义上的股权回购可分为法定回购和约定回购两种。法定回购是指我国公司法规定的股权回购制度。公司法规定,有限责任公司有下列情形之一的,对股东会该项决议投反对票的股东可以请求公司按照合理的价格收购其股权:(1)公司连续五年不向股东分配利润,而公司该五年连续盈利,并且符合本法规定的分配利润条件;(2)公司合并、分立、转让主要财产;(3)公司章程规定的营业期限届满或者章程规定的其他解散事由出现，股东会通过决议修改章程使公司存续。法定回购权的主体为对股东会法定事项决议投反对票的有限责任公司股东。法定股权回购制度背后的目的是有效保护有限责任公司中小股东的合法权益，为中小股东提供特定的退出通道。约定回购，通常是指在企业股权融资交易中，若标的公司发生约定回购事件，投资人有权要求特定的回购义务人按照约定的回购价格和回购程序回购投资人所持有标的公司全部或者部分股权。投资人在股权投资中之所以设置约定回购，主要考虑的是投资的安全性和投资退出通道的便利性，在标的企业出现重大负面事件或发展不如预期时，投资人可以通过行使回购权退出项目，保障投资安全。私募股权融资交易中的股权回购属于约定回购的范畴。法定回购与约定回购相比，在适用主体、适用情形、制度目的、行使程序等方面均不相同。

二、股权回购机制

私募股权融资实务中，股权回购机制主要包括回购事件、回购义务人、回购价格、回购程序四部分。具体如下：

（一）回购事件

回购事件，是指私募股权投资协议中约定的，投资人可以行使回购权的具体情形。实践中，股权融资对回购事件的约定各不相同。通常约定的回购事件有：标的公司无法在投资后的约定期限内完成IPO；标的公司或者创始人发生犯罪或重大违规行为，对标的公司IPO造成实质性障碍；标的公司或者创始人发生严重违反陈述、保证、承诺行为，或出现欺诈等不诚信行为，或创始人终止与公司的劳动关系等重大违约行为给投资人造成重大损失；其他符合投资人行使回购权的情形。一旦发生投资协议约定的特定回购事件，投资人则有权要求回购义务人回购投资人全部或部分股权。回购事件是投资人行使回购权的前提条件，也是企业评估回购风险的关键点之一。如果约定的回购事件过于宽泛、模糊，则会放大企业回购风险。

(二) 回购义务人

回购义务人，是指回购事件发生时，投资人有权要求其回购投资人股权的义务主体。理论上，该回购义务主体可以是公司、创始人、第三人等民事主体。我国私募股权融资实践中，早期回购义务人多数为创始人。2019年后，《全国法院民商事审判工作会议纪要》不再否定标的公司承担回购义务的对赌效力，公司承担回购义务的案例日益增多，特别是公司与创始人共同承担回购义务。但若公司为回购义务人，根据《全国法院民商事审判工作会议纪要》规定，公司必须先履行减少注册资本程序；否则，就投资人有关公司收购其股权的请求，法院不予支持。

(三) 回购价格

回购价格，是指回购义务人回购投资人全部或部分股权的价格。股权回购价格没有法定或统一的标准。私募股权融资实践中，多数情况下回购价格为：投资人投资款本金加投资额8%~12%年化利率利息，或投资人投资款加投资额8%~12%年化利率利息和已宣布但未支付的股息等。在确定回购价格时，建议尽量回避复利标准，以免回购成本畸高。

(四) 回购程序

回购程序，是指在发生回购事件时，投资人要求回购义务人回购投资人全部或部分股权的程序，具体又分回购通知、减资程序、回购顺位、回购款支付等。如，在公司承担回购义务的情况下，若不能完成法定减资程序，则将导致投资人回购权无法实现。此外，在标的公司存在多轮融资的情况下，新投资人与原投资人按照什么顺序行使回购权，往往也会成为股权融资谈判焦点：可选择全体投资人按照同一顺位要求回购义务人回购，也可以选择按照"后进先出"的原则确定投资人回购权行使顺序。回购程序对投资人回购权的最终实现具有重要意义。

三、创始人股权回购责任

在创始人独立承担回购义务的回购机制中，创始人承担约定的全部回购责任。但目前境内企业私募股权融资实践中大多数创业企业为创始人与标的公司共同承担回购义务。在这种回购机制中，公司创始人承担回购义务的责任又可以分为以下四种：

1. 无限连带责任，即在标的公司发生回购事件时，标的公司创始人与标的公司共同承担回购义务；投资人可以要求创始人或公司任何一方或双方回购其持有的全部或部分股权，承担全部回购义务。

2. 有限连带责任，即在标的公司发生回购事件时，标的公司创始人与标的公司共同承担回购义务，投资人可以要求创始人或公司任何一方或双方回购其股权，承担回购债务，但创始人回购债务有限制，通常以创始人持有的公司股权价值为限，而不涉及创始人其他个人财产。

3. 附条件无限连带责任，即在标的公司发生回购事件时，原则上标的公司单独承担回购义务，投资人只能要求标的公司回购其股权，承担回购债务；若发生特定的情形，投资人还有权要求公司创始人与标的公司共同承担回购义务，对回购债务承担无限连带责任，通常情形为创始人存在故意欺诈或重大过失行为等。

4. 附条件有限连带责任，即投资人在行使回购权时，原则上由标的公司承担回购义务；若发生特定的情形，如创始人存在故意欺诈或重大过失行为等情形，投资人还有权要求公司创始人与标的公司共同承担回购义务，但创始人回购债务有财产范围的限制，通常以创始人持有的公司股权价值为限，而不涉及创始人其他个人财产。

第六节 股权融资与婚姻

私募股权融资交易属于企业经营范畴，夫妻关系为股东私人事务范畴，两者看似相去甚远，但在创始人承担融资义务的情况下，创始人配偶是否要对创始人的融资债务承担清偿责任，是一个复杂的问题，需要特别关注。

一、创始人配偶回购责任

实践中，创始人通常为股权融资交易主体之一。如上所述，创始人在股权融资交易中承担一系列融资义务。在创始人参与对赌的交易中，创始人往往需要承担约定的股权回购义务。在创始人承担回购义务的前提下，创始人基于该回购义务形成的债务是否为夫妻共同债务，是一个复杂的法律问题。民法典第一千零六十四条规定：夫妻双方共同签名或者夫妻一方事后追认等共同意思表示所负的债务，以及夫妻一方在婚姻关系存续期间以个人名义为家庭日常生活需要所负的债务，属于夫妻共同债务。夫妻一方在婚姻关系存续期间以个人名义超出家庭日常生活需要所负的债务，不属于夫妻共同债务；但是，债权人能够证明该债务用于夫妻共同生活、共同生产经营或者基于夫妻双方共同意思表示的除外。鉴于企业股权融资形成的债务通常是用于标的公司经营，不属于家庭日常生活需要，通常也不会用于夫妻共同生活，故公司创始人在企业股权融资中因承担股权回购义务而形成的债务原则上为个人债务，创始人配偶原则上无须承担偿还义务。但若投资人能证明存在将债务用于夫妻共同生活、共同生产经营或者基于夫妻双方共同意思表示3种情形的，则该债务属于创始人夫妻共同债务，创始人配偶应对创始人股权回购之债承担偿还义务。

二、小马奔腾股权回购案

北京小马奔腾文化传媒股份有限公司（以下简称小马奔腾）曾为国内著名影视文化公司，创始人为李明，其曾投资拍摄了《越光宝盒》《甜蜜蜜》《将爱情进行到底》《机器侠》《花木兰》《无人区》等电影及电视剧。根据公开资料[1]：2011 年，小马奔腾引入建银文化等投资方，建银文化以 4.5 亿元投资获得小马奔腾 15% 股权。交易中，小马奔腾创始人李明与建银文化签订了《投资补充协议》，约定：若小马奔腾未能在 2013 年 12 月 31 日之前实现合格上市，则投资方建银文化有权在 2013 年 12 月 31 日后的任何时间，要求其任何一方按照约定的价格一次性收购建银文化所持有的小马奔腾股权。2014 年 1 月 2 日，小马奔腾创始人李明因病离世，小马奔腾未能完成上市承诺。嗣后，建银文化行使股权回购权，提起仲裁、诉讼等程序，要求李明遗孀金燕等相关方承担股权回购债务。2017 年 9 月，北京一中院作出（2016）京 01 民初 481 号[2]判决书，认为《投资补充协议》中约定的因李明的股权收购义务而产生的对建银投资公司的债务，应认定为其与金燕的夫妻共同债务；对于该债务的具体内容，0164 号裁决书已经有了明确的认定，现建银投资公司主张金燕对该部分债务在 2 亿元的范围内承担连带清偿责任，本院予以支持。一审判决后，金燕不服，提出上诉。二审期间，最高人民法院发布了《关于审理涉及夫妻债务纠纷案件适用法律有关问题的解释》。就该案，北京市高院审理后作出了（2018）京民终 18 号判决书[3]，认为二审焦点问题是案涉债务是

---

[1] 晏耀斌：《小马奔腾的最后赌局》，中国经营网：http://www.cb.com.cn/index/show/dsx/cv/cv132761276/p/s.html，最后访问时间：2025 年 1 月 15 日。

[2] 载中国裁判文书网：https://wenshu.court.gov.cn/website/wenshu/181107ANFZ0BXSK4/index.html?docId=OeNWgfeGz7bX23tJFpQBLp0uM8lLlZIp7BypzRIjMAGvdDvpoMSceJ/dgBYosE2gV6P7xgDWHtvACHKBoXOd7lbm9q6xW6Eg0tS85Nvcvik1sPPZZoO/3AOrfYSEMahI，最后访问时间：2025 年 1 月 15 日。

[3] 载中国裁判文书网：https://wenshu.court.gov.cn/website/wenshu/181107ANFZ0BXSK4/index.html?docId=q5nmPTFTik8ExqVzfg4cYlOsKX6ErDVJMLJBXey4QqR1yglmWkrodp/dgBYosE2gV6P7xgDWHtvACHKBoXOd7lbm9q6xW6Eg0tS85Nvcvik1sPPZZoO/3NJC1w1JymVm，最后访问时间：2025 年 1 月 15 日。

否属于李明、金燕夫妻共同经营所负债务；根据查明事实，金燕对于案涉协议约定的股权回购义务是明知的，其亦参与了公司的共同经营，案涉债务属于李明、金燕夫妻共同经营所负债务，故驳回金燕上诉请求，维持原判。二审判决生效后，金燕提起再审申请。2021年7月，最高人民法院裁定驳回金燕再审申请。小马奔腾上市失败触发股权回购事件，公司创始人配偶金燕在参与公司经营的情况下，需在2亿元范围内对已故创始人李明股权回购债务承担连带清偿责任。

第七节　公募融资与股票发行注册制

公募融资，是指企业通过公开的方式向不特定的投资者发行证券进行募资的行为。证券市场上常见的证券工具有股票、债券、存托凭证等。其中，公募股权融资尤为重要，如IPO。长期以来，我国对股份公司公开发行证券行为实行核准制。证券法（2019年修订，以下简称新证券法）将企业公开发行证券核准制调整为注册制，明确规定：公开发行证券，必须符合法律、行政法规规定的条件，并依法报经国务院证券监督管理机构或者国务院授权的部门注册。未经依法注册，任何单位和个人不得公开发行证券。新公司法也规定，公司向社会公开募集股份，应当经国务院证券监督管理机构注册，公告招股说明书。新证券法开启了中国资本市场公开发行证券注册制的新时代，开辟了资本市场市场化、国际化、全球化之路。新证券法以促进经济发展为根本目的，以上交所科创板试点注册制为起点，逐步确立了以注册制为核心的股票发行制度，建立了以持续经营能力判断企业发行上市条件的基本原则，搭建了资本市场注册制合规体系。注册制下，证监会只负责申报文件的形式审查，对信息披露的合法及合规性进行审核，股票发行选择权则交给市场，资源配置效率得到大幅度提升，也提高了企业融资效率。

一、注册制实施历程

2018年11月5日，习近平总书记在首届中国国际进口博览会开幕式上宣布，将在上海证券交易所设立科创板并试点注册制，拉开了注册制改革的帷幕。① 2019年1月28日，中国证监会发布《关于在上海证券交易所设立科创板并试点注册制的实施意见》，标志着注册制在上海证券交易所科创板正式试行。2019年12月28日，修订后的《中华人民共和国证券法》正式确立注册制，明确规定：公开发行证券依法报经国务院证券监督管理机构或者国务院授权的部门注册……证券发行注册制的具体范围、实施步骤，由国务院规定。2020年6月12日，中国证监会发布《创业板首次公开发行股票注册管理办法（试行）》（已失效），意味着注册制在深圳证券交易所创业板试行。2021年10月30日，中国证监会发布《北京证券交易所向不特定合格投资者公开发行股票注册管理办法（试行）》（已失效），标志着注册制在北京证券交易所试行。2023年2月1日，中国证监会就全面实行股票发行注册制涉及的《首次公开发行股票注册管理办法》等主要制度规则草案公开征求意见。2023年2月17日，中国证监会发布全面实行股票发行注册制的相关制度规则，标志着经过4年的试点后，股票发行注册制正式在全市场推开，开启了全面深化资本市场改革的新局面，为资本市场服务高质量发展打开了更广阔的空间，中国资本市场进入全面注册制时代。

二、股票发行注册条件

新证券法下的注册制确立了发行人股票公开发行募资的市场化方向，同时还明确了注册制下首次股票公开发行条件。根据《证券法》《首次公开发行

---

① 《习近平在首届中国国际进口博览会开幕式上的主旨演讲》，中央人民政府网：https://www.gov.cn/xinwen/2018-11/05/content_5337572.htm，最后访问时间：2025年1月15日。

股票注册管理办法》等相关规定，注册制下企业首次公开发行股票的主要条件如下：

（一）具备健全且运行良好的组织机构

发行人是依法设立且持续经营 3 年以上的股份有限公司，具备健全且运行良好的组织机构，相关机构和人员能够依法履行职责。无论是核准制下，还是注册制下，具备健全且运行良好的组织机构均为重要发行条件。良好的组织机构是企业发展的基础，促进企业可持续发展，确保上市主体在后续经营中合法合规。公司组织机构要建构在股东会、董事会、监事会和独立董事等制度建设和权力制衡上。董事、监事和高管人员、核心技术和核心业务人员结构的稳定是保障组织机构健全且运行良好的基础，是判断企业是否具备现代企业制度的重要参考依据。

（二）具有持续经营能力

以持续经营能力判断企业是否具备发行上市条件是核准制和注册制的重要区别。核准制下，监管部门更多关注的是发行人既往的经营行为是否具备盈利能力；而注册制下，监管层更多地关注发行人未来是否具有持续的经营能力，降低了对发行人过往"盈利能力"等财务指标的关注，体现了市场化选择的思维，为发行人释放了更大的资本运作空间。具体判断依据主要为：（1）资产完整，业务及人员、财务、机构独立，与控股股东、实际控制人及其控制的其他企业间不存在对发行人构成重大不利影响的同业竞争，不存在严重影响独立性或者显失公平的关联交易。（2）主营业务、控制权和管理团队稳定，首次公开发行股票并在主板上市的，最近 3 年内主营业务和董事、高级管理人员均没有发生重大不利变化；首次公开发行股票并在科创板、创业板上市的，最近两年内主营业务、董事和高级管理人员均没有发生重大不利变化；首次公开发行股票并在科创板上市的，核心技术人员应当稳定且最近两年内没有发生重大不利变化；发行人的股份权属清晰，不存在导致控权可能变更的重大权属纠纷；首次公开发行股票并在主板上市的，最近3年实际控制人没有发生变更；首次公开发行股票并在科创板、创业板上市的，最近两年实际控制人没有发生变更。(3) 不存在涉及主要资产、核心技术、商标等的重大权属纠纷，重大偿债风险，重大担保、诉讼、仲裁等或经营环境已经或者将要发生重大变化等对持续经营有重大不利影响的事项。

(三) 最近三年财务会计报告被出具无保留意见审计报告

就财务合规而言，发行人会计基础工作要规范，财务报表的编制和披露符合企业会计准则和相关信息披露规则的规定，在所有重大方面公允地反映了发行人的财务状况、经营成果和现金流量，最近3年财务会计报告由注册会计师出具无保留意见的审计报告。此外，发行人内部控制制度要健全且被有效执行，能够保证公司高效运行、合法合规和财务报告的可靠性，并由注册会计师出具无保留结论的内部控制鉴证报告。注册制下，针对发行人财务、内控等财务规范的判断，交由专业证券服务机构会计师事务所进行判断，并以是否出具标准无保留意见的审计报告作为判断企业财务会计规范的标准。从核准制下"财务状况良好和最近三年财务会计文件无虚假记载"到注册制下"最近三年财务会计报告被出具无保留意见审计报告"是一大立法进步。财务状况良好和无虚假记载均为主观判断，且判断标准模糊；"无保留意见审计报告"为客观条件，且判断标准明确。

(四) 发行人及其控股股东、实际控制人最近三年不存在贪污、贿赂、侵占财产、挪用财产或者破坏社会主义市场经济秩序的刑事犯罪

就法律合规而言，发行人生产经营要符合法律、行政法规的规定，符合国家产业政策。最近3年内，发行人及其控股股东、实际控制人不存在贪污、贿赂、侵占财产、挪用财产或者破坏社会主义市场经济秩序的刑事犯罪，不存在欺诈发行、重大信息披露违法或者其他涉及国家安全、公共安全、生态安全、生产安全、公众健康安全等领域的重大违法行为。此外，董事、监事和

高级管理人员最近3年内不存在受到中国证监会行政处罚，或者因涉嫌犯罪正在被司法机关立案侦查或者涉嫌违法违规正在被中国证监会立案调查且尚未有明确结论意见等情形。注册制扩大了法律合规审核的主体范围，由发行人扩大到发行人的控股股东、实际控制人、董事、监事和高级管理人员等。

（五）经国务院批准的国务院证券监督管理机构规定的其他条件

该条件为制度性预留规定。因公开发行证券涉及不同的证券市场、不同经济类型的企业以及多样化的证券品种，在注册制的实践过程中，监管机构将会结合证券市场的发展阶段，支持实体经济的实际需求，灵活性制定或调整注册条件。

三、股票发行注册程序

根据《证券法》《首次公开发行股票注册管理办法》等相关规定，上海证券交易所、深圳证券交易所（以下统称交易所）上市的股票的发行注册，主要程序如下：

（一）交易所上市审核程序

发行人申请首次公开发行股票并上市，应当按照中国证监会有关规定制作注册申请文件，依法由保荐人保荐并向交易所申报。交易所收到注册申请文件，5个工作日内作出是否受理的决定。交易所设立独立的审核部门，负责审核发行人公开发行并上市申请；设立科技创新咨询委员会或行业咨询专家库，负责为板块建设和发行上市审核提供专业咨询和政策建议；设立上市委员会，负责对审核部门出具的审核报告和发行人的申请文件提出审议意见。交易所受理发行人注册申请后，主要通过向发行人提出审核问询，发行人回答问题方式开展审核工作，判断发行人是否符合发行条件、上市条件和信息披露要求。认为发行人符合发行条件和信息披露要求的，将审核意见、发行人注册申请文件及相关审核资料报中国证监会注册；认为发行人不符合发行条件或者信息披露要求的，作出终止发行上市的审核决定。

(二) 证监会发行注册程序

中国证监会在交易所收到注册申请文件之日起，同步关注发行人是否符合国家产业政策和板块定位。中国证监会收到交易所审核意见及相关资料后，基于交易所的审核意见，依法履行发行注册程序。在 20 个工作日内对发行人的注册申请作出予以注册或者不予注册的决定。前款规定的注册期限内，中国证监会发现存在影响发行条件的新增事项的，可以要求交易所进一步问询并就新增事项形成审核意见。发行人根据要求补充、修改注册申请文件，或者中国证监会要求交易所进一步问询，要求保荐人、证券服务机构等对有关事项进行核查，对发行人现场检查，并要求发行人补充、修改申请文件的时间不计算在内。中国证监会的予以注册决定，自作出之日起 1 年内有效，发行人应当在注册决定有效期内发行股票，发行时点由发行人自主选择。

四、股票发行失败及法律责任

证券发行注册制的目的在于按市场化方式公开发行股票等证券，市场化发行就必然存在发行人发行失败的可能。新公司法规定，公司向社会公开募集股份，应当由依法设立的证券公司承销，签订承销协议。新证券法规定，证券的代销、包销期限最长不得超过 90 日。股票发行采用代销方式，代销期限届满，向投资者出售的股票数量未达到拟公开发行股票数量 70%的，为发行失败。发行人应当按照发行价并加算银行同期存款利息返还股票认购人。这意味着，企业在被核准注册的情况下，如果不被市场看好导致股票发行失败，发行人需承担股票回购责任。新证券法还规定，发行人在招股说明书等证券发行文件中隐瞒重要事实或者编造重大虚假内容，已经发行并上市的，国务院证券监督管理机构可以责令发行人回购证券，或者责令负有责任的控股股东、实际控制人买回证券。这意味着，即便是发行人已经成功发行股票，但若查实上市公司存在隐瞒重要事实或重大虚假上市情况，发行人或控股股东、实际控制人需承担股票回购责任；中国证监会也可以要求发行人或控股股东、实际控制人回购已发行的股票。此外，我国刑法还规定了欺诈发行证券罪，即在招股说明书、认股书、公司、企业债券募集办法等发行文件中隐瞒重要事实或者编造重大虚假内容，发行股票或者公司、企业债券、存托凭证或者国务院依法认定的其他证券，数额巨大、后果严重或者有其他严重情节的，处5年以下有期徒刑或者拘役，并处或者单处罚金；数额特别巨大、后果特别严重或者有其他特别严重情节的，处5年以上有期徒刑，并处罚金。发行失败制度的设立，完善了股票发行事后监管制度，对发行人公开发行证券行为实施全流程监管，确保了资本市场的健康、稳定。

五、欣泰电气强制退市案

欣泰电气公司全称丹东欣泰电气股份有限公司，成立于2007年，前身是原国有企业丹东整流器有限公司，于2014年1月在创业板上市，隶属电器制造行业。2011年3月30日，欣泰电气公司提出在创业板上市的申请，但因持续盈利能力不符合条件而被证监会驳回。2011年至2013年6月，实控人温某乙、总会计师刘某胜合谋决定采取虚减应收账款、少计提坏账准备等手段，虚构有关财务数据，在向证监会报送的首次公开发行股票并在创业板上市申请文件的定期财务报告中载入重大虚假内容。2014年1月3日，证监会核准欣泰电气公司在创业板上市。随后欣泰电气公司在《首次公开发行股票并在创业板上市招股说明书》中亦载入了具有重大虚假内容的财务报告。2014年1月27日，欣泰电气公司股票在深圳证券交易所创业板挂牌上市，首次以每股发行价16.31元的价格向社会公众公开发行1577.8万股，共募集资金2.57亿元。欣泰电气公司上市后，温某乙、刘某胜继续沿用前述手段进行财务造假，向公众披露了具有重大虚假内容的《2013年年度报告》《2014年半年度报告》《2014 年年度报告》等重要信息。2017 年 7 月，深圳证券交易所决定将欣泰电气公司退市、摘牌，主承销商兴业证券股份有限公司先行赔付 1 万余名投资人的损失共计 2.36 亿余元。最终法院判决，欣泰电气公司、温某乙、刘某胜的行为均构成欺诈发行股票罪；依法以欺诈发行股票罪判处欣泰电气股份有限公司罚金人民币 832 万元；以欺诈发行股票罪、违规披露重要信息罪判处温某乙有期徒刑三年，并处罚金人民币 10 万元；以欺诈发行股票罪、违规披露重要信息罪判处刘某胜有期徒刑两年，并处罚金人民币 8 万元。本案是上市公司在申请上市前后连续财务造假而受到刑事处罚并被依法强制退市的典型案例。[1]

---

[1] 《最高人民法院发布 7 件人民法院依法惩处证券、期货犯罪典型案例》，最高人民法院官网：https://www.court.gov.cn/zixun/xiangqing/258751.html，最后访问时间：2025 年 1 月 15 日。

GUQUAN ZHANLUE

第三章
股 权 激 励

第一节　股权激励利与弊

股权激励是企业"一体两翼"股权战略重要组成部分。股权激励，是指企业以股权或权益为工具长期激励企业管理人员或优秀员工，使其具有主人翁意识，从而与企业形成利益共同体，促进企业与员工共同成长。发现人才，留住人才，用好人才是每一个企业发展的关键。没有人才战略的企业很难做到企业的可持续发展。社会快速发展，人才的价值观也在改变。很长一段时间内行之有效的传统薪酬手段已不再是吸引人才最重要的因素，更不能长久地留住优秀人才。股权激励改变了简单的雇佣关系，让激励对象有了更强的归属感和成就感，满足了激励对象更深层次的需求，调动了激励对象工作的积极性和主动性，实现了企业发展和人才发展双赢的局面。正因如此，很多经营者都致力于积极筹划或推进股权激励事宜，完善公司薪酬体系。但企业在推进股权激励前需要从经营、法律、税务等多方面深入了解股权激励，才能制订适合自身需求的股权激励方案。

一、股权激励正面作用

不同企业股权激励背后的商业目的是不同的，甚至同一企业在不同阶段的股权激励目的也有差异。通常，股权激励可以达到以下五个商业目的：

（一）留住人才

留住人才，是企业股权激励实践中比较常见的功能之一。公司发展过程中最核心的要素是人。工资、奖金等传统薪酬工具为短期激励手段，无法起到长期激励效果。企业通过股权激励对已经为公司做出过突出贡献之老员工授予一定数额的公司股权，如限制性股权，奖励其对公司做出的贡献，分享企业成长果实，能够更好地留住核心员工。现阶段，股权激励已成为很多企业留住核心人才的重要手段。

（二）激励员工

激励核心员工是企业股权激励实践中比较常见的另一目的。除了对已为公司做出重大贡献的核心员工进行奖励外，如何吸引更多优秀的伙伴，并激励包括老员工在内的核心员工为公司创造更大的价值，也是企业发展过程中必须考虑的人力资源战略。授予核心员工一定数量的股权，如股权期限，不仅可以吸引更多优秀人才加入公司，而且还可以激励公司核心人才继续奋斗，努力推动企业取得更大的发展。通过授予一定数量的股权期权，可以更好地激励核心员工与公司共同创造更大价值，最终实现双赢。

（三）节省现金流

企业发展中对核心员工的传统激励方式是工资、奖金等薪酬，但工资、奖金等传统薪酬手段会极大地影响公司现金流，特别是大额奖金。与传统薪酬手段相比，企业通过股权激励授予核心员工股权则不会发生现金流支出。股权激励不仅可以实现激励效果，还不会增加公司现金流压力。现金流紧张的公司，如互联网企业，往往会考虑通过股权激励的方式激励员工，而非工资或奖金。实践中，节省现金流是很多初创企业频频推出股权激励的出发点之一。

（四）募集资金

企业在股权激励时，可以无偿授予核心员工一定数量的公司股权，也可以按照一定的价格授予他们一定数量的股权。股权激励对象可以仅限于核心员工，也可以面向全体员工，如员工持股计划。在有偿授予股权的情况下，特别是大范围员工持股计划，能够为公司带来发展所需的资金，在一定程度上具有募集经营所需资金的作用。

(五) 税务筹划

股权激励与工资、奖金等传统激励手段的税法意义是不一样的。企业通过工资、奖金等传统薪酬手段对员工进行奖励时,被奖励员工在获得工资或奖金时要按照工资薪金所得缴纳个人所得税;按照个人所得税法规定适用3%~45%差额累进税率。企业对核心员工进行股权激励时,虽然需要缴纳个人所得税,但不需在授权时,一般是在限制性股权解锁时或股权期权行权时才需要缴纳,但分红权等虚拟股权激励除外。另,如果企业股权激励符合《关于完善股权激励和技术入股有关所得税政策的通知》(财税〔2016〕101号,以下简称101号文)的条件,则可以享受递延纳税优惠政策,即员工在取得股权时并不需要缴纳个人所得税,递延至股权转让时缴纳;对符合递延纳税条件所获得的股权,在转让时按照"财产转让所得"适用20%的税率计征个人所得税。因此,相对于工资等传统薪酬,股权激励可以起到税务筹划的效果。

(六) 京东奖励刘强东6.06亿美元股权

京东是中国自营式电商代表企业,创始人为刘强东。2014年5月,京东在美国纳斯达克证券交易所正式挂牌上市。根据京东披露的上市招股书[①],京东为了奖励创始人刘强东对公司做出的贡献,曾于2014年一次性奖励刘强东6.06亿美元(约合人民币36.7亿元)股权。如果该奖励以奖金的方式兑现,不仅会极大地增加京东现金流压力,而且刘强东在获得该奖金时预计需要缴纳约17亿元的个人所得税。在股权激励方式下,如果该股权奖励能够符合递延纳税政策,则刘强东只需要在出售该股权时按照"财产转让所得"适用20%的税率计征个人所得税。

---

① 《京东上市首日上涨10%刘强东身价近60亿美元》,人民政协网:https://www.rmzxb.cn/c/2014-05-23/328639.shtml,最后访问时间:2025年1月15日。

二、股权激励负面影响

任何事物都有两面性，股权激励也不例外。股权激励可能给企业带来一些潜在的"负面影响"。主要如下：

（一）影响股权结构稳定性

公司股东构成及股权结构是公司治理的基础。在公司股东构成中，因自然人股东存在生、老、病、死、离职等不确定性因素，通常认为公司自然人股东越少则公司股权结构越稳定，公司决策效率越高。在直接持股方式的激励计划中，被激励员工因获得公司激励股权而成为公司自然人股东，在一定程度上会影响公司股权结构的稳定性和公司股东会的决策效率，但间接持股方式的股权激励、虚拟股权激励、分红权激励等除外。

（二）稀释创始人投票权

股权激励计划中，公司在授予核心员工激励股权时，被激励员工会因该授权行为获得一定数量的公司股权，进而基于该激励股权享有一定的股东权利，包括但不限于知情权、投票权、分红权等。因此，股权激励会在一定程度上稀释公司创始人或原股东的投票权，但间接持股方式的股权激励、虚拟股权激励、分红权激励等除外。

（三）影响公司财务数据

《企业会计准则第11号——股份支付》规定，公司实施股权激励时应当在授予日按权益工具的公允价值计入相关成本或费用，并相应增加资本公积。具体而言，直接持股型股权激励适用股份支付相关会计准则，激励成本计入管理费用。在持股平台型股权激励中，通常认为虽然公司直接授予持股平台的股权，但实质上仍然是为获取员工服务而向员工授予公司股权，若授予股权价格低于授予时激励标的的公允价值，也应按照股权支付处理，将授予股权价格和授予日股权公允价格之差计入管理费用。因此，股东激励会增加公司费用，降低公司经营利润等财务指标，特别是拟上市公司和上市公司要高度关注该影响，根据自身实际情况，合理安排股权激励计划时间窗口，以免股份支付产生的管理费用影响公司利润指标。

（四）逸仙电商亏损与股权激励费用

广州逸仙电子商务有限公司是一家知名化妆品公司，成立于2016年，总部位于广州市，旗下拥有完美日记、完子心选等化妆品品牌。2020年11月19日，逸仙电商正式登陆纽约证券交易所，成为我国第一家在美国上市的"国货美妆品牌"。2021年3月，逸仙电商发布2020年第四季度报告，该季报披露其2020年全年亏损约26亿元，引起了资本市场与行业的广泛关注。嗣后，逸仙电商于2021年4月披露2020年年度报告[①]，对上述约26亿元亏损作出了回应：报告期内亏损包括约20亿元人民币的股权激励费用，该损失与实际经营活动没有关系；其2020年实际经营亏损为7.88亿元。由此可见，股权激励会在一定程度上影响公司利润指标，需要引起关注。

三、华为公司股权激励

华为公司成立于1987年，总部位于广东省深圳市，是全球领先的信息与通信技术解决方案供应商。华为股权激励始于1990年，并一直持续至今。基于不同时期的不同经营目的，华为股权激励先后经历了实股激励、虚拟受限股激励、TUP计划激励等多个方案。1990年，初创期面对融资难和提高研发

[①] 《逸仙电商2020年Q4：营收同比增长71.7% 净利润为-2.87亿元》，网经社：https://www.100ec.cn/detail--6586744.html，最后访问时间：2025年1月15日；《上市后首份年报，逸仙电商回应了这些问题》，搜狐网：https://business.sohu.com/a/462528943_329832，最后访问时间：2025年1月15日。

能力的双重挑战，华为推出了全员持股计划。此时，华为以 1 元的股票发行价格向公司内部员工发行股票。根据公开资料[①]，1997 年华为的注册资本增加至 7005 万元。初期的华为用这种内部融资方式既获得了现金流，又增强了创业团队的归属感和稳定性。2000 年，面对网络泡沫危机和老员工出走问题，华为调整为实施虚拟受限股激励，虚拟受限股票需要出资购买，享有增值权和分红权，但不再享有表决权等股东权利，同时强调员工离职时丧失激励股权。2014 年，由于虚拟股信贷计划遭到主管机构叫停，面对老员工工作积极性降低问题和员工购股资金困局，同时为了招募更多的国外高管进行海外扩张，华为推出了 TUP（Time Unit Plan）计划，即每年根据不同员工的岗位及级别、绩效，配送一定比例的期权。该期权不需要员工花钱购买，周期一般是 5 年：第 1 年没有分红，第 2 年至第 4 年每年分红 1/3，第 5 年获得全部分红，并获得股票增值结算收益，然后股票数额清零。经过多轮调整，目前华为投资控股有限公司控股股东为公司创始人任正非和华为投资控股有限公司工会委员会。华为投资控股有限公司公告显示[②]：经公司内部有权机构决议，2023 年拟向股东分配股利约人民币 719.55 亿元。按此推算，华为持股员工将平均分红约 54.7 万元/人。华为公司股权激励是一个成功的经典案例，其在不同时期根据具体经营需求制订了不同的股权激励方案，推动公司连创佳绩，实现了公司与员工共赢。

第二节　股权激励三大底层逻辑

公司股权激励实践中，很多企业往往忽略或不清楚股权激励的底层逻辑

---

① 唐跃军：《华为和它的 10 万股东》，新浪财经：http://finance.sina.com.cn/stock/relnews/us/2020-06-01/doc-iirczymk4702106.shtml，最后访问时间：2025 年 1 月 15 日。

② 《华为投资控股有限公司关于分配股利的公告》，北京金融交易所网：https://www.cfae.cn/content/selectToTitle，最后访问时间：2025 年 1 月 15 日。

问题，形而上地效仿了他人股权激励方案，导致激励效果事与愿违。股权激励涉及人力资源管理、法律、财务、税务等多方面问题。企业在制订股权激励方案时，要思考股权激励之奖励与激励、分利与分权、进入与退出的底层逻辑，量身定制符合企业自身需求的股权激励方案，避免形而上。

一、奖励与激励

奖励与激励是股权激励最重要的底层逻辑。通常股权激励的目的有奖励、激励、融资等，实践中又以奖励和激励为主。就股权激励实践中经常采用的限制性股权和股权期权两种激励工具而言，二者所体现的激励目的是不同的。所谓限制性股权，是指激励方对激励对象按照股权激励计划规定的条件授予公司特定份额的股权，但激励对象基于激励计划取得的公司股权在转让等部分权利上受到限制。限制性股权是股权激励计划实施时给予激励对象本公司股权，登记为公司股东，但又限制激励对象所持股权之转让、设置担保等处分行为；设定条件没有成就时，激励对象不得对其取得的激励股权进行转让等处分行为。限制性股权激励工具有奖励和激励的双重功效，但侧重奖励功效，实践中对已经为公司做出过突出贡献的老员工适用得比较多。所谓股权期权是指，授予激励对象在未来一定期限内以预先确定的条件购买本公司一定数量股权的权利。与限制性股权激励相比，公司在实施股权期权激励时并不立即给到激励对象股权，而是承诺在未来预设的条件成就时激励对象有权购买公司一定数量的股权，但最终是否能获得公司股权存在不确定性。股权期权激励的目的主要侧重于激励，鼓励激励对象努力奋斗为公司创造价值，实践中对新员工适用较多。另，非融资目的的股权激励，授予对象一般为核心员工，授予股权数量有限，且股权授予价格较优惠，无偿授予或按公司注册资本平价授予居多，以调动激励对象工作积极性。侧重于融资目的的股权激励，则授予对象较为宽泛，且授予价格通常会有一定的溢价，参照公司净资本或融资估值折扣授予居多。股权激励目的是企业在制订股权激励方案时的底层逻辑起点，目的不同决定了股权激励方案不同。

二、分利与分权

分利与分权是股权激励的又一底层逻辑。股权激励具有分利和分权双重属性。分利属性，是指企业授予激励对象激励股权后，激励对象原则上会基于激励股权对公司享有分红、转让等经济性权益。正是因为股权激励具有分享企业发展利益的经济属性，故成为企业吸引人才和激励核心员工的重要薪酬手段之一。限制性股权激励、股权期权激励、虚拟股票激励、分红权激励、增值权激励、激励基金激励等均具有分利的经济属性。分权属性，是指企业授予激励对象激励股权后，激励对象通常还会基于激励股权对公司享有知情权、参与权、投票权等管理性权益。实行股权激励时，激励对象要不要参与企业决策是个值得思考的问题。通常认为，在企业发展早期应优先考虑决策效率，要保证创始人绝对投票权，激励对象不应过多地参与公司治理，影响或左右创始人决策。股权激励实践中经常采用直接持股和间接持股两种不同的持股方式，二者体现的分权属性是不同的。所谓的直接持股，是指激励方在实施股权激励时，直接授予激励方股权，激励对象直接登记为激励方股东，对公司享有知情权、投票权、分红权等股东权利。在一定程度上会影响创始人手中的投票权数量和公司股东会决策效率，分权属性较强。所谓的间接持股，是指激励方在实施股权激励时，不直接授予股权，而是通过设立激励平台，授予激励对象一定数量的激励平台公司股权或合伙企业财产份额。间接持股模式中激励对象不是激励方股东，而是通过激励平台间接享有激励方利益，又被称为"平台型股权激励"。在间接持股方式下，激励对象登记为激励平台的股东或合伙人，而不是激励方股东，不对激励方公司享有知情权、投票权等股东权利，分权属性较弱。企业在制订股权激励方案时要考虑分权和分利问题，避免稀释创始人投票权。

三、进入与退出

企业发展过程中，有些伙伴因能力提高、贡献增大、责任心提升等原因逐步成长为合伙人；有些伙伴则因激情、追求、能力等原因离开。提前预设激励对象的退出机制是股权激励的又一重要底层逻辑。激励对象进入与退出机制主要通过限制性股权分期解锁制度或股权期权分期行权制度实现的。限制性股权分期解锁，是指合伙人获取的限制性股权在锁定期内分期解除限制；如果激励对象在限制性股权解锁前离开公司，则只能获得已经解锁部分的股权，尚未解锁的股权则由激励方无偿或按照约定的价格收回。实践中，锁定期限通常为3~4年。锁定期内离职，激励对象未解锁部分限制性股权通常会被收回。股权期权分期行权，是指激励对象授予的股权期权分期行权，如果激励对象在股权行权前离开团队，则只能获得已经行权的股权，尚未行权的股权则自动丧失。股权激励时，确立完善的激励对象进入和退出机制不仅可以保障每一位激励对象的权益，更能保障公司的稳健发展。企业在确定股权激励方案时，要统筹考虑激励对象进入和退出机制，以免规则不明确导致争议或纠纷。

第三节 股权激励工具、持股方式和持股平台

就企业股权激励方案而言，激励工具、持股方式和持股平台是企业股权激励方案中的三个关键性问题。如果判断不准，则会在很大程度上影响企业股权激励方案的实施效果。具体股权激励方案的制订通常也是从确定股权激励工具、持股方式和持股平台开始。

一、股权激励工具

激励工具,是指公司实施股权激励的标的股权或权益。在股权激励实践中,股权激励的工具通常有限制性股权、股权期权、虚拟股权、分红权、股票增值权、激励基金等。其中,限制性股权、股权期权、虚拟股权和股票增值权是最常用的四种股权激励工具。具体如下:

(一)限制性股权

限制性股权激励,是指激励方对激励对象按照股权激励计划规定的条件授予公司特定份额的股权,但激励对象基于激励计划取得的公司股权在转让等部分权利上受到限制。限制性股权本质上是给予了激励对象本公司股权,但又对激励对象所持股权之转让、设置担保等处分行为作一定的限制;当设定的条件没有成就的时候,激励对象不得实施股权转让等处分行为。"先给后限制"是限制性股权激励的主要特征之一。实践中,通常被激励方的限制条件主要是要满足一定的工作期限,或达成一定的工作业绩指标。限制性股权激励主要是基于两个方面的经营考量:一是对公司关键性员工过往贡献的奖励,二是继续激励关键性员工与公司共同成长,为公司创造更大的价值。限制性股权激励具有奖励和激励的双重功效,实践中对已经为公司做出过突出贡献的老员工适用得比较多。企业在引进人才或激励新员工时,较少授予限制性股权。

(二)股权期权

股权期权激励,是激励方授予公司激励对象在未来一定期限内以预先确定的条件购买本公司一定数量股权的权利。与限制性股权激励相比,股权期权激励在实施股权激励时并不马上给到公司股权,而是承诺在未来预设的条件成就时才会给予。"先承诺后给予"是股权期权激励的特点之一。股权期权则是一种对未来的期待权利，是一种未来成为股东的权利。股权期权激励的考量主要是激励关键员工与公司深度捆绑，共同成长，未来为公司创造更大的价值。实践中，激励对象通常只有在满足一定的工作期限或达成一定的工作业绩指标后方可取得相应的股权。股权期权在行权前原则上不享有投票、分红、处分等股东权利，最终能否行权也存在一定的不确定性，因此对激励对象的吸引力相对于限制性股权激励会弱一些。股权期权激励并不能对已经做出突出贡献的老员工起到更好的奖励效果，更多地适用于引进新员工或激励新员工未来为公司创造更大的价值。

（三）虚拟股权

虚拟股权激励，是指公司授予激励对象一种虚拟的股权，激励对象可以据此享受一定数量的分红权，但激励对象并不是法律意义上的公司股东，不享有所有权、表决权、转让权、继承权等股东权利，离职时也不再享有虚拟股票权益。虚拟股权实质上是一种分红权利，而不是法律意义上的股权。实践中，激励对象通常只有在达成一定的工作业绩指标后方可取得相应的分红。与限制股权激励和股权期权激励相比，虚拟股权激励中激励对象不享有所有权、表决权、继承权等股东权利，无须在工商或股东名册中登记为股东，不用改变公司股权结构，也无须考虑激励股权的来源问题，实施灵活。但对员工的激励效果较弱。另外，毕竟并不是所有企业都能保证持续的高增长和高利润，虚拟股权激励中企业用于激励的现金支出较大，会影响企业的现金流，这对企业提出了一定的财务要求。在实施虚拟股权激励模式时，如何考核激励对象的绩效是另一个要考虑的问题。虚拟股权激励的企业要慎重考虑如何实现经营者报酬与其业绩挂钩。实践中，虚拟股权激励多用于现金流较好的企业，对销售等前端人员进行短期激励，此模式不仅能够将激励对象分红所得与经营业绩挂钩，而且还能够让激励对象第一时间分享公司经营业绩，激励效果直接、突出。

（四）股票增值权

股票增值权，是指上市公司授予公司员工在未来一定时期行权，并获得特定数量的股票价格上升所带来收益的权利。激励对象在未来特定条件成就时行权，上市公司按照行权日与授权日二级市场股票差价乘以授权股票数量为标准，发放给激励对象现金。股票增值权主要适用于上市公司，非上市公司因考核指标不公允，较少实施。股票增值权与虚拟股权本质上都属于奖金的范畴，而非法律意义上的股权范畴。

二、股权激励持股方式

持股方式是指激励对象持有激励股权或权益的方式。虚拟股权激励和股权增值权激励本质上不属于股权范畴，不存在股权激励持股方式问题。在限制股权激励和股权期权激励模式中，通常有直接持股、间接持股、委托代持、信托计划等多种持股方式。直接持股、间接持股和股权代持是股权激励实践中最常见的三种持股方式。具体如下：

（一）直接持股

直接持股方式，是指激励方在实施股权激励时，直接授予激励对象其股权，激励对象直接登记为激励方股东，享有股东权利。直接持股方式的优点是：（1）员工直接登记为公司股东，会有更强的安全感，激励效果好。(2)员工直接持有激励方股权，在公司实现 IPO 时，激励对象可以于解禁后直接在二级市场上出售股票，退出路径方便。(3) 符合条件的激励对象可以适用财务部、国税总局 101 号文规定的递延纳税政策。就符合 101 号文特定条件的直接持股方式之股权激励，员工在取得股权激励时可暂不纳税，递延至转让该股权时纳税。股权转让时，按照股权转让收入减除股权取得成本以及合理税费后的差额，适用"财产转让所得"项目，按照 20% 的税率计算缴纳个人所得税。但直接持股方式也有缺点，如受公司股东人数50人上限限制、员工流动会影响公司股权结构稳定性等。特别是劳动关系发生变更时，需要员工配合办理工商变更事宜，若员工与公司存在纠纷，或者员工不配合办理相应股东变更程序，企业则需要通过诉讼、仲裁等方式解决双方纠纷，会给激励方股权结构带来很大的不确定性。正是因其不能很好地隔离风险，经营者在实践中一般很少采用直接持股方式。

（二）间接持股

间接持股方式，是指激励方在实施股权激励时，不直接授予激励方公司股权，而是通过设立激励平台，授予激励对象一定数量的激励平台之股权或权益。该持股模式下激励对象不是激励方股东，而是激励平台股东或合伙人，激励对象通过激励平台间接地享受激励方利益，故称之为间接持股方式。在间接持股方式下，激励对象直接登记为激励平台的股东或合伙人，但并不直接登记为激励方公司股东，也不直接对激励方享有股东权利，因此很好地隔离了激励风险。与直接持股方式相比，间接持股模式既可以激励员工，又能够很好地隔离股权激励风险，兼顾了商业和法律两个方面的需求，在股权激励实践中是一种主流持股模式。当然，间接持股方式的股权激励方案中，激励方退出路径有限和激励税负较高问题，均是很大的技术性挑战。

（三）股权代持

股权代持模式，是指员工并不直接持有激励方股权，也不通过激励平台持有激励方权益，而是委托他人代为持有激励方股权或激励平台之股权或权益。在股权代持模式下，员工不登记为激励方公司股东，也不登记为激励平台股东或合伙人，仅通过代持协议对代持人享有相应合同权益。股权代持模式是基于"股权代持协议"存在的一种法律关系，因合同具有相对性和不确定性，员工是否愿意由他人替其持有公司股权或权益，在很大程度上依赖于员工对代持人的信任。通常，代持模式下员工的安全感较差。正是基于股权代持的这种不确定性，我国现行的上市规则不允许公司上市时存在股权代持情况，采用代持模式的股权激励需在上市前将代持还原，而代持的还原很有可能会产生税收问题。股权代持模式也有优点，如对公司而言不仅能够隔离很多的风险，而且在变动时容易调整，具有极大的灵活性。大部分员工不太喜欢股权代持模式，故该模式在股权激励实践中采用较少。

三、股权激励持股平台

持股平台，是指间接持股方式中持有公司股权的载体。如上所述，就间接持股方式之股权激励而言，激励方通常是先设立激励平台，然后通过激励平台实施股权激励计划。我国的企业类型有公司、合伙企业、个体工商户、个人独资企业等多种形式。通常，股权激励平台类型有有限责任公司和合伙企业两种类型。有限责任公司是股东依照公司法的规定，以出资方式设立，并以其认缴的出资额为限对公司承担责任，公司以其全部法人财产对公司债务承担责任的企业法人。公司具有独立的法人资格，依据公司法和公司章程运营。合伙企业是指由各合伙人依据合伙企业法的规定，订立合伙协议，共同出资，共同经营，共享收益，共担风险的营利性组织。合伙企业依据合伙企业法和合伙协议运营，不具有独立法人资格。公司和合伙企业作为两种比较常见的企业形式，各有利弊。就税负成本而言，合伙企业不用缴纳企业所得税，具有一定的税负优势；从公司治理规范性和资本运作可行性而言，公司类型具有优势。在确定股权激励平台的类型时，是采用公司类型，还是合伙企业类型，需要激励方从平台经营定位、资本运作规划、税负成本等方面进行综合考虑。如果股权激励平台定位为纯粹之股权激励目的，后期不开展其他业务，也没有资本运作规划的话，则股权激励平台可选择合伙企业类型，因为合伙企业管理灵活、税负较轻。如果股权激励平台定位不仅是股权激励之目的，还要开展其他经营业务，或有开展资本运作之规划，则股权激励平台可选择公司类型，因为公司类型能更好地满足上述需求。公司和合伙企业本身没有优劣之分，激励平台采用何种类型，取决于激励方对平台的定位。

第四节　股权激励定人、定量、定价

就股权激励方案而言，除了评估激励工具、持股方式和持股平台外，还需要考虑定人、定量和定价问题。就股权激励方案而言，定工具、定持股方式、定平台、定人、定量和定价六要素缺一不可。

一、定人

定人，即确定激励对象的人选。股权激励对象是否合适很大程度上决定了股权激励的成败。企业在确定激励对象人选时，不仅要考虑员工当前的历史贡献，更要站在企业未来发展的视角考虑企业需求。

(一) 定人考虑因素

具体而言，企业在确定股权激励对象时可以考虑以下因素：(1) 岗位价值。不同岗位对企业价值不一样，股权激励时要识别出关键、重要岗位并进行相应激励，力求激励关键岗位的关键人才为公司创造更大价值。(2) 员工贡献。评估员工历史上是否对企业发展有重要的贡献，股权激励要奖励为企业做出重大贡献的员工，以留住有贡献的伙伴。(3) 员工素质能力。股权激励要激励有重大贡献的员工，更要激励综合素质高、有发展潜力的员工，因此，企业股权激励还要考虑员工的素质能力，为企业未来发展发掘、储备人才。(4) 员工忠诚度。员工忠诚度在企业发展过程中的重要性不亚于员工素质能力，没有忠诚度的素质能力甚至会给企业造成更大的伤害，这就是我们管理中经常说的"德不配位"问题。企业在股权激励时可以从员工工作时间、个人品格等方面评估员工的忠诚度，激励忠诚度高的员工。

（二）定人方法

在综合考虑上述个人因素的基础上，就具体激励对象的确定，企业可以采用以下方法：（1）创始人打分法，是指公司创始人基于员工岗位价值、历史贡献、素质能力、忠诚度等要素对员工进行综合打分，并根据打分排名情况确定最终参与股权激励计划的具体激励对象。（2）民主测评法，是指公司管理层根据员工岗位价值、历史贡献、素质能力、忠诚度等要素对其打分，然后根据最终得分排名确定激励对象。（3）业绩系数测评法，是指公司人力资源部门根据人力资源考核模型，分别就员工岗位价值、历史贡献、素质能力、忠诚度、学历、工龄、业绩等考核指标设置相应的系数和权重指数，然后对每个员工进行定量测评，最终根据考核结果确定激励对象。就上述三种定人方法，企业不同的发展阶段有所区别。企业发展早期，员工规模有限，创始人或管理层内部的评价往往是最准确的，故创始人打分法和民主测评法用得较多。企业发展到规模期，员工规模增大，此时多借助一定的评价体系进行测评，以保证测评结果公平公正，此阶段业绩系数测评法采用较多。

（三）上市公司定人特殊要求

上市公司是指其股票在证券交易所上市交易的股份有限公司，以下简称上市公司。在定人问题上，上市公司与非上市公司有一定的区别。非上市公司激励对象的确定属于公司意思自治范畴，法律不做干涉；而上市公司激励对象的确定则要遵守上市公司股权激励管理办法等规则的要求。根据规定，激励对象可以包括上市公司的董事、高级管理人员、核心技术人员或者核心业务人员，以及公司认为应当激励的对公司经营业绩和未来发展有直接影响的其他员工，但不应当包括独立董事和监事；单独或合计持有上市公司5%以上股份的股东或实际控制人及其配偶、父母、子女，不得成为激励对象。另，根据规定，下列人员也不得成为上市公司激励对象：（1）最近12个月内被证券交易所认定为不适当人选；(2) 最近12个月内被中国证监会及其派出机构认定为不适当人选；(3) 最近12个月内因重大违法违规行为被中国证监会及其派出机构行政处罚或者采取市场禁入措施；(4) 具有公司法规定的不得担任公司董事、高级管理人员情形的；(5) 法律法规规定不得参与上市公司股权激励的；(6) 中国证监会认定的其他情形。

二、定量

定量，即确定股权激励的数量。就定量而言，又分为股权激励总量确定和激励对象个体数量确定两个维度。

(一) 股权激励总量

股权激励总量，是指公司股权激励规模大小。股权激励总量通常取决于创始人分享精神、企业发展阶段、公司薪酬水平等多个因素，并无统一标准。一般在公司股权10%~20%之间。股权激励数量在很大程度上影响股权激励的效果。若股权激励总量太大，则会影响创始人对企业控制权；若股权激励总量太小，则无法达到预期的激励效果。

(二) 股权激励个量

股权激励对象个体数量，是指每个股权激励对象个人分配到的激励股权数量。确定每个激励对象股权数量时，既要考虑股权激励总量，又要准确把握激励对象的个人数量，兼顾眼前和未来，使股权激励真正起到奖励贡献、激励人才的作用。企业股权激励实践中，激励对象个体数量的确定有直接分配和量化分配两类方法。所谓的直接分配，是指公司创始人根据其个人判断直接确定激励对象分配股权数量，该方法直接、高效，适用于公司规模不大、人数不多的企业。所谓的量化分配，是指公司建立量化模型，设定关键绩效(KPI) 指标、相应的系数及权重，对每个激励对象进行量化考核，然后根据每个激励对象考核结果与企业全体激励对象考核结果总和的占比关系，确定具体激励对象在股权激励总量中的个人股权数量。常用的量化分配方法有岗位系数考核法和综合系数考核法两种：（1）岗位系数考核法，是指公司对不同岗位设置不同的系数，然后根据激励对象岗位系数在全体激励对象系数总和中的占比确定其在股权激励总量中应分得激励股权的数量。（2）综合系数考核法，是指建立员工综合系数考核模型，就员工岗位价值、历史贡献、素质能力、忠诚度、学历、工龄、业绩等考核指标设置相应的系数和权重指数，然后根据激励对象综合系数在全体激励对象系数总和中的占比，确定其在股权激励总量中应分得激励股权的数量。就规模公司而言，量化分配方法可以更全面、更准确地评价激励对象，特别是综合系数考核法，避免个人主观因素导致的评价片面，是规模企业采用较多的方法。

（三）上市公司特殊要求

就股权激励总量和个量而言，上市公司与非上市公司有所不同。根据上市公司股权激励管理办法规定，上市公司全部在有效期内的股权激励计划所涉及的标的股票总数累计不得超过公司股本总额的10%；非经股东大会特别决议批准，任何一名激励对象通过全部在有效期内的股权激励计划获授的本公司股票，累计不得超过公司股本总额的1%。

三、定价

定价，是指公司授予激励股权的价格。股权激励的授予价格一般分为无偿授予和有偿授予两大类。另，上市公司股权激励定价原则与非上市公司股权激励定价原则有所不同。企业具体采用何种股权激励价格取决于股权激励目的。

(一) 非上市公司定价

非上市公司在确定股权激励授予价格时通常会考虑以下因素：公司资产规模、公司估值、激励目的、激励对象可接受程度等。侧重奖励性和激励目的的股权激励中，采用无偿授予股权的案例较多；侧重募资目的的股权激励中，采用有偿授予股权的案例较多。在有偿授予股权的股权激励中，具体授予价格确定方法又可以细分为：注册资本定价法、净资产定价法、估值折扣定价法等方法。具体如下：(1) 注册资本定价法，是指公司按照公司注册资本规模平价授予，不考虑公司净资产、融资估值等因素，该方法在奖励性的股权激励中采用得较多。(2) 净资产定价法，是指按照公司净资产规模确定股权授予价格，该办法通常适用于重资产行业。(3) 估值折扣定价法，是指公司参照公司近一轮股权融资时的估值，给予一定的折扣，确定授予股权价格，该办法多适用于已完成私募股权融资或已经有第三方估值标准的企业。非上市公司股权激励定价办法相对灵活，但企业务必考虑激励对象的可接受水平，否则不仅起不到激励效果，还有可能导致人才流失。

(二) 上市公司定价

根据上市公司股权激励管理办法，上市公司在授予激励对象限制性股票时，授予价格不得低于股票票面金额，且原则上不得低于下列价格较高者：(1) 股权激励计划草案公布前1个交易日的公司股票交易均价的50%；(2) 股权激励计划草案公布前20个交易日、60个交易日或者120个交易日的公司股票交易均价之一的50%。上市公司期权行权价格不得低于股票票面金额，且原则上不得低于下列价格较高者：(1) 股权激励计划草案公布前1个交易日的公司股票交易均价；(2) 股权激励计划草案公布前20个交易日、60个交易日或者120个交易日的公司股票交易均价之一。

第五节　合伙人进入和退出机制

在企业发展过程中，唯一确定的就是不确定性。合伙创业的理念应是共同创造更大价值，当无法共同创造更大价值时，就会有老的合伙人离开，也会有新的合伙人加入，这是企业发展无法回避的问题。在大多情况下，多数合伙人都能基于职业操守解决好合伙人加入及退出问题。但若合伙人加入和退出机制不健全时，则会引起分歧，甚至引发纠纷，对企业发展造成无法弥补的重大损失。

一、股权期权与分期行权机制

公司的发展往往需要新鲜血液，但新进合伙人在是否适应项目、能力如何、是否具有忠诚度等方面存在很大的不确定性。基于新进合伙人的不确定性，股权期权是大部分企业对新进合伙人采取的进入方式。在股权期权方式中，股权分期行权机制是股权激励关键所在。所谓的股权期权行权机制，是指新进合伙人分配到了一定的股权期权份额，但并不是一次性登记到其名下，而是通过一定的期限分期逐步行权。如果在股权行权前离开创业团队，则只能获得已经行权的股权，尚未行权的股权期权则自动丧失。股权分期行权机制主要是为了解决新进合伙人的不确定性，保障合伙人能够长期为公司服务，避免出现短期投机行为，强化创业团队的稳定性。一旦股权期权行权条件成就，合伙人就可以通过行权获得相应股权，并享有相应股权的投票权、分红权、处分权等全部股东权利。股权行权前，合伙人通常并不享有任何股东权利，但可以另行约定。实践中，常见的股权期权行权机制主要有以下四种：
（1）按年平均行权。比如，行权期为4年，每年平均行权25%。如果合伙人第 2 年退伙，则仅享有应得股权期权的 25%。（2）达到最低期限后分期行权。比如，行权期 4 年，合伙人任职满 2 年后行权 50%，剩余的 50% 分 8 个季度行权，每季度行权应得股权份额的 6.25%。如果合伙人在第 2 年离开，则拿不到股权。该方式规避了早期合伙人不确定性较大的现实问题。（3）累进加速行权。如，行权期为 4 年，第一年行权 10%，第二年后行权 20%，第三年后行权 30%，第四年后行权 40%。该方式在一定程度上是对服务期限的奖励，服务期限越长获得的股权越多。（4）按照项目里程碑事件行权。比如，行权期为 4 年，4 年中可以按产品开发完成、产品上市、销售指标达成等项目里程碑事件行权特定比例的股权期权。该方式对项目有一定特殊要求，实践中采用得较少。

二、限制性股权与股权锁定机制

除了团队引进新的合伙人外，有些合伙人是从公司内部升职进入合伙人序列。这些合伙人大多在公司服务了很长期限，为公司创造了价值，且具有极高的忠诚度，为了继续激励他们，公司将其纳入合伙人序列。创业团队吸纳每位合伙人时，都是希望能够长期共同奋斗，特别是老员工，但是漫漫长征路能够携手走到最后的毕竟是少数。一方面，每个合伙人都需要阶段性适应；另一方面，创业中需要每位合伙人相互适应，这与能力无关。针对为公司做出了巨大贡献的老员工成为合伙人的情形，企业采用的合伙人进入方式通常是限制性股权方式。在限制性股权中，股权锁定及解锁制度尤为重要，否则就会有短期套现的制度风险。股权锁定及解锁制度，是指合伙人在锁定期限内不能单方面对自己持有的限制性股权做转让、抵押等处分行为，只有解锁条件成熟时才完全拥有相应股权；如果在股权解锁前离开创业团队，则只能获得已经解锁的股权，尚未解锁的限制股权则会被公司收回。股权锁定及解锁制度的功能是在激励合伙人的同时，又可通过对合伙人股权处分行为的约束防止合伙人投机套现行为，保障创业团队的稳定性，实现创业团队与公司长期利益绑定。若合伙人在锁定期内离职，轻则按照特定的价格回购，重则无偿收回其持有的股权。实践中，锁定期限一般在 3~4 年或公司上市前。股权解锁机制主要有：锁定期内每年解锁，或服务一定期限后一次性解锁，或实现一定经营指标后一次性解锁等。需要指出的是，股权限制锁定机制最好能在公司章程中体现，否则股权持有人发生股权转让等行为时则存在无法对抗善意第三人的风险。

三、合伙人退出机制

在企业发展过程中，合伙人退出是非常正常的现象。有的合伙人是因跟不上公司的发展而退伙；有的合伙人是基于自身因素选择退伙。因此，创始人要提前规划好合伙人退出机制，以免退出不畅引起纠纷。所谓的合伙人退出机制，通常是指持股合伙人离职时，就其持有股权设置回购权利、回购价格、回购程序等处理机制，避免合伙人退伙时造成股权结构不稳定或股权纠纷。就合伙人退出方式而言，主要有股权转让、公司减资、解散清算等，其中大多是以股权转让的方式实现合伙人退出，该方式对公司影响最小。经营实践中，合伙人退出机制通常会与股权锁定及解锁制度配合设计，主要有以下四种：（1）合伙人过错被辞退。如锁定期内合伙人存在营私舞弊、盗窃、欺诈、严重违纪等情形被公司辞退时，因该情形下合伙人存在过失，一般为无偿回购其股权。（2）合伙人单方面离职。合伙人因个人原因单方面提出离职是其法定权利，该情形下合伙人和公司都没有责任，公司可以参考其工作年限有偿回购其股权。如，公司可以按照该合伙人出资额加约定利息、最近一轮融资估值 50%折扣、特定的净资产倍数或特定的 PE 倍数等确定回购价格。股权激励实践中，并无标准定价方式，只要约定清晰即可。（3）合伙人当然退伙。当然退出的情形，是指根据法律相关规定，特定事件发生后就视为自动退伙了，如死亡、被宣告死亡、被宣告失踪等。上述情况下合伙人并无过错，通常是有偿收回其股权，具体价格可以参考合伙人单方面离职情形确定。(4) 特殊约定。经营实践中，公司可以针对经营情况约定特殊的退出情形，如锁定期擅自处分限制性股权，公司无偿收回该股权等。

第六节 股权激励所得税税负

就股权激励所得税政策问题，我国税法规定比较笼统。若股权激励方案设计不当，不仅会增加激励对象的税负成本影响激励效果，而且在特定情况下还会带来税务风险。企业在制订股权激励方案时必须考虑所得税政策，以期最大化发挥股权激励效果。

一、非上市公司股权激励所得税税负

(一) 股权激励递延纳税政策

股权激励递延纳税政策，指符合条件居民企业（非上市公司）股权激励，可以在取得环节暂不缴纳所得税，递延至股权转让时再缴纳的税收优惠政策。股权激励实践中，激励对象在获得激励股权环节没有资金流入，若在支付股权激励对价的同时缴纳个人所得税，往往会面临较大的现金流压力。为支持国家大众创业、万众创新战略的实施，促进我国经济结构转型升级，2016 年财政部、国家税务总局颁布的《关于完善股权激励和技术入股有关所得税政策的通知》(财税〔2016〕101 号)（以下简称 101 号文）规定，非上市公司授予本公司员工的股票期权、股权期权、限制性股票和股权奖励符合特定条件的，经向主管税务机关备案，可实行递延纳税政策，即员工在取得股权激励时可暂不纳税，递延至转让该股权时纳税；股权转让时，按照股权转让收入减除股权取得成本以及合理税费后的差额，适用"财产转让所得"项目

20%的税率计算缴纳个人所得税。

根据101号文规定，非上市公司股权激励方案须同时满足以下条件才可以享受递延纳税政策：（1）属于境内居民企业的股权激励计划。所谓的居民企业是指依法在中国境内成立，或者依照外国（地区）法律成立但实际管理机构在中国境内的企业。依照外国（地区）法律成立且实际管理机构不在中国境内的非居民企业不享受递延纳税政策。（2）股权激励计划经公司董事会、股东（大）会审议通过。未设股东（大）会的国有单位，经上级主管部门审核批准。股权激励计划应列明激励目的、对象、标的、有效期、各类价格的确定方法、激励对象获取权益的条件、程序等。（3）激励标的应为境内居民企业的本公司股权。股权奖励的标的可以是技术成果投资入股到其他境内居民企业所取得的股权。激励标的股票（权）包括通过增发、大股东直接让渡以及法律法规允许的其他合理方式授予激励对象的股票（权）。（4）激励对象应为公司董事会或股东（大）会决定的技术骨干和高级管理人员，激励对象人数累计不得超过本公司最近6个月在职职工平均人数的30%。（5）股票（权）期权自授予日起应持有满3年，且自行权日起持有满1年；限制性股票自授予日起应持有满3年，且解禁后持有满1年；股权奖励自获得奖励之日起应持有满3年。上述时间条件须在股权激励计划中列明。（6）股票（权）期权自授予日至行权日的时间不得超过10年。（7）实施股权奖励的公司及其奖励股权标的公司所属行业均不属于《股权奖励税收优惠政策限制性行业目录》，具体为采矿业、烟草制品业、房地产业、餐饮和住宿业等。

（二）虚拟股权激励所得税税负

非上市公司虚拟股权激励是指非上市公司授予激励对象虚拟的股权，激励对象可以据此享受一定数量的分红权，但激励对象并不是法律意义上的公司股东，不享有所有权、投票权、转让权、继承权等股东权利，离职时不再享有虚拟股权权益。虚拟股权实质上是一种分红权利，并不是法律意义上的股权。虚拟股权激励模式中，激励对象税负问题主要发生在取得分红所得环节；授权环节不涉及所得税问题。根据规定，激励对象基于虚拟股权取得的分红本质上属于员工工资薪酬的一部分，是个人"工资、薪金所得"项目，属于个人综合所得范畴。个人综合所得适用3%~45%的7级超额累进税率。居民个人取得工资、薪金综合所得，按纳税年度合并计算个人所得税；非居民个人取得工资、薪金所得，按月或者按次分项计算个人所得税。居民个人是指在中国境内有住所，或者无住所而一个纳税年度内在中国境内居住累计满183天的个人；非居民个人是指在中国境内无住所又不居住，或者无住所而一个纳税年度内在中国境内居住累计不满183天的个人。另，分红权激励和股票增值权激励本质上也属于工资薪金的范畴，个人所得税政策与上述虚拟股权所得税政策相同。

(三) 直接持股方式股权激励所得税税负

非上市公司直接持股之股权激励是指非上市公司在实施股权激励时，直接授予激励对象本公司的股权，激励对象直接登记为激励方公司股东，享有公司股东权利。与虚拟股权激励相比，直接持股方式之限制性股权激励和股权期权激励所得税税负涉及股权取得、分红、股权出售多个环节，具体如下：(1) 取得环节。根据101号文规定，如果非上市公司股权激励方案符合递延纳税政策，激励对象在取得激励股权时不缴纳所得税，只需在转让激励股权时按照"财产转让所得"项目缴纳20%所得税即可。如果企业股权激励方案不符合101号文规定的递延纳税政策，激励对象在取得激励股权环节应缴纳个人所得税。具体而言，激励对象在被授权时一般不作应税处理，而在限制性股权解禁日或股权期权行权日根据股权实际购买价格与公开市场价格之间的差额，按照"工资、薪金所得"项目缴纳个人所得税，适用税率为3%~45%的7级超额累进税率。(2) 分红环节。非上市公司直接持股方式股权激励中，分红环节的税负问题比较简单，激励对象在分红环节基于股权取得股息、红利时，应缴纳个人所得税；个人股息、红利所得适用固定比例税率，税率为20%。(3) 股权出售环节。非上市公司直接持股方式股权激励中，激励对象在转让激励股权时，应根据转让收入与取得股权时价格之间的增值部分缴纳个人所得税，该转让环节所得税按"财产转让所得"项目，适用20%的比例税率。

（四）间接持股方式股权激励所得税税负

非上市公司间接持股方式之股权激励与直接持股方式之股权激励均涉及股权取得、分红和转让3个涉税环节，但又因间接持股方式之股权激励模式的激励平台有公司和合伙企业两种类型，所以间接持股方式之股权激励税负问题更为复杂。间接持股方式之限制性股权激励和股权期权激励所得税税负，具体如下：（1）取得环节。如上所述，如果非上市公司股权激励方案符合递延纳税政策，激励对象在取得激励股权时暂不缴纳所得税，只需在转让激励股权时按照"财产转让所得"项目缴纳20%所得税即可。如果非上市公司股权激励方案不符合递延纳税政策，激励对象在被授权时一般不作应税处理，而是在限制性股权解禁日或股权期权行权日根据股权实际购买价格与公开市场价格之间的差额，按照"工资、薪金所得"项目缴纳个人所得税，适用税率为3%~45%的7级超额累进税率。争议最大的问题是间接持股方式之股权激励模式是否适用101号文规定的递延纳税政策。实践中，每个地区税务部门的认定结论不同。（2）分红环节。间接持股方式之股权激励，激励对象基于激励股权取得分红，需要缴纳相应的个人所得税。就公司类型持股平台而言，我国企业所得税法规定符合条件的居民企业之间的股息、红利等权益性投资收益为免税所得。若企业和持股平台均为居民企业，则该平台公司从激励方获取分红时不需缴纳企业所得税；在持股公司将相应红利再次进行利润分配时，激励对象要缴纳个人所得税；个人股息、红利所得适用比例税率，税率为20%。就合伙企业类型持股平台而言，《国家税务总局关于〈关于个人独资企业和合伙企业投资者征收个人所得税的规定〉执行口径的通知》（国税函〔2001〕84号）规定，个人独资企业和合伙企业对外投资分回的利息或者股息、红利，不并入企业收入，而应单独作为投资者个人股利、红利所得，按"利息、股利、红利所得"应税项目计算缴纳个人所得税，适用税率为20%。因此，合伙企业类型持股平台模式下，平台合伙企业从激励方获得分红时无须缴纳企业所得税；该平台合伙企业将该分红计入员工名下时，根据"先分后税的原则"代扣代缴激励对象个人所得税，适用税率为20%。

(3) 转让环节。间接持股方式之股权激励中，激励对象退出路径不同，税负成本也不同。股权激励实践中，激励平台具有很大的封闭性，股权激励平台公司之股权或合伙企业财产份额的流通性很差。实践中，如果大股东承诺回购，激励对象在退出时可以通过向大股东转让激励平台公司股权或合伙企业财产份额的方式退出，此情况下税负问题比较简单，就转让收入与取得股权成本之间的所得部分，激励对象应按"财产转让所得"项目，适用20%的比例税率。如果大股东不承诺回购，激励对象持有的激励平台之公司股权或合伙企业财产份额很难通过直接转让的方式退出，此时只能先由激励平台出售激励方股权，然后再以减资或退伙的方式从激励平台退出。若激励对象发生上述路径的退出，就公司类型的股权激励平台而言，股权激励平台就出售激励方股权之所得原则上需按照企业所得税法适用25%企业所得税率；激励对象从激励平台减资退出时还需按照个人所得税法支付20%个人所得税率，此情况会涉及双重税负问题。就合伙企业类型的股权激励平台而言，股权激励平台出售激励方股权时无须支付企业所得税；在激励对象从激励平台退伙时仅需按照"先分后税"的原则缴纳个人所得税。此情况虽不会涉及双重税负问题，但激励对象为自然人，就该自然人合伙人分得合伙企业转让激励方股权所得的个人所得税问题又是另一个比较复杂的问题。此时激励对象是按照个人营业所得项目适用5%~35%的超额累进税率，还是适用20%所得税率。早期有争论，2018年后已经统一政策口径，即应适用个人经营所得5%~35%超额累进税率。但实践中，不同地区仍会有差异。

二、上市公司股权激励所得税税负

目前，上市公司与非上市公司股权激励实行不同的所得税政策。上市公司股权激励所得税政策具体如下：（1）取得环节。就上市公司限制性股权、期权股票和奖励股权而言，目前实行所得税延期纳税政策。根据财政部、税务总局 2024 年第 2 号文规定，境内上市公司授予股票期限、限制性股票和股权奖励，经向主管税务机关备案，个人可自股权期权行权、限制性股票解禁或取得股权奖励之日起，在不超过 36 个月期限内缴纳个人所得税，即上市公司股权激励可以延期 36 个月缴纳个人所得税。（2）分红环节。就上市公司股息、红利而言，目前实行差别化个人所得税政策。《关于上市公司股息红利差别化个人所得税政策有关问题的通知》（财税〔2015〕101 号）规定，个人从公开发行和转让市场取得的上市公司股票，持股期限超过 1 年的，股息红利所得暂免征收个人所得税。个人从公开发行和转让市场取得的上市公司股票，持股期限在 1 个月以内（含 1 个月）的，其股息红利所得全额计入应纳税所得额；持股期限在 1 个月以上至 1 年（含 1 年）的，暂减按 50%计入应纳税所得额；上述所得统一适用 20%的税率计征个人所得税。（3）转让环节。激励对象获得上市公司行权股票、解禁股票和奖励股票后转让的，转让时获得的高于行权日、解禁日或奖励日股票公平市场价的差额属于个人在证券二级市场上转让上市公司股票等有价证券获得的所得，目前实行免税政策。依据《关于个人转让股票所得继续暂免征收个人所得税的通知》（财税字〔1998〕61 号），员工取得的若是境内上市公司的股票，行权后的转让所得免征个税。但，根据《关于完善股权激励和技术入股有关所得税政策的通知》（财税〔2016〕101 号）规定，个人因股权激励取得股权后，非上市公司在境内上市的，处置递延纳税的股权时，应按照现行限售股有关征税规定执行。也就是说，若员工取得激励股权时公司未上市，取得后公司上市了，后续转让时，不适用免税规定，应按"财产转让所得"计税。此外，《关于个人转让全国中小企业股份转让系统挂牌公司股票有关个人所得税政策的通知》（财税〔2018〕137号）还规定，员工在新三板公司挂牌前取得的股票属于原始股，再行转让要按"财产转让所得"计税；在新三板公司挂牌后取得的股票，属于非原始股，转让时暂免征个税。

GUQUAN ZHANLUE

第四章
常用法律文本

第一节　出资协议

出资协议，又称为投资协议，通常是指全体出资人就公司设立行为约定各方权利和义务而签署的具有法律约束力的法律文件。示范文本如下：

出 资 协 议

本出资协议（"本协议"）由以下甲、乙双方于【】年【】月【】日在中华人民共和国（以下简称"中国"）上海市【】签署。

甲方：【】

通讯地址：【】

乙方：【】

通讯地址：【】

现就甲、乙双方共同出资设立【】公司（以下简称"合资公司"），从事【】经营事宜，经平等、友好协商，达成如下合作协议：

第一章　合作宗旨

1. 合作宗旨

甲方、乙方为发挥各自在品牌、经营、市场、资源、管理等方面的优势，实现优势互补，决定开展本协议约定的合作，实现各方合作共赢。

第二章　合作事项

2. 合作事项

2.1 甲方、乙方决定在【】设立合资公司，以该合资公司为合作平台开展【】业务。

第三章 合资公司设立

3. 合资公司设立

3.1 合资公司名称和地址

合资公司中文名称：【】公司（暂定名），最终以工商核名为准。

合资公司的法定住所：【】。

3.2 合资公司经营范围和期限

合资公司经营范围：【】。

合资公司经营期限为：自合资公司获得公司营业执照之日起【】年。

3.3 合资公司法人地位

合资公司是根据中国法律成立的具有独立主体资格的企业法人，合资公司的一切活动必须遵守中国的法律和章程的规定。

3.4 合资公司类型

合资公司的组织形式为有限责任公司。公司股东以各自认缴的出资额为限对合资公司承担责任，依照本合作协议和合资公司《章程》的约定分享利润、分担风险及亏损。

3.5 合资公司注册资本、股东出资额与出资方式

合资公司的注册资金为人民币【】元，各方具体出资和股权比例为：甲方认缴注册资本人民币【】元，持有合资公司【】%股权，享有公司【】%表决权；乙方认缴注册资本人民币【】元，持有合资公司【】%股权，享有公司【】%表决权。

3.6 合资公司出资时间

自合资公司取得工商营业执照后，各方同步、同比例出资到位；具体出资时间为【】年【】月【】日前。

3.7 合资公司设立事宜由甲方具体负责办理，各方均应及时配合。

3.8 合资公司设立事宜相关费用由合资公司承担。

4. 合资公司《章程》

4.1 合资公司《章程》依据本协议的约定进行制定和修改，详见附件；公司章程与本协议不一致的内容，以本协议为准；本协议没有涉及的内容，均以《公司法》的规定为准。

5. 合资公司组织机构

5.1 按照《公司法》的要求，合资公司设股东会、董事会和监事，其职权、议事规则按照《公司法》的要求，在合资公司章程中具体规定。

5.2 合资公司股东会对公司增加、减少公司注册资本，修改公司章程，公司合并、分立、解散、变更公司形式重大事宜作出决议，股东会决议须由代表三分之二以上表决权的股东通过；其他一般事项，股东会决议须由代表二分之一以上表决权的股东通过。

5.3 合资公司设董事会。公司董事会由【】名董事组成，董事人选根据下述方式产生：甲方有权提名【】名董事，乙方有权提名【】名董事，并经股东会选举产生。董事任期三年；任期届满，可以连任。

董事会设董事长一（1）人，由【】提名，董事会选举产生。

公司设经理一（1）名，由董事会聘任。

5.4 合资公司不设监事会。设监事一（1）名，由【】提名，股东会选举产生。监事任期每届三年；任期届满，可以连任。

5.5 合资公司设财务总监一（1）名，由【】提名，董事会聘任。

5.6 经理职责：经理负责执行、实施董事会的决议并对董事会负责，根据年度经营计划和预算，组织并执行合资公司的日常经营活动和管理工作。

5.7 合资公司股东会、董事会、监事、经理、财务总监具体职权范围在合资公司《章程》中另行约定。

第四章 合资公司经营

6. 合资公司经营

6.1 合资公司应每年制定经营规划与财务预算，报董事会批准后作为合资公司运营的依据。

第五章　合资公司利润分配

7. 合资公司利润分配

7.1 甲方、乙方一致同意合资公司在每个会计年度终了九十（90）个工作日内将对合资公司已获得的可分配利润在依据《公司法》弥补亏损、计提法定最低盈余公积金规定后，按甲方【　】%、乙方【　】%比例分取红利，具体以公司股东会决议为准。

第六章　保　密　条　款

8. 保密信息与保密义务

8.1 除非另有书面约定，一方（"接受方"）根据本协议的条款或其他规定从另外一方（"披露方"）收到的所有的文件、材料和信息均属高度机密的资料（以下统称为"保密信息"）。接受方应当：（1）对保密信息予以保密；（2）不向任何人泄露保密信息，但事先经披露方书面同意披露或根据本协议披露的除外；（3）除了为履行本协议项下义务或为本协议预期的目的使用外，不得为任何其他目的使用保密信息。

8.2 在本协议期限内且在为实现本协议目的的必要范围内，接受方可以在必要时将保密信息披露给其董事、高级管理人员、雇员、代理人或专业人士（此类人员合称"授权人员"，包括但不限于律师、会计师、咨询顾问、财务顾问及此类顾问的任何代表）。

8.3 接受方应促使知悉保密信息的授权人员认识到并遵守接受方的所有保密义务，由于上述授权人员违反该项保密义务给披露方造成损失的，由该接受方承担违约及赔偿责任。

8.4 上述保密义务将不适用于以下保密信息：（1）在本协议签订日或签订日以后进入社会公众领域的信息，但由于接受方或其授权人员违反本协议而泄露的信息除外；（2）接受方可以以合理的证据证明其在披露方向接受方披露信息前已经知道的信息；(3) 接受方在本协议签订之后合法地自第三方获得的信息，且该第三方就该信息对披露方或任何其他第三方不负有任何保密义务；或 (4) 有管辖权的法院或政府机构依法要求透露的信息（在这种情况下，接受方应及时将该披露要求通知其他各方，并应与其他各方合作，为因此而披露的信息寻求保密措施）。

8.5 双方确认，任何一方或其授权人员未经事先书面许可泄露或恶意泄露和使用保密信息，均构成对本协议的实质性违约。

8.6 本条规定的义务应在本协议期限内以及在本协议终止或期满后五 (5) 年内对双方保持充分有效。

第七章　违约责任

9. 违约责任

9.1 凡一方不遵守本协议书的约定，不按照本协议及其附件《公司章程》《公司法》的相关规定正确而适当地履行义务的行为，均构成违约。

9.2 违约行为分为一般违约行为和严重违约行为：严重违约行为是指可能导致双方合作终止、合资公司无法继续经营的行为；其他违约行为为一般违约行为。

9.3 凡一方违约的，如果是一般违约行为，守约方有权依据中国法律法规和本协议的有关规定追究违约方的违约责任，并可依法采取其他法律救济措施；如果是严重违约行为，守约方有权要求违约方赔偿因此严重违约行为给守约方造成的一切损失，或终止合作。

第八章　不可抗力

10. 不可抗力

10.1 本协议的不可抗力是指：战争、动乱、瘟疫、严重水灾、地震等严重自然灾害，甲乙双方不可预见、不可防止的其他事件的发生，以及因国家法律、法规、政策等有关规定的修改，政府主管部门的强制或限制行为，足以使合资公司停止运营时，双方各自承担相应的损失责任，互不追究对方的违约责任。

10.2 不可抗力一旦发生，双方均应在第一时间以传真或电报通知对方并及时（三天内）将有关当局出具的证明文件或县级以上的报纸刊物提交给对方审阅确认。遭受不可抗力影响的一方有责任尽可能及时采取适当或必要措施以减少或消除不可抗力的影响。遭受不可抗力影响的一方对因未尽本项责任而造成的不必要的或扩大的损失承担责任。

10.3 不可抗力发生后，如需终止本协议，双方应达成书面协议并指派专人成立专门机构处理合资公司的善后事宜。

第九章 争 议 解 决

11. 争议解决方式

11.1 因履行本协议或与本协议相关而发生的任何争议，双方应当通过友好协商解决。协商不成，则将该争议提交【　】所在地法院诉讼解决。

第十章 其 他 约 定

12. 协议修改与变更

12.1 本协议的修改、补充及/或变更，须经双方共同协商同意做出，以书面形式确认。任何书面的修改、补充及/或变更均是本协议的一部分，对于本协议双方，与本协议具有同等法律效力。

12.2 本协议的补充协议（若有）是本协议不可分割的一部分，与本协议具有同等的法律效力。补充协议与本协议规定内容有冲突之处的，以签署时间在后的协议为准。

13. 法律适用

13.1 本协议的成立、效力、解释、履行及争议解决均受中华人民共和国法律管辖。

14. 其他事项

14.1 后继立法：除法律法规本身有强制性规定外，后继立法或法律法规变更对本协议无溯及力。但，本协议可根据后继立法及/或变更后的法律法规，经双方协商一致后以书面形式进行修改或补充。

14.2 可分割性：如果本协议任何条款被有管辖权的机构认定无效，其他条款的效力不受影响。

14.3 权利的兼容：本协议项下赋予各方的权力、权利和救济是兼容的，并不排除本协议项下的其他任何权力、权利或救济，亦不会排除现时或日后本协议管辖法律、法规或其他合同协议所赋予的其他各项权力、权利或救济。

14.4 非弃权：任何一方未行使或延迟行使其在本协议项下的任何权力、权利或救济，绝不构成其放弃该等权力、权利或救济；任何一方放弃追究违约方特定的违约行为，绝不影响或妨碍其对该违约方的任何其他违约行为或其后的同类或不同类的违约行为作出追究或行使其可以行使的权力、权利或救济；任何一方单次行使其在本协议项下的权力、权利或救济，并不排除其再度行使有关权力、权利或救济，或行使其他权力、权利或救济；任何一方行使其在本协议项下的部分权力、权利或救济，并不排除其行使任何其他权力、权利或救济。

14.5 协议的完整性：本协议构成各方之间的全部陈述和协议，并取代各方于本协议签署前就本协议项下的内容所作的任何口头或者书面的陈述、保证、谅解及协议等。各方同意并确认，本协议中未订明的任何陈述或承诺不构成本协议的基础，因此不能作为确定各方权利和义务以及解释协议条款和条件的依据。

14.6 标题：本协议各条款的标题仅为参阅方便而设，不决定或影响本协议任何条款和条件的意思。

15. 协议通知

15.1 协议通知：本协议书中双方载明的联络地址即为本协议下任何书面通知的送达地址，若任何一方联络地址变更的，应及时书面通知对方。否则，如因收受方拒收或因联络地址错误无法送达的，均按照付邮日（以邮局邮戳为准）视作通知方已依本协议给予了书面通知。

16. 协议生效

16.1 协议生效：本协议经各方授权代表签署或加盖公章后生效。

16.2 协议文本和份数：本协议以中文书写，本协议正本一式多份，各方各持一（1）份，具有同等法律效力。

附件：《公司章程》

（以下无正文）

甲　方（自然人签字或公司盖章）：

乙　方（自然人签字或公司盖章）：

第二节　公司章程

公司章程，通常是全体股东签署的规范公司组织机构及治理规则、股东之间权利义务关系的具有法律约束力的文件。示范文本如下：

×××有限责任公司章程

依据《中华人民共和国公司法》及其他有关法律、行政法规的规定，由全体股东共同出资设立【】有限责任公司（以下简称"公司"），经全体股东讨论，共同制订本章程。

第一章　公司名称和住所

第一条　公司名称：【】

注释：

根据《企业名称登记管理规定》等相关规定，企业名称应当使用规范汉字；企业名称由行政区划名称、字号、行业或者经营特点、组织形式组成。企业名称中字号应当由两个以上汉字组成。企业名称不得有违背公序良俗或可能有不良影响等法定禁止情形，且不得使用他人商标等知识产权，以免引起侵权纠纷或涉嫌不正当竞争。

第二条 公司住所：【 】

第二章 公司经营范围

第三条 公司经营范围：【 】

第三章 公司注册资本

第四条 公司注册资本：人民币【 】万元。

注释：

有限责任公司注册资本为在公司登记机关登记的全体股东认缴出资额。公司经营实践中，在全体股东平等出资情况下，注册资本额与股东实际出资额等同；在股东溢价出资情况下，注册资本额与股东出资额是两个概念，其中股东溢价部分计入公司资本公积，而不是计入注册资本。股东应根据公司经营需要合理确定公司注册资本规模。

第四章 股东姓名或者名称、出资方式、出资额和出资时间

第五条 股东的姓名或者名称、出资方式、出资额和出资时间如下：

股东的姓名或者名称	出资额（万元）	出资方式	出资时间
【 】	【 】	【 】	【 】
【 】	【 】	【 】	【 】

续表

股东的姓名或者名称	出资额（万元）	出资方式	出资时间
【　】	【　】	【　】	【　】
总计	【　】		

注释：

公司法规定，公司设立时，公司股东可以用货币出资，也可以用实物、知识产权、土地使用权、债权等可以用货币估价并可以依法转让的非货币财产作价出资。但不可评估或不可转让的财产除外，如劳动、商誉等。经营实践中，股东出资方式一般为货币。新公司法规定，有限责任公司全体股东认缴的出资额由股东按照公司章程的规定自公司成立之日起五年内缴足。

第六条 公司成立后，应向股东签发出资证明书并置备股东名册。

注释：

公司法规定，有限责任公司应当置备股东名册，记载下列事项：（1）股东的姓名或者名称及住所；（2）股东的出资额、出资方式和出资时间；（3）出资证明书编号；（4）取得和丧失股东资格的时间。记载于股东名册的股东，可以依股东名册主张行使股东权利。因此，股东名册是股东享有股权的充分文件，具有重大法律意义。

第五章　公司机构及其产生办法、职权、议事规则

第七条 公司股东会由全体股东组成，是公司的权力机构，行使下列职权：

（一）决定公司的经营方针和投资计划；

（二）选举和更换董事、非由职工代表担任的监事，决定有关董事、监事的报酬事项；

（三）审议批准董事会的报告；

（四）审议批准公司监事的报告；

（五）审议批准公司的年度财务预算方案、决算方案；

（六）审议批准公司的利润分配方案和弥补亏损方案；

（七）对公司增加或者减少注册资本作出决议；

（八）对发行公司债券作出决议；

（九）对公司合并、分立、解散、清算或者变更公司形式作出决议；

（十）修改公司章程；

（十一）其他事项。

对前款所列事项，股东以书面形式一致表示同意的，可以不召开股东会会议，直接作出决定，并由全体股东在决定文件上签名、盖章（自然人股东签名、法人股东盖章）。

注释：

公司法规定，股东会由全体股东构成，是公司权力机构。就股东会职权范围，公司章程可以自行约定上述第（一）项至第（十）项以外的其他事项。如，公司章程中可以约定，对外发生100万元以上支付事项属于股东会职权范围内事项，需要股东会形成有效决议。

第八条　首次股东会会议由出资最多的股东召集和主持，依照公司法规定行使职权。

第九条　股东会会议分为定期会议和临时会议，并应当于会议召开十五日前通知全体股东。定期会议每半年召开一次。代表十分之一以上表决权的股东、董事会、监事提议召开临时会议的，应当召开临时会议。

第十条　股东会会议由董事会召集，董事长主持；董事长不能履行职务或者不履行职务的，由半数以上董事共同推举一名董事主持。

董事会不能履行或者不履行召集股东会会议职责的，由公司的监事召集和主持；监事不召集和主持的，代表十分之一以上表决权的股东可以自行召集和主持。

第十一条　股东会应当对所议事项的决定作出会议记录，出席会议的股东应当在会议记录上签名。

股东会会议由股东按照【　】比例行使表决权。

股东会会议作出修改公司章程、增加或者减少注册资本的决议，以及公司合并、分立、解散或者变更公司形式的决议，必须经代表全体股东三分之二以上表决权的股东通过。

股东会会议作出除前款以外事项的决议，须经代表全体股东二分之一以上表决权的股东通过。

注释：

（1）公司法规定，有限责任公司股东会会议由股东按照出资比例行使表决权；但是，公司章程另有规定的除外。因此，有限责任公司股东表决权安排属于意思自治范畴，虽然经营实践中股东会决议多按照出资比例行使表决权，但并非股东不可另行约定，如可以规定按照股东认缴出资比例行使表决权，或规定按照股东实缴出资比例行使表决权，或者另行规定按照特定比例行使表决权。公司表决权比例与注册资本认缴比例是两个不同的概念，股东可以灵活分配股东表决权。

（2）公司股东会职权事项可分为重大事项和一般事项两类。就上述第三款规定的重大事项，必须经代表三分之二以上表决权的股东通过；其他一般事项，新公司法规定须经代表二分之一以上表决权的股东通过。除上述规定外，股东可以在章程中自行规定其他表决办法，如可以规定特定股东就某一事项有一票否决权，也可以规定特定事项须经代表三分之二以上表决权的股东通过。公司股东可以根据经营需要灵活安排股东会表决规则，并在章程中规定，以满足投资需要。

第十二条 股东不能出席股东会会议的，可以书面委托他人参加，由被委托人依法行使委托书中载明的权利。

第十三条 公司向其他企业投资或者为他人提供担保，由股东会作出决定。其中为公司股东或者实际控制人提供担保的，必须经股东会决议。该项表决由出席会议的其他股东所持表决权的过半数通过，该股东或者实际控制人支配的股东不得参加。

第十四条 公司股东会的决议内容违反法律、行政法规的无效。

股东会的会议召集程序、表决方式违反法律、行政法规或者公司章程，或者决议内容违反公司章程的，股东可以自决议作出之日起六十日内，请求人民法院撤销。

公司根据股东会决议已办理变更登记的，人民法院宣告该决议无效或者撤销该决议后，公司应当向公司登记机关申请撤销变更登记。

第十五条 公司设董事会，公司董事会由【 】名董事组成，董事人选根据下述方式产生：由【 】提名，股东会选举产生。

董事任期三年；任期届满，可以连任。

董事会设董事长一（1）人，根据下述方式产生：由【 】提名，董事会选举产生。

董事会会议由董事长召集和主持；董事长不能履行职务或者不履行职务的，由半数以上董事共同推举一名董事召集和主持。

董事会决议的表决，实行一人一票制。

董事会作出的决议，必须经全体董事过半数通过。

注释：

（1）公司法规定，股东人数较少或者规模较小的公司可以不设董事会，设一名董事，行使董事会职权。因此，董事会不是公司一定要设置的机构。股东可以根据公司规模和经营需要灵活决定。

（2）公司法规定，董事会由三名以上董事构成；三百人以上公司需要有职工董事。董事会中的职工代表由公司职工通过职工代表大会、职工大会或者其他形式民主选举产生。公司董事由股东会选举产生，但就公司非职工代表董事具体产生办法，公司章程可以另行决定，如可以规定董事提名权等。

（3）公司法规定，有限责任公司董事会董事长产生办法由章程另行决定。有限责任公司董事会董事长产生办法，通常为董事会选举产生，但章程可以另行决定，如可以是股东提名董事担任。

第十六条 董事会对股东会负责，行使下列职权：

（一）召集股东会会议，并向股东会报告工作；

（二）执行股东会的决议；

（三）决定公司的经营计划和投资方案；

（四）制订公司的年度财务预算方案、决算方案；

（五）制订公司的利润分配方案和弥补亏损方案；

（六）制订公司增加或者减少注册资本以及发行公司债券的方案；

（七）制订公司合并、分立、解散或者变更公司形式的方案；

（八）决定公司内部管理机构的设置；

（九）根据经理的提名决定聘任或者解聘副经理、财务负责人及其报酬事项；

（十）制定公司的基本管理制度。

注释：

公司法规定，董事会行使公司法和章程约定的职权。就公司董事会职权，股东可以根据经营需要在章程中自行决定。

第十七条 董事会会议半数以上公司董事参加方可举行；如果达不到上述法定人数，董事会会议通过的决议不成立；董事会可以通过电话或视频会议等方式举行。

注释：

除公司法另有规定外，公司董事会召集程序和表决程序属于章程意思自治事项，公司章程可以自行根据经营需要设置。

第十八条 公司设经理一名，由董事会决定聘任或者解聘。董事长可以兼任经理。经理每届任期为三年，任期届满，可以连任。经理对董事会负责，行使下列职权：

（一）主持公司的生产经营管理工作，组织实施董事会决议；

（二）组织实施公司年度经营计划和投资方案；

（三）拟订公司内部管理机构设置方案；

（四）拟订公司的基本管理制度；

（五）制定公司的具体规章；

（六）提请聘任或者解聘公司副经理、财务负责人；

（七）决定聘任或者解聘除应由董事会决定聘任或者解聘以外的负责管理人员；

（八）董事会授予的其他职权。

注释：

公司法规定，经理对董事会负责，根据公司章程的规定或者董事会的授权行使职权。就经理设置及职权，属于股东意思自治的范畴，股东可以根据经营需要在章程中自行决定。

第十九条 公司不设监事会，设监事一人，监事任期每届三年，任期届满，可以连任。

监事任期届满未及时改选，在改选出的监事就任前，原监事仍应当依照法律、行政法规和公司章程的规定，履行监事职务。

董事、高级管理人员不得兼任监事。

注释：

（1）公司法规定，监事会为公司监督机构。有限责任公司设监事会，但股东人数较少或者规模较小的有限责任公司，可以设一名监事，不设监事会。公司法还规定，有限责任公司可以按照公司章程的规定，在董事会中设置由董事组成的审计委员会；在董事会中设审计委员会的有限责任公司，可以不设监事会或者监事。因此，监事会或监事不是公司必须设置的机构。公司股东可以根据经营需要自行决定是否设置监事会或监事。经营实践中，一般中小规模公司不设监事会，而是设置一名监事。

（2）公司法规定，公司监事会成员不得少于三人，且监事会成员应当包括股东代表和适当比例的公司职工代表，其中职工代表的比例不得低于三分之一，具体比例由公司章程规定。监事会中的职工代表由公司职工通过职工代表大会、职工大会或者其他形式民主选举产生。另，监事会设主席一人，由全体监事过半数选举产生。董事、高级管理人员不得兼任监事。

第二十条 公司监事行使下列职权：

（一）检查公司财务；

（二）对董事、高级管理人员执行公司职务的行为进行监督，对违反法律、行政法规、公司章程或者股东会决议的董事、高级管理人员提出罢免的建议；

（三）当董事、高级管理人员的行为损害公司的利益时，要求董事、高级管理人员予以纠正；

（四）提议召开临时股东会会议，在董事长不履行《公司法》规定的召集和主持股东会会议职责时召集和主持股东会会议；

（五）向股东会会议提出议案；

（六）依法对董事、高级管理人员提起诉讼。

注释：

监事会属于公司监督机构。公司法规定，监事会（监事）职权属于公司章程意思自治范畴，股东可以根据经营需要在章程中自行决定具体职权。

第二十一条 监事可以对董事会决定事项提出质询或者建议。监事发现公司经营情况异常，可以进行调查；必要时，可以聘请会计师事务所等协助其工作，费用由公司承担。

第二十二条 公司监事行使职权所必需的费用，由公司承担。

第六章 公司法定代表人

第二十三条 公司的法定代表人由【　】担任。

注释：

公司法规定，公司的法定代表人按照公司章程的规定，由代表公司执行公司事务的董事或者经理担任。在公司设置董事会的情况下，一般是由董事长担任公司法定代表人。

第七章 股权转让

第二十四条 股东之间可以相互转让其全部或者部分股权。

股东向股东以外的人转让股权,应就其股权转让的数量、价格、支付方式和期限等事项书面通知其他股东,其他股东在同等条件下有优先购买权。其他股东自接到书面通知之日起满三十日未答复的,视为同意转让。两个以上股东主张行使优先购买权的,协商确定各自的购买比例;协商不成的,按照转让时各自的出资比例行使优先购买权。

注释:

有限责任公司具有人合性。公司法规定,股东转让股权时,其他股东享有优先购买权;但,公司章程对股权转让另有规定的,从其规定。因此,就股权转让优先购买权,股东可以通过章程约定的方式进行排除,如在私募股权融资协议中,通常会约定投资者对外转让股权时,其他股东不享有优先购买权;或创始人股东对外转让时,要事先征得投资者的同意等。

第二十五条 转让股权后,公司应当注销原股东的出资证明书,向新股东签发出资证明书,并相应修改公司章程和股东名册中有关股东及其出资额的记载。对公司章程的该项修改不需再由股东会表决。

第二十六条 有下列情形之一的,对股东会该项决议投反对票的股东可以请求公司按照合理的价格收购其股权:

(一)公司连续五年不向股东分配利润,而公司该五年连续盈利,并且符合本法规定的分配利润条件的;

(二)公司合并、分立、转让主要财产的;

(三)公司章程规定的营业期限届满或者章程规定的其他解散事由出现,股东会会议通过决议修改章程使公司存续的。

自股东会会议决议通过之日起六十日内,股东与公司不能达成股权收购协议的,股东可以自股东会会议决议通过之日起九十日内向人民法院提起诉讼。

第二十七条 自然人股东死亡后,其合法继承人可以继承股东资格。

注释：

公司法规定，自然人股东死亡后，其合法继承人可以继承股东资格；但是，公司章程另有规定的除外。因此，就自然人股东死亡后是否可以继承股东资格事宜，公司股东可以在公司章程中另行规定。如，考虑到有限责任公司人合性特点，可以规定：自然人股东死亡后，其合法继承人不可以继承股东资格。经营实践中，基于股东利益考虑，通常约定为可以继承股东资格。

第八章 财务、会计、利润分配及劳动用工制度

第二十八条 公司应当依照法律、行政法规和国务院财政主管部门的规定建立本公司的财务、会计制度，并应在每个会计年度终了时制作财务会计报告，委托国家承认的会计师事务所审计并出具书面报告。

第二十九条 公司利润分配按照《公司法》及有关法律、法规，国务院财政主管部门的规定执行。股东按照【 】比例分取红利。

注释：

公司法规定，股东按照实缴的出资比例分取红利；但是，全体股东约定不按照出资比例分取红利的除外。因此，就公司利润分配办法，通常按照实际出资比例分红，但公司章程也可以自行规定分配办法，如按照认缴出资比例分红、按照约定的特定比例分红等。私募股权融资交易中，还可能约定特定股东享有优先分红权等。

第三十条 公司聘用、解聘承办公司审计业务的会计师事务所由股东会决定。

第三十一条 劳动用工制度按照国家法律、法规及国务院劳动部门的有关规定执行。

第九章 公司解散事由与清算办法

第三十二条 公司的营业期限为【 】年，从《企业法人营业执照》签发之日起计算。

注释：

公司营业期限可以约定固定期限，也可以约定长期有效。

第三十三条 公司有下列情形之一，可以解散：

（一）公司营业期限届满；

（二）股东会决议解散；

（三）因公司合并或者分立需要解散；

（四）依法被吊销营业执照、责令关闭或者被撤销；

（五）人民法院依照公司法的规定予以解散。

公司营业期限届满时，可以通过修改公司章程而存续。

第三十四条 公司经营管理发生严重困难，继续存续会使股东利益受到重大损失，通过其他途径不能解决的，持有公司全部股东表决权百分之十以上的股东，可以请求人民法院解散公司。

第三十五条 公司因本章程第三十三条第一款第（一）项、第（二）项、第（四）项、第（五）项规定解散时，应当在解散事由出现之日起十五日内成立清算组对公司进行清算。清算组应当自成立之日起十日内向登记机关申请清算组成员及负责人备案、通知债权人，并于六十日内在报纸公告。清算结束后，清算组应当制作清算报告，报股东会或者人民法院确认，并报送公司登记机关，申请注销公司登记，公告公司终止。

第三十六条 清算组由董事组成，具体成员由股东会决议产生。

第十章　董事、监事、高级管理人员义务

第三十七条 高级管理人员是指本公司的经理、副经理、财务负责人。

第三十八条 董事、监事、高级管理人员应当遵守法律、行政法规和公司章程，对公司负有忠实义务和勤勉义务，不得利用职权收受贿赂或者其他非法收入，不得侵占公司的财产。

第三十九条 董事、监事、高级管理人员不得有下列行为：

（一）挪用公司资金；

（二）将公司资金以其个人名义或者以其他个人名义开立账户存储；

（三）未经股东（大）会同意，将公司资金借贷给他人或者以公司财产为他人提供担保；

（四）未经股东（大）会同意，与本公司订立合同或者进行交易；

（五）未经股东（大）会同意，利用职务便利为自己或者他人谋取属于公司的商业机会，自营或者为他人经营与所任职公司同类的业务；

（六）接受他人与公司交易的佣金归为己有；

（七）擅自披露公司秘密；

（八）违反对公司忠实义务的其他行为。

第四十条 董事、监事、高级管理人员执行公司职务时违反法律、行政法规或者公司章程的规定，给公司造成损失的，应当承担赔偿责任。

第十一章 股东会认为需要规定其他事项

第四十一条 本章程中的各项条款与法律、法规、规章不符的，以法律、法规、规章的规定为准。本章程与出资协议、股东协议不符的，以【　】为准。

注释：

公司经营过程中，通常会签署多份法律文件。若出资协议或股东协议中未载入公司章程的内容，公司章程可以通过特殊约定明确其效力。如，私募股权融资交易中，通常会约定股东协议另有约定的，按照股东协议约定执行。

第四十二条 公司登记事项以公司登记机关核定的为准。公司根据需要修改公司章程而未涉及变更登记事项的，公司应将修改后的公司章程送公司登记机关备案；涉及变更登记事项的，同时应向公司登记机关作变更登记。

第四十三条 本章程由全体股东于【　】年【　】月【　】日盖章、签字生效。

第四十四条 本章程一式多份，报公司登记机关备案一份。

（以下无正文）

股东1（自然人股东签字或公司股东盖章）：

股东2（自然人股东签字或公司股东盖章）：

股东3（自然人股东签字或公司股东盖章）：

第三节　一致行动协议

一致行动人协议，就是公司一致行动人之间承诺就公司特定事务保持一致行动的法律文书。示范文本如下：

一致行动协议

本《一致行动协议》（下称"本协议"）由以下双方于【】年【】月【】日在中国上海市【】区签订：

【】，一位中国公民，身份证号码为【】；

【】，一位中国公民，身份证号码为【】；

（以上双方合称为"各方"，单独称为"一方"）

鉴于：

本协议各方均为【】公司（下称"公司"）的股东，甲方持有公司【】%股权，乙方持有公司【】%股权；为保障公司持续稳定发展，提高公司经营决策的效率，各方特此签署本协议，以约定各方在重大事项决策及经营管理中采取一致行动。为明确协议各方的权利和义务，根据平等互利的原则，经友好协商，就各方一致行动事宜达成协议如下：

一、采取一致行动事项：在不违反公司章程、相关法律法规和规范性文件等规定前提下，各方就公司事项，包括但不限于处理公司投资新项目、引进新股东、股权转让、董事提名、增资扩股等重大影响资产和股权的变动事项；公司的发展规划及日常经营以及公司章程约定的事项；根据有关法律法规和公司章程的规定需要由公司股东会、董事会作出决议的事项等，各方应当采取一致行动。

二、采取一致行动方式：除关联交易事项须回避表决的情形外，就有关上述一致行动事项向股东会、董事会行使提案权和在相关股东会、董事会上行使表决权前，各方内部应先对表决事项进行协调，直至达成一致意见；如有不同意见的，应以【】意见为准。

三、在不违反公司章程、相关法律法规和规范性文件等规定前提下，各方自愿将各自所持全部公司有表决权股权的提案权和表决权不可撤销地共同指定并委托给【】行使。

四、本协议自各方签署之日起生效，在各方作为公司股东期间持续有效。

五、若本协议出现争议，各方应通过友好协商解决；协商不成应将争议提交上海仲裁委员会依照该会届时生效的仲裁规则仲裁裁决。仲裁地点在上海。仲裁语言为中文。仲裁裁决是终局的，对各方均有约束力。

六、本协议一式叁（3）份，各方各执壹（1）份，公司留存壹（1）份；具有同等法律效力。

（以下无正文）

签署方：【】　　　　　　　　　　签署（按手印）：

签署方：【】　　　　　　　　　　签署（按手印）：

第四节　增资协议

增资协议，是指就公司增资事宜明确投资方、融资企业及企业原股东各方权利义务的具有法律约束力的法律文件。示范文本如下：

×××公司增资协议（天使轮）

本《上海××有限公司增资协议》（"本协议"）由以下各方于【】年【】月【】日（"签署日"）在上海市共同签署：

本轮投资方：

【】合伙企业（有限合伙），一家根据中国法律在【】市注册成立的有限合伙企业，统一社会信用代码：【】，注册地址为：【】（以下简称"本轮投资方"或"天使轮投资人"）。

公司现有股东及创始人：

【】，一位中国公民，身份证号码：【】，为公司创始人（以下简称"创始人"）；

【】有限公司，一家根据中国法律在上海市注册成立的有限责任公司，统一社会信用代码：【】，注册地址为：【】（以下简称"创始人持股平台"）；

【】合伙企业（有限合伙），一家依据中国法律有效设立并合法存续的有限合伙企业，统一社会信用代码：【】，注册地址为：【】（以下简称"员工持股平台"）；

【】合伙企业（有限合伙），一家根据中国法律在上海市注册成立的有限合伙企业，统一社会信用代码：【】，注册地址为：【】（以下简称"种子轮投资方"）；

公司：

上海××有限公司，一家根据中国法律在上海市注册成立的有限责任公司，统一社会信用代码：【】，注册地址为：【】（以下简称"上海××"或"公司"）；

以上签约方单称为"一方"，合称为"各方"。本协议项下的增资完成后，本轮投资方和公司现有股东统称为"股东"。

鉴于：

1. 公司系一家根据中国法律设立的有限责任公司，主要从事【】等业务（"主营业务"）。截至本协议签署日，公司的股权结构如下：

序号	股东姓名/名称	注册资本（万元人民币）	股权比例
	【】	【】	【】%
	【】	【】	【】%
	【】	【】	【】%
	合计	【】	100%

2. 各方同意本轮投资方按照本协议约定的条款和条件以【】元人民币（大写【】元整人民币）对公司进行增资，以取得本次增资后在全面稀释基础上公司【】%的股权（"本次增资"）。

本协议各方根据平等互利原则，经过友好协商，达成协议如下：

第一条 本次增资

1.1 基于本协议约定的条款和条件，各方同意由本轮投资方向公司投资【】元人民币（大写：【】元整人民币）（"投资款"），对公司进行增资，其中【】元人民币（大写：【】元整人民币）计入注册资本，剩余部分计入资本公积，以取得本次增资完成后在全面稀释基础上公司【】%的股权；

公司及公司现有股东同意接受本轮投资方的本次增资。公司现有股东兹确认放弃其对本次增资的优先认购权。

1.2 本次增资完成后，公司的注册资本增加至【】元人民币（大写：【】元整人民币），公司的股权结构变更为：

序号	股东姓名/名称	注册资本（万元人民币）	股权比例
	【】	【】	【】%
	【】	【】	【】%
	【】	【】	【】%

续表

序号	股东姓名/名称	注册资本（万元人民币）	股权比例
	【　】	【　】	【　】%
	合计	【　】	100%

第二条　交　　割

2.1 在遵守本协议各项条款和条件的前提下，本轮投资方应按如下方式支付相关投资款（"交割"）：

在本协议项下第五条规定的先决条件得到全部满足或被投资方以书面形式予以豁免后的十个工作日内（"交割日"），本轮投资方应向公司《交割通知》指定的银行账户支付投资款，即人民币【　】元（大写：【　】元整人民币），投资款支付时间最晚不迟于【　】年【　】月【　】日。

2.2 交割完成后，公司应向本轮投资方交付：

（1）经由公司盖章以及公司法定代表人签字的、形式和内容经投资方认可的《股东名册》和出资证明书；

（2）投资方根据本协议及有关法律法规可能合理要求的其他文件。

2.3 在交割完成后的三十（30）日内（"工商变更期限"），公司应在有关市场监督管理部门完成与本次增资有关的工商变更登记，使公司在市场监督管理部门登记的股权结构与上述第1.2条所述的股权结构保持一致，并向本轮投资方提交报送市场监督管理部门的变更资料及变更后的企业法人营业执照复印件。为本协议之目的，公司完成与本次增资有关的工商变更登记手续并取得变更后的企业法人营业执照之日为"工商变更登记完成日"。

2.4 交割完成后，不论本次增资的工商变更登记是否完成，本轮投资方依照法律法规、本协议、附件一《上海××有限公司之股东协议》（"《股东协议》"）和附件二《上海××有限公司章程》（"《公司章程》"）的规定，享有所有股东权利并承担相应的股东义务。本协议、《公司章程》与《股东协议》及其他与本次增资相关的所有文件，合称为"交易文件"。

第三条 公司和创始人声明和保证

就下列事项，除公司和创始人在披露函（附件四，若有）中向本轮投资方书面披露的情况外，公司［为本条之目的，本条项下的"公司"包括公司及其子公司、分公司及其他下属机构（若有）］和创始人向投资方分别并共同作出如下声明和保证，在本协议签署之日直至交割日和工商变更登记完成日均为真实、准确和完整的：

3.1 公司系依据中国法律合法设立并有效存续的有限责任公司。公司股东是公司合法有效的所有权人。公司股东、公司或其子公司、分公司均没有以任何形式向任何第三人承诺发行或实际发行过任何公司权益、股份、债券、期权或性质相同或类似的权益。公司的全部股权或出资上不存在任何质押、其他担保权益、股权代持、第三人权益或其他任何形式的限制。

3.2 公司未直接或间接拥有或控制其他任何公司、合伙、信托、合资、组织或其他实体的任何权益，也未运营任何办事处、分支机构或子公司。

3.3 公司和公司方股东自愿并拥有完全的权利和授权签署、履行本协议并完成本协议所述之交易。公司和公司方股东已经就本协议和本协议所述之所有交易采取了一切必要行为而得到合法有效的授权。本协议构成公司和公司方股东合法、有效且有约束力的义务。

3.4 签署及履行本协议与公司现行章程及公司和公司方股东应遵守的法律、法规、政府部门的行政命令，或公司和公司方股东作为一方当事人所订立的其他合同或法律文件不存在任何矛盾和抵触，且均不会导致对上述规定的违反，或构成对上述规定的不履行或不能履行。公司方股东在公司的持股及任职行为，不违反公司方股东作为一方当事人所订立的其他合同以及公司方股东应遵守的任何法律、法规和政府部门的行政命令。

3.5 公司的业务在重大方面均在其所被允许的经营范围内并符合所有相关法律、法规和政策性文件的要求，且持有中国权力机关颁发的所有必备的许可、授权、批准或认可。

3.6 公司自成立以来的生产、经营、项目建设及业务活动在所有重大方面（包括但不限于工商、税务、产品质量、劳动等方面）均不存在重大违法违规行为，且未受到任何政府主管部门的任何形式的重大处罚。

3.7 就公司和创始人所知，公司供应商提供的产品在各重大方面均符合采购订单以及任何适用的采购指示的要求，适合其预期的用途，并在重大方面符合公司的要求。公司对于其供应商交付的所有产品的相关质量标准证明进行了必要且适当的核查。公司销售的产品应有质量保证，并在重大方面和主要方面符合相关法律法规、国家标准及同行业质量标准等所规定的质量、技术和安全要求。

3.8 公司向本轮投资方提交的截止【】年【】月【】日（"财务报表之日"）的财务报表在重大方面真实、准确和完整地反映了公司、关联公司及其他与公司业务经营相关的关联方在相关期间和财务报表之日的经营状况和财务状况，其中所反映的信息及说明的内容在重大方面均为真实、准确和完整的，没有任何可能对本协议所述之交易造成实质性影响的遗漏或隐瞒。

3.9 除公司向本轮投资方提交的截至财务报表之日的财务报表反映的公司贷款、债务、担保和负债之外，公司不存在可能对公司或投资方产生重大不利影响的其他贷款、债务、担保或负债。公司的资产上不存在任何抵押、质押、其他担保权益或第三人权益。

3.10 从财务报表之日至交割日，除非本协议另有规定，或者公司已经向本轮投资方书面披露并得到投资方同意的事项之外，公司、员工持股企业、创始人和关联公司均没有发生下列事项：

（1）任何股权、债券、期权或性质相同或类似的权益的发行、回购、变更、转让或其他处置；

（2）任何宣布或支付股息或其他分配；

（3）任何股权或资产的收购、合并、兼并、合资或其他类似的交易；

（4）任何出售、租赁、转让或处置其全部或大部分资产；

（5）除根据本协议所进行的修正之外，修改其章程或合伙协议；

(6) 除进行日常业务之外，收购价值超过 100 万元人民币的资产或就此订立合同；

(7) 除进行日常业务之外，与存在关联关系的第三方（不包括关联公司）作出任何安排、签订合同或协议；

(8) 除进行日常业务经营之外，向关联公司、公司股东、董事、员工借款；

(9) 任何可能导致上述情形发生的作为或不作为。

3.11 公司对其所拥有、占有或使用的任何动产、不动产、无形资产均享有合法所有权或使用权，且在其所拥有、占有或使用的任何财产上均不存在任何质押、抵押、留置、其他担保权益、第三人权益或其他任何形式的限制。

3.12 公司应向投资方完整披露其拥有、租赁和使用的全部不动产。就公司和创始人所知，除已经向本轮投资方书面披露的情况之外，截至本协议签署日，公司拥有、租赁和使用的每一不动产的权属清晰有效，用途合法合规。公司签署的有关不动产的租赁合同合法有效，就公司和创始人所知，截至本协议签署日，不存在公司或其他合同方在重大方面违反租赁合同的情况，合同方不存在基于租赁合同的任何争议。

3.13 公司对其主营业务经营过程中使用的全部知识产权（包括但不限于专利、商标、著作权、专有技术、域名及商业秘密等）享有合法的所有权或使用权，任何涉及他人知识产权的业务经营活动均已取得必要的授权或许可。据公司和创始人所知，在主营业务经营过程中，公司在重大方面没有任何侵犯他人知识产权、商业秘密、专有信息或其他类似权利的情形，不存在已经发生或可能发生的要求公司对侵犯任何第三方的知识产权、商业秘密、专有信息或其他类似权利进行赔偿的主张、争议或诉讼程序。公司所拥有的商标、专利、软件著作权和域名都已依法正式注册、登记或依法提出相关注册或登记申请。

3.14 公司已经签订且正在履行的重大合同均为合法有效和可执行，并且在重大方面和实质方面已得到适当和全面的履行。据公司和创始人所知，截至本协议签署日，该等重大合同目前不存在任何可能对公司或投资方造成重大不利影响的违约情形。除进行日常业务和披露函中所列内容外，公司没有与存在关联关系的第三方签署过任何重大合同。为本条之目的，"重大合同"指：(a) 公司为一方的标的金额超过100万元人民币的合同；(b) 其他合理预期会对公司的业务、财务及股权产生重大影响的合同。

3.15 公司核心员工（核心员工的名单及职务见附件三）不存在直接或间接地以雇员（全职和/或兼职）身份在与公司主营业务存在竞争关系的其他任何公司、企业、合伙或其他实体从事业务活动；核心员工不存在除公司和关联公司以外的、与公司主营业务存在竞争关系的其他投资。

3.16 公司的董事、监事、高级管理人员不存在直接或间接地以雇员（全职和/或兼职）、顾问、股东、董事、合作方、合伙方、投资方或其他任何方式在公司外的其他公司、企业、合伙或其他实体从事经营活动的情形。

3.17 公司方股东不直接或间接拥有或控制其他任何与公司形成竞争关系的公司、合伙、企业或其他投资。公司方股东应在披露函中向投资方披露其在公司和关联公司之外直接或间接拥有或控制的其他任何公司、合伙、信托、合资、组织或其他实体的任何权益。

3.18 公司已经按照适用的劳动法律法规依法与全体员工签署了劳动合同，并与核心员工签署了保密协议与竞业限制协议。创始人对其前雇主及任何第三方不负有保密义务、竞业限制义务，其在公司从事相关工作不构成对任何第三方的违约或侵权；就公司和创始人所知，除创始人之外的其他公司核心员工对其前雇主及任何第三方不负有保密义务、竞业限制义务，其在公司从事相关工作不构成对任何第三方的违约或侵权。

3.19 就公司和公司现有股东所知，公司不存在任何正在进行的针对或关于公司的诉讼、仲裁、行政处罚、行政复议或其他法律程序，也不存在任何公司根据法院、仲裁机构及其他司法、行政机关作出的裁决或决定而应承担法律责任或义务的情形。

3.20 就公司和公司现有股东所知，在重大方面不存在任何与公司或业务有关的可能产生重大不利影响而且未在本协议、披露函、财务报表或公司以其他书面形式向投资方披露的任何事实。公司和公司创始人在签署本协议中作出的陈述，保证不存在任何虚假声明、遗漏、误导。

第四条　投资方的声明和保证

本轮投资方向公司和公司方现有股东分别且不连带地所作的如下声明和保证，且在本协议签署之日直至交割日均为真实、准确和完整的：

4.1 本轮投资方是根据其所在地法律合法设立并有效存续的实体。

4.2 本轮投资方自愿并拥有完全的权利和授权签署、履行本协议，并完成本协议所述之交易。投资方已经就本协议的签署得到合法有效的授权。本协议构成投资方合法、有效且有约束力的义务。

第五条　先决条件

本轮投资方履行其在本协议项下的交割义务应以在交割日或之前，下列条件全部得到满足或被本轮投资方以书面形式予以豁免为先决条件：

5.1 公司和公司方现有股东在本协议及根据本协议提交的任何证明或其他文件中所作的声明和保证，在其作出之时直至交割日，在所有重大方面均为真实、准确和完整的。

5.2 公司现有股东、公司、本轮投资方及其他相关方已签署形式及内容如本协议附件一所示的《股东协议》。

5.3 公司股东会已作出相关书面决议：（1）批准本次增资并通过内容及形式如本协议附件二所示的《公司章程》；（2）批准公司签署本协议、《股东协议》、《公司章程》及其他与本次增资相关的所有文件。

5.4 公司已获得完成本次增资及本协议项下交易所必需的第三方（包括政府机关）的同意、批准或授权，公司其他股东放弃对本次增资的优先认购权及其他相关权利。

5.5 本轮投资方已获得其投资委员会或类似机构对本协议项下交易的批准。

5.6 自本协议签署日直至交割日，公司的资产状况、财务状况及其业务经营状况没有发生任何可能对其造成重大不利影响的变化。

5.7 在交割日，公司应签署一份《交割证明》以证实本协议第五条中规定的先决条件已经得到满足，并声明自本协议签署之日至交割之日不存在任何将对公司的股权、资产、业务、经营等产生重大不利影响的事项。

5.8 在交割日，公司应签署一份《交割通知》通知本轮投资方进行交割，并载明交割金额、交割账户信息等内容。

第六条 各方的承诺

6.1 公司、公司现有股东及创始人分别并共同地向投资方承诺如下：

（1）自本协议签署日起直至交易完成，公司和创始人应尽最大努力促使本协议所述之交易按本协议的条款完成。公司和创始人应采取一切必要措施获取本协议项下要求的，或完全履行本协议所需的所有政府批准、同意、许可、登记和备案。

（2）从本协议签署之日起直至工商变更登记完成日，公司现有主营业务将在正常经营过程中作为持续经营的主营业务进行，其性质、范围或方式不会发生任何实质性改变，且与其经营所依据的原则保持一致。

（3）除本协议另有规定外，本次增资完成后，投资款应当用于公司（仅为本条之目的，包括关联公司）的主营业务经营；未经投资方的同意，不得将投资款用于和公司的主营业务经营无关的其他用途（包括但不限于偿还任何股东借款）。

（4）自本协议签署日至工商变更登记完成日，除进行本次增资以外，未经投资方书面同意，公司不得从事下列行为：

（a）任何股权的发行、回购、变更、转让或其他处置；

（b）修改任何公司的章程；

（c）任何宣布或支付股息或其他分配；

（d）任何股权或资产的收购、合并、兼并、合资或其他类似的交易；

（e）任何出售、租赁、转让或处置其全部或大部分资产（包括关联公司）；或

(f) 任何可能导致上述情形发生的作为或不作为。

（5）公司和创始人同意并承诺，自本协议签署日起至工商变更登记完成日为止，除非本协议已根据第七条的规定终止，未经投资方事先书面同意，其不应再与任何第三方就公司的融资事宜（无论通过权益、借贷或任何其他方式）进行任何形式的讨论、谈判或签署任何相关文件，且不得通过直接或间接方式向任何第三方寻求针对公司的股权或债权融资或者接受第三方提供的要约。

（6）公司应依法开展经营活动，并尽最大努力促使其各项经营活动符合法律法规的规定。公司应尽最大努力按照法律法规的规定按时申请和续展从事其业务活动所需的政府机关或管理部门的所有许可、授权、批准、认可或备案，并严格遵守有关项目审批/备案、工商、税务、海关、外汇、环保、劳动、安全生产、消防、产品质量等各项法律规定（如适用）。

（7）在交割日后的三十（30）日内，公司应完成与本次增资相关的工商变更登记，使公司的股权结构与本协议第1.2条项下所述的股权结构一致，并向投资方提供提交至市场监督管理部门的变更登记申请文件、变更后的公司营业执照复印件以及体现本次增资已完成工商变更登记的工商调档文件。

（8）公司应遵守其适用的与劳动、劳务派遣相关的中国法律法规，依法与全体员工签订劳动合同，并根据公司经营所需尽最大努力为员工按适用的法律法规缴纳各项社会保险和住房公积金。

（9）公司应当与交割后新入职的核心员工签署保密协议、竞业限制协议和知识产权转让协议，以加强对公司商业秘密等信息的保护。

（10）创始人同意，将其全部工作时间尽全力投入到公司的业务中去，但投资方与创始人另有约定的除外。非经投资方书面同意，创始人不会直接或间接地以雇员（全职和/或兼职）、咨询者、顾问、股东、董事、合作方、合伙方、投资方或其他任何方式在公司及公司下属企业外的其他任何公司、企业、合伙或其他实体从事业务活动。

（11）创始人不会直接或间接地：

（a）自交割日至创始人不再担任公司的任何职务或不再直接或间接持有任何公司股权之日（以两者中时间较晚者为准）后的两（2）年内（"限制期"），以任何方式直接或间接参与、协助、从事与公司所开展的业务形成竞争关系的业务或实体；

（b）在限制期内，以任何方式劝说曾经或正在作为公司客户或顾客的人，以向其提供与公司所从事的业务类似或有竞争关系的商品或服务；

（c）在限制期内，劝说或诱导公司的员工或管理人员离开公司；

（d）在任何时候，为了与公司无关的目的，向他人披露或使用公司的商业、会计、财务、交易或知识产权的相关信息，或任何与公司有关的商业秘密或保密信息。

（12）创始人及公司承诺将尽量避免与其关联方发生交易。除公司和关联公司进行日常业务外，如因业务关系确需与关联方发生交易的，其应提前向投资方披露，依照法律法规及《公司章程》和《股东协议》规定的程序进行。关联交易的价格应该参照市场公允价格。

（13）创始人承诺其在公司之外的对外投资或任职应符合中国法律、法规以及证监会首次公开发行上市["首次公开发行上市"系指公司的股票在经公司股东会批准（须包括投资方的批准）的中国或其他国家、地区的证券交易所公开上市发行]审核的要求，不会对公司首次公开发行上市构成任何法律障碍。在公司申请首次公开发行上市过程中，如果证监会对创始人的对外投资或任职情况提出质疑，或创始人对外投资或任职情况不符合证监会首次公开发行上市审核政策，创始人应积极调整，以保证不妨碍公司实现首次公开发行上市。

（14）公司承诺，且创始人承诺促使公司建立适当的知识产权保护制度，包括但不限于及时在主管机关申请并完成相关的知识产权登记或备案，建立适当的保密、监督机制等，确保公司的全部知识产权（包括但不限于专利、商标、著作权、专有技术、域名及商业秘密等）持续享有完善、合法的所有权或使用权，防止公司的知识产权、商业秘密、专有信息或其他类似权利遭到第三方的侵犯或滥用。对于公司在主营业务经营中需要使用的其他第三方的知识产权，应取得权利人的适当授权，避免发生可能给公司造成重大不利影响的侵犯他人知识产权、商业秘密、专有信息或其他类似权利的情形。

（15）公司承诺，且创始人承诺促使公司建立健全的财务管理制度，并尽其最大努力使公司在财务制度、账簿凭证和发票管理、纳税申报等各方面符合中国法律法规有关财务会计方面的要求。在交割日后，经投资方要求，公司应当停止使用创始人及其指定方的个人账户对公司日常运营款项进行收付，并应将前述个人账户中的剩余资金全部以公司和投资方共同认可的方式转移至以公司名义开设的银行账户，并承诺后续业务经营中涉及资金的往来均使用公司的银行账户进行。

（16）公司承诺、且创始人承诺促使公司建立健全的供应商管理制度，对供应商及其所供应的产品资质进行严格审核。

（17）在交割日后，公司应根据《股东协议》的有关规定尽快制定并实施公司员工持股计划，用于对公司的高级管理人员和核心员工的股权激励，并与公司股权激励对象签署激励股权授予协议。

（18）在公司进行股份制改造之前，公司方股东应实际缴纳其已认缴但未实缴的全部公司注册资本，并向投资方提供实际缴纳的银行汇款凭证。

（19）各创始人和公司承诺遵守和履行本协议及与本次增资相关的其他交易文件的全部条款和条件。

（20）未经本轮投资方事先书面同意，并且无论投资方届时是否为公司的股东，公司及其股东（除投资方外）均不得使用、公开或者复制：（a）投资方的名称或者标识；（b）投资方任何合伙人的姓名、照片或者图片，或标识；或（c）与前述各项相似的名称、商标、标识，用于其任何市场推广、广告或者促销材料，或者用于任何市场推广、广告或者促销之目的。

6.2 本轮投资方承诺如下：

（1）自本协议签署之日起直至交易完成，本轮投资方应尽一切合理努力促使本协议所述之交易按本协议的条款完成。

（2）提供必要的文件以协助公司获取本协议项下要求的，或完全履行本协议所需的所有政府批准、同意、许可、登记和备案。

（3）本轮投资方支付的投资款系其合法的自有资金。

（4）本轮投资方应按照本协议约定按时支付投资款。

第七条　解除和终止

7.1 本协议在下列任何一种情形发生时可以被解除：

（1）各方一致书面同意解除本协议。

（2）发生法定的不可抗力事件，致使各方无法履行本协议或实现本协议的目的。

（3）一方严重违反其在交易文件中的任何声明、保证或声明、保证失实，则守约方有权选择终止本协议。

（4）本协议签署后三（3）个月内，本协议第五条所述的交割前提条件没有满足且投资方也没有放弃该等前提条件，投资方可以发出书面通知单方终止本协议。

7.2 解除、终止的效力：

（1）当本协议依上述任一条款解除或终止后，本协议的权利义务即终止。为免疑义，任一投资方仅有权就其自身交易终止本协议项下的相关条款，公司与公司方股东及其他投资方之间的交易和条款的有效性不受影响。

（2）协议解除、终止后，本协议各方应本着公平、合理、诚实信用的原则返还从对方得到的本协议项下的对价（包括投资方已向公司支付的投资款），配合完成相关的工商登记或其他变更手续，尽量恢复本协议签订时的状态。

（3）本协议解除、终止后，除本协议另有约定外，各方在本协议项下的所有权利和义务即终止，任何一方对另一方在本协议项下或对于本协议的解除没有其他任何索赔，但是根据本协议第九条的规定而应承担的责任除外。

第八条　保　　密

8.1 除非本协议另有约定，本协议各方应尽最大努力，对其因洽谈、签订或履行本协议而取得的所有其他方的各种形式的任何技术、商业信息和未公开的任何信息和资料（包括书面的、口头的、有形的或无形的）予以严格保密，包括本协议的任何内容及各方之间可能有的其他合作事项和交易等。任何一方应限制其董事、高级职员、雇员、代理人、顾问、分包商、供应商、客户等仅在为适当履行本协议义务所必需时方可获得上述信息。

8.2 上述限制不适用于：

（1）在披露时已成为公众一般可取得的资料；

（2）并非因接收方的过错在披露后已成为公众一般可取得的资料；

（3）接收方可以证明在披露前其已经掌握，并且不是从另一方直接或间接取得的资料；

（4）任何一方依照法律要求，有义务向有关政府部门、股票交易机构等披露，或任何一方因其正常经营所需，向其直接法律顾问和财务顾问披露上述保密信息。

8.3 本协议任何一方应责成其董事、高级职员、雇员、代理人、顾问、分包商、供应商、客户以及其关联公司的董事、高级职员、雇员、代理人、顾问、分包商、供应商、客户遵守第8.1条所规定的保密义务。

8.4 无论本协议因何种原因被解除或终止，各方都应当遵守第8.1条规定的保密义务。

第九条　违约责任及赔偿

9.1 如果本协议任何一方违反本协议规定，则其他方除享有本协议项下的其他权利之外，还有权就其因违约而遭受的损失提出赔偿要求。

9.2 受限于本协议其他条款的规定，本协议的一方（"赔偿方"）应就以下情形向其他方（"受偿方"）作出赔偿，使受偿方免受损害并偿付相关款项：(a) 赔偿方违反其在本协议中所作的任何声明和保证，或其声明和保证失实；(b) 赔偿方违反或未能全面履行本协议项下的承诺、协议、保证或义务，但已被其他方以书面形式豁免的情形除外。赔偿方应就受偿方因上述情形所直接或间接遭受的任何和所有损失作出赔偿或补偿。

9.3 尽管有本协议其他条款的规定，创始人及公司应就投资方因下列事项直接或者间接遭受的任何和所有损失作出赔偿或补偿，不论该等事项是否已在披露函中向投资方披露：

（1）公司任何产生于或源于交割日或之前的贷款、债务、负债、担保和其他或有债务及公司就交割日或之前的行为或事件而涉及的诉讼、仲裁、行政调查或其他行政、司法程序；

（2）因公司财务制度在重大方面不符合中国法律法规有关财务会计方面的要求（包括但不限于使用创始人或其指定方的个人账户收付款）而导致的损失；

（3）因公司业务在重大方面违反相关法律法规的规定，或公司在重大方面未能取得合格中国权力机关颁发的所有必备的许可、授权、批准、认可或备案；

（4）因公司未遵守其适用的法律法规和规章（包括但不限于税务、产品质量、劳动、社会保险、住房公积金和劳务派遣相关法律法规），而遭受任何损失（包括主管部门的处罚或对第三方承担赔偿责任）。

尽管有前述约定，在创始人不存在故意和欺诈的情况下，创始人在本协议第九条项下对投资方的赔偿责任以其所持公司股权的市场公允、可变现价值为限，且不得涉及该创始人所持其他任何私人财产。

9.4 本协议任何一方违反本协议规定，则其他方除享有本协议项下的其他权利之外，还有权要求违约方实际且全面地履行本协议项下的义务。

9.5 无论本协议是否有相反的规定，本条的规定应在本协议各方终止其权利和义务之后，或本协议终止后继续有效。

第十条 适用法律和争议解决

10.1 适用法律

本协议受中华人民共和国法律的管辖。

10.2 争议解决

因本协议产生的或与本协议有关的任何争议，应首先由本协议各方和公司友好协商解决。如果双方在开始协商后的三十（30）日内未能解决争议，则任何一方均可提交上海国际经济贸易仲裁委员会（上海国际仲裁中心）进行仲裁。仲裁应在上海进行，仲裁使用的语言应为中文。仲裁裁决是终局并对各方有约束力的。争议解决期间，除争议事项外，各方应当继续履行本协议的其他条款。

第十一条 费 用

11.1 如果本次增资完成并交割，或本次增资未能完成的，本协议项下的交易用于法律、财务和其他尽职调查及起草本次交易相关文件等活动的全部费用由各方各自承担。

第十二条 其 他

12.1 除非另有约定，交易文件构成本次交易相关事项的全部约定，取代本协议签署日前各方之间就交易文件所述特定事项所达成的所有口头或书面协议、讨论、会议记录、备忘录、谅解或通讯等，包括但不限于传真与电子邮件。

12.2 对本协议作出任何修订，应以各方正式授权代表签署的书面协议作出，并构成本协议的一个组成部分。

12.3 本协议中所包含的标题仅供参考且不应以任何方式影响本协议的含义或解释。

12.4 通知。本协议项下规定或允许的任何通知、要求、请求或任何其他通讯应书面做出，并在寄件方签署后发往收件方地址；任何一方可为本协议之目的而书面通知其他方变更地址。各方通知信息如《股东协议》之附件一所示。任何通知以下述方式发出时视为已送达，送达之日为以下日期中之较早者：

（1）通过专人送达的，收到日期应为签收之日；

（2）通过挂号信送达的，为寄件方投邮的邮政局加盖邮戳后十（10）日；

（3）通过快件方式送达的，为寄件方将邮件交给快递服务商之日起第三

(3) 日；

(4) 通过传真送达的，为发出日后下一（1）个工作日。

12.5 如果按照任何有关法律违规，本协议任何一项或多项条款，或任何一份或多份本次增资所涉及的其他法律文件被认定为无效、非法或无法执行，则：

（1）本协议其他条款的效力、合法性与可执行性不受影响或妨碍，并完全有效，除被认定为无效、非法或无法执行的协议之外。本次增资及股权转让所涉及的其他协议的效力、合法性与可执行性不受影响或妨碍，并完全有效。

（2）各方应立即将上述无效、非法或不可执行的条款或协议代之以合法、有效且可执行的条款或协议，而该等替代条款或协议的意图应最接近上述无效、非法或不可执行的条款或协议的意图。

12.6 为免歧义，投资方的交割均依据其各自的独立意志决定。任一投资方的决定不影响其他投资方在本协议下的权利和义务，任一投资方若不进行交割或发生违约，其他投资方不应为该投资方的任何行为承担任何责任或义务，且不应为此受到任何损害。

12.7 如办理本协议项下交易的工商变更登记手续所需，各方同意另行签署相关的法律文件，但各方的实质性权利义务应以本协议的规定为准。

12.8 本协议正本一式多份，每份具有相同效力。

12.9 本协议自各方签署之日起生效。

【本页以下无正文】

公司：上海××有限公司（盖章）

法定代表人签署：_____

创始人：【 】

签署：_____

创始人持股平台：××有限公司（盖章）

法定代表人签署：_____

员工持股平台：【】合伙企业（有限合伙）（盖章）

执行事务合伙人签署：_____

种子轮投资人：【】合伙企业（有限合伙）（盖章）

执行事务合伙人委派代表签署：_____

本轮投资人：【】合伙企业（有限合伙）（盖章）

执行事务合伙人签署：_____

第五节　股　东　协　议

股东协议，通常是公司全体股东签署规范公司组织机构及治理规则、股东之间权利义务关系的具有法律约束力的文件。示范文本如下：

×××公司股东协议（天使轮）

"本协议"由以下各方于【】年【】月【】日（"签署日"）在上海市【】区共同签署：

本轮投资方：

【】合伙企业（有限合伙），一家根据中国法律在上海市注册成立的有限合伙企业，统一社会信用代码：【】，注册地址为：【】，为本轮投资人（以下简称"本轮投资方"或"天使轮投资方")。

公司现有股东及创始人：

【】，一位中国公民，身份证号码：【】，为公司创始人（以下简称"创始人"）；

【】有限公司，一家根据中国法律在上海市注册成立的有限责任公司，统一社会信用代码：【】，注册地址为：【】，为创始人持股平台（以下简称"创始人持股平台"）；

【】合伙企业（有限合伙），一家依据中国法律有效设立并合法存续的有限合伙企业，统一社会信用代码：【】，注册地址为：【】，为股权激励持股平台（以下简称"员工持股平台"）；

【】合伙企业（有限合伙），一家根据中国法律在上海市注册成立的有限合伙企业，统一社会信用代码：【】，注册地址为：【】，为种子轮投资人（以下简称"种子轮投资方"）。

公司：

上海××有限公司，一家根据中国法律在上海市注册成立的有限责任公司，统一社会信用代码：【】，注册地址为：【】，(以下简称"公司"）；

以上签约方单称为"一方""该方"，合称为"各方"，互称为"一方"。其中，种子轮投资方及本轮投资方合称"投资方"或"各投资方"，前述各投资方中的任意一名称为"任一投资方"；本次交易完成后，本轮投资方和公司现有股东统称为"公司股东"。

鉴于：

1. 公司系一家根据中国法律设立的有限责任公司，主要从事【】等业务（"主营业务"）；

2. 根据本轮投资方、公司、创始人及公司现有股东于【】年【】月【】日签署的《关于上海××有限公司之增资协议》，公司同意本轮投资方以【】元人民币（大写：【】元整人民币）对公司进行增资，以取得公司新增的人民币【】元注册资本；

3. 本轮投资方、公司现有股东及公司一致同意对有关公司股东权利的事宜作出本协议之约定。

经各方友好协商，同意作出如下约定：

第一条　声明和保证

1.1 公司现有股东、公司及公司创始人向投资方的声明和保证：

（1）其有权签订本协议且履行其在本协议项下全部义务的完全民事行为能力。

（2）其拥有完整的法律权力、权利和授权签署本协议、增资协议、公司章程和本协议中提及的其作为当事方的任何协议和文件，并遵守和履行本协议及上述协议及文件项下的义务。本协议一经签署即构成对其合法、有效、有约束力的义务并可据以对其强制执行。

（3）签署、交付、履行本协议和本协议中提及的其作为当事方的任何协议和文件均不会导致构成对其已经签署的合同的违约。

1.2 本轮投资方向公司现有股东、公司及公司创始人的声明和保证：

（1）其有权签订本协议且具有履行其在本协议项下全部义务的完全民事行为能力。

（2）其拥有完整的法律权力、权利和授权签署本协议、增资协议、公司章程和本协议中提及的其作为当事方的任何协议和文件，并遵守和履行本协议及上述协议及文件项下的义务。本协议一经签署即构成对其合法、有效、有约束力的义务并可据以对其强制执行。

（3）签署、交付、履行本协议和本协议中提及的其作为当事方的任何协议和文件均不会导致构成对其已经签署的合同的违约。

第二条　注册资本及出资

2.1 注册资本及各股东出资

本次增资完成后，公司的注册资本增加至【　】元人民币，公司的股权结构变更为：

序号	股东姓名/名称	注册资本 （万元人民币）	股权比例（%）
1	【 】	【 】	【 】
2	【 】	【 】	【 】
3	【 】	【 】	【 】
4	【 】	【 】	【 】
5	【 】	【 】	【 】
	合计	【 】	100

2.2 出资进度

本轮投资方应按照增资协议中的规定缴纳相应的出资。

2.3 出资证明书

在交割日，公司应向本轮投资方出具出资证明书。

第三条　优先认购权

3.1 公司拟增加注册资本时，应首先向投资方发出书面通知（"增资通知"），增资通知应包含拟新增注册资本的金额、认购新增注册资本的价格、有意认购新增注册资本的第三方的身份及其他与新增注册资本相关的内容。投资方（"优先认购方"）在收到公司发出的增资通知后三十（30）日内有权优先选择认购公司拟新增的注册资本（"优先认购权"）。其中，各投资方行使优先认购权认购的公司新增注册资本份额（"优先认购份额"）不超过（a）后续增资时新增注册资本总额，乘以（b）优先认购权比例（以届时拟行使优先认购权的任一投资方持有的公司的注册资本除以届时所有拟行使优先认购权的各投资方合计持有的公司的注册资本额之和所得百分比）。

第四条　种子轮投资方承诺

4.1 创始人有权提出要求，且在种子轮投资方同意情况下种子轮投资方可向公司提供总额为1000万元的无息借款。前述借款自实际履行之日起，种子轮投资方有权要求：（1）当公司收到下一轮投资确定意向或拟签订投资合同，种子轮投资方书面通知公司行使追加投资权，将该等借款转化为公司股权；或（2）种子轮投资方不行使追加投资权，则该等借款应在借款实际履行之日起 12 个月内归还，并按年息 5% 利率计算对应利息。

第五条　优先购买权及共同出售权

5.1 在公司首次公开发行上市前，未经投资方的事先书面同意，创始人、创始人持股公司和员工持股企业不得直接或间接转让、质押或以其他方式处分其持有的公司股权；创始人亦不得直接或间接转让、质押或以其他方式处分其持有的员工持股企业的出资份额，但根据公司股东会批准的员工股权激励计划向员工转让的情况除外。任何违反本条规定而进行的股权转让无效，受让人不能享有直接或间接作为公司股东的任何权利，公司也不应将其视为股东。

受限于本协议规定的其他情形，公司方股东（"卖方"）欲出售、转让或以其他方式处置其在公司中拥有的全部或部分股权（"拟出售股权"）的，应首先向投资方发出出售其公司股权之通知（"出售通知"）。出售通知应包括拟出售股权的全部条款，包括售价、付款条件以及第三方的身份。投资方有权按照出售通知载明的同等价格和条件优先购买该拟出售股权（"优先购买权"）。其中，各投资方行使优先购买权购买的该拟出售股权份额（"优先购买份额"）不超过（a）拟出售股权总额，乘以（b）优先购买权比例（以届时拟行使优先购买权的任一投资方持有的公司的注册资本除以届时所有拟行使优先购买权的各投资方合计持有的公司的注册资本额之和所得百分比）。

5.2 如果按照前述第 5.1 条规定，拟出售股权未被全部优先购买的，卖方有权在遵守下述第 5.3 条规定的前提下将全部或剩余的拟出售股权出售给第三方，但出售条件不得优于出售通知中载明的条件。

5.3 如任何投资方放弃行使或未行使前述规定的优先购买权，则该投资方（"共同出售方"）有权但无义务按照出售通知载明的相同价格和条件参与出售其持有的公司股权（"共同出售权"）。如果共同出售方决定行使前述规定的共同出售权，则应向卖方发出参与出售的通知，该通知应载明其拟参与出售的股权的数量。共同出售方可以参与出售的股权数量不超过以下各项的乘积：(i) 全部拟出售股权，乘以 (ii) 一个分数，分子是共同出售方持有的公司股权，分母是卖方和行使共同出售权的共同出售方持有的公司股权的总和。

5.4 尽管有上述约定，投资方可将其持有的公司的全部或部分股权及该等股权项下的优先权利转让给第三方，其他方在此不可撤销地同意上述转让并应届时采取一切必要措施批准该等转让，并放弃对投资方转让股权的优先购买权。

第六条 反摊薄保护权

6.1 在公司首次公开发行上市前，若公司增加注册资本或发行可转换债券（经公司股东会事先书面同意的股份分拆、派发红股、股权激励计划，与公司资产整合或并购相关的增资除外），且新增股东购买公司每一元注册资本的价格低于投资方向公司投资时认购公司每一元注册资本的对价的（需根据公司拆股、并股、股份分派、资本重组或其他类似交易进行相应调整）（"未来低价融资"），投资方有权要求公司和/或公司方股东将其购买公司每一元注册资本的价格调整为新增股东购买公司每一元注册资本的价格（"调整后的价格"）。

如公司在不引入新股东的情况下，发生公积金转增注册资本、变更成为股份有限公司、股份拆分、股息分配等导致公司注册资本变化的情形，则投资方认购公司每一元注册资本的价格应当同比例相应调整，但该调整不触发下述第 6.2 条规定。

6.2 行使反摊薄保护权的投资方有权要求公司以无偿或法律允许的最低价格向其增发股份的方式，或要求公司方股东向该投资方无偿，或以法律允许的最低价格转让其持有的部分公司股份的方式对该投资方进行补偿，使该投资方购买公司每一元注册资本的价格调整为"调整后的价格"。因上述股权转让产生的任何税费（如有）应由公司承担。

第七条 分红权

7.1 本次增资交割两年后，如果公司未分配利润累计超过人民币 3000 万元（叁仟万元整），应投资方要求，创始人应促使公司进行分红，分红比例不低于未分配利润总额的10%。公司全体股东（包括投资方）按各自届时在公司的持股比例分配公司可分配利润。

第八条 回购权

8.1 如果（1）公司未能在交割后五年（5年）内申请首次公开发行上市或借壳上市；（2）集团公司和/或公司方股东严重违反其在增资协议、本协议及其他与本次增资相关的交易文件中作出的任何陈述、保证、承诺或其他合同义务，或严重违反法律法规的规定；（3）创始人出现重大个人诚信问题损害公司利益，包括但不限于集团公司出现投资方不知情的账外现金销售收入、创始人通过关联交易损害集团公司利益等情形，则投资方有权要求公司（"回购义务方"）回购其所持有的全部或部分股权（"回购股权"），回购价格为投资方购买该等回购股权所支付的投资款加上自增资交割日至回购价款支付日按照年化10%（单利）计算的利息，扣除投资期间已向投资方支付的股息及红利（"回购价格"）。

8.2 在投资方向回购义务方发出回购通知后，回购义务方应在六十（60）日内一次性以现金方式向投资方支付全部回购价格。

第九条 信息权和审计权

9.1 在投资方持有公司股权的前提下，公司应该向投资方提供下列文件：

（1）在每一会计年度结束后的九十（90）天内，提供经投资方认可的集团公司年度合并财务报表和业务报告；

（2）在每季度结束后的三十（30）天内，提供未经审计的集团公司季度合并财务报表和业务报告；

（3）在每月度结束后的三十（30）天内，提供未经审计的集团公司季度合并财务报表和业务报告；

（4）会计年度开始三十（30）天前，提供经董事会批准的该新会计年度的集团公司年度合并财务预算和业务计划以及和上一年度的对比；

（5）公司向其他股东提交的所有文件和其他资料。

公司所有依照第9.1条规定向投资方提供的财务报表应包含相应期间的资产负债表、损益表和现金流量表、所有者权益变动表、财务报表附注等。

9.2 投资方有权查阅并复制集团公司章程、会议记录文件和财务会计报告。集团公司应当在发生任何重大事宜时（包括但不限于新设子公司、分公司或其他分支机构、引入战略投资或发生并购等情形），于两（2）日内及时书面通知投资方或其委派董事。

9.3 自本协议生效之日起，在不影响公司正常经营前提下，投资方有权：(1) 在正常工作时间，对集团公司的资产、财务账簿进行查看核对；(2) 就集团公司经营方面事宜与集团公司董事、监事、高级管理人员、负责人或集团公司聘请的专业服务机构沟通，或访问其顾问、雇员、独立会计师及律师；(3) 任命独立审计师检查集团公司账目和账簿，审计费用届时由各方另行协商。投资方在本第9.3条项下的权利应当适用于集团公司管理和使用的所有公司账户及个人账户。

第十条　清算

10.1 如集团公司发生任何清算事件（定义见下文），集团公司财产应依照法定顺序清偿清算费用、职工工资和社会保险费用、法定补偿金、集团公司所欠税款及集团公司债务等款项。如集团公司财产按前述规定清偿后仍有剩余财产，则应按如下方式进行分配：

（1）应首先向投资方支付如下金额较高者：(a) 投资方支付的全部投资款的120%的金额，以及届时已宣布但尚未向投资方支付的股息及红利；或 (b) 投资方按照其届时的持股比例可分配的公司财产以及届时已宣布但尚未向投资方支付的股息及红利（"优先清偿额"）。为免疑义，如公司的剩余财产不足以支付全部优先清偿额，则投资方应按其持股比例分配公司的剩余财产。

（2）如果在支付完上述优先清偿额之后，集团公司还有剩余财产，则该等剩余财产应该由其他股东（不包括投资方）按照股权比例进行分配。

10.2 如因适用的法律法规或其他原因（包括但不限于所适用法律的限

制）致使集团公司不能按照上述顺序向投资方及公司其他股东支付清算所得的，集团公司可供分配的财产应首先在全体股东之间按照股权比例分配，分配完成后，除投资方之外的其他股东应以其在清算中的所得为限对投资方进行补偿，以使投资方可按照上述约定的优先顺序足额获得其根据上述约定应得的优先清偿额。

为本条之目的，"清算事件"是指（i）集团公司被解散、终止、破产、停业、清算，以及（ii）集团公司的合并、收购或其他原因导致控制权发生变更（包括整体出售），或出售、处置集团公司所有或大部分资产或知识产权。集团公司及其股东/投资方在上述清算事件中所获得的全部收益均应该按照本条规定的顺序进行分配。

第十一条　公司治理

11.1 公司召开股东会时，公司股东按照出资比例行使表决权，投票决定集团公司事务，但本协议另有规定除外。

11.2 公司董事会由五（5）名董事组成，其中管理层董事三（3）名；投资人董事二（2）名。其中创始人有权委派三（3）名董事（"管理层董事"），种子轮投资人有权委派一（1）名董事（"种子轮投资人董事"），本轮投资方有权委派一（1）名董事（"本轮投资方董事"，种子轮投资人董事和本轮投资方董事合称"投资方董事"），董事均由股东会选举产生。公司各股东应选举根据本条约定委派的董事人选当选公司的董事。另，本协议签署之日起的任何时候，若已有权委派董事的任一投资方在公司的持股比例低于5%，则该投资方不再享有委派董事的权利，其之前委派的董事应从公司的董事会退出。另，本轮融资交易完成后，若公司进行下一轮融资交易，则二（2）名投资人董事由持股比例最高和次之的投资人各委派一（1）名董事，其他投资人不再享有委派董事的权利，其之前委派的董事应从公司的董事会退出。

11.3 董事会设董事长一（1）名，由董事会选举产生。董事、董事长任期为三（3）年，但经原委派方继续委派和股东会选举，可以连任。若董事会出现空缺，缺任董事的原委派方应立即委派一名新董事将缺任董事的职位补足；任何一方均可随时要求替换其委派的任何董事，并委派任何其他人代替被撤换的董事出任剩余任期董事。公司各股东应配合原委派方选举其新委派的人选为公司的董事，从而确保该原委派方实现对缺任董事职位的补足或对前任董事的替换。董事会会议分定期会议和临时会议。定期会议每季度至少召开一次，临时会议可在必要时召开。

11.4 董事会会议至少有三（3）名公司董事，其中包括投资方董事，无论是亲自出席或派代理人出席，方可达到正式召开的董事会会议的法定人数，且公司应当至少提前三（3）日书面通知投资方董事；如果达不到上述法定人数，董事会会议通过的决议无效；通过电话或视频会议出席视为亲自出席。如经适当通知且任一投资方董事或其委托的代表未能出席董事会会议的，该次董事会会议应当延期至原定的会议日期之后的第五（5）个工作日或更晚的其他日期举行，且公司应向全体董事发出延期举行会议的书面通知；如投资方董事或其委托的代表仍未能参与延期举行的董事会会议的，则参加延期会议的任意二分之一或以上董事视为达到法定人数，董事会可以有效举行并形成有效决议，前提是在董事会上不得对任何没有在书面通知中明确和详细列明的事项进行正式讨论，也不得就该等事项形成任何决议，否则该等决议无效。

11.5 投资方董事参与董事会会议及履行董事职责所产生的合理费用应当由公司承担。投资方董事对于其作为董事会成员采取的任何行为均不应承担任何个人责任，除非该行为违反法律或构成重大渎职。公司应为董事会成员提供适用法律许可的最大的免责保护，包括但不限于负责赔偿任何董事会成员因行使其职责而对第三方承担的赔偿责任，但不应赔偿因董事违反法律而导致的第三方赔偿责任。

11.6 公司［为本条之目的，"公司"包括公司及其子公司、分公司、办事处等所有下属机构（如有）］的下述事项须经股东会通过后方可实施：

（1）决定公司的经营方针和投资计划；

（2）选举和更换非由职工代表担任的董事、监事，决定有关董事、监事的报酬事项；

（3）审议批准董事会的报告；

（4）审议批准监事的报告；

（5）审议批准公司的年度财务预算方案、决算方案；

（6）审议批准公司的利润分配方案和弥补亏损方案；

（7）对公司增加或者减少注册资本作出决议；

（8）对发行公司债券作出决议；

（9）对公司合并、分立、解散、清算或者变更公司形式作出决议；

（10）修改公司章程。

股东会会议作出修改公司章程、增加或者减少注册资本的决议，以及公司合并、分立、解散、清算或者变更公司形式的决议，必须经代表三分之二以上表决权的股东通过。

11.7 公司［为本条之目的，"公司"包括公司及其子公司、分公司、办事处等所有下属机构（如有）］的下述事项须经董事会三分之二以上通过后方可实施：

（1）负责召集股东会会议，并向股东会报告工作；

（2）执行股东会的决议；

（3）决定公司的经营计划和投资方案；

（4）制订公司的年度财务预算方案、决算方案；

（5）制订公司的利润分配方案和弥补亏损方案；

（6）制订公司增加或者减少注册资本以及发行公司债券的方案；

（7）制订公司合并、分立、解散、清算或者变更公司形式的方案；

（8）决定公司内部管理机构的设置；

（9）决定聘任或者解聘公司总经理及其报酬事项，并根据总经理的提名决定聘任或者解聘公司副总经理、财务负责人及其报酬事项；

（10）制定公司的基本管理制度；

（11）公司名称变更；

（12）选举董事长；

（13）不再从事公司的现有主营业务，改变主营业务或进行新的业务线，或参与任何与现有主营业务有重大不同的行业领域；

（14）单月发生任何金额超过50万元人民币的关联交易；

（15）对外进行的财务性投资（银行现金理财除外）；年度预算之外的单笔超过人民币50万元或年度累计超过人民币100万元的支出；

（16）提起任何重大诉讼、仲裁，或金额超过50万元的诉讼、仲裁。

11.8 尽管有前述约定，公司［为本条之目的，"公司"包括公司及其子公司、分公司、办事处等所有下属机构（如有）］的下述事项须经公司股东会或经董事会通过后方可实施，并需要种子轮投资人（或种子轮董事）或本轮投资方（或本轮投资方董事）的事先书面同意：

（1）增加或减少公司的注册资本，发行、分配、授予、重设股份类别、购买或回购股份或可转股证券、购股权、期权，或进行任何其他稀释或减少投资方有效持股的行为；

（2）修订或改变投资人的权利（包括进行股份制改造），或者设定（通过重新分类或其他方式）任何新的权利、优先权和特别权利使其高于投资方的权利；

（3）清算、停业、解散；

（4）任何或者可能导致并购、实质性资产或控制权售卖、兼并、合并、企业重组，或在公司年度计划范围之外设立合资企业或合伙企业、成立子公司；

（5）宣布和支付任何股息、红利或其他形式的利润分配；

（6）修改集团公司的章程及其他关键文件；

（7）在公司年度预算范围之外或公司日常经营之外，出售或以任何形式处置公司业务、商誉或资产（不包括知识产权）；出售、转让、授权、抵押或以其他方式处置集团公司知识产权；直接或间接处置、稀释公司在其他集团公司或其他分支机构中的权益；

（8）在公司年度预算范围之外或公司日常业务经营之外，向集团公司以外的任何实体（除非为公司全资拥有）或个人（包括集团公司员工、董事、监事、顾问等）进行借款、提供贷款或预付款，或公司以其资产、业务、权利进行任何对外担保、抵押、质押；

（9）调整董事会或届时设置的委员会规模及董事会委员的任命方式；

（10）改变集团公司适用的会计政策，指定或变更集团公司的审计师；

（11）批准集团公司的上市计划，包括上市的时间、地点、定价以及中介机构的聘用等。

第十二条 股权激励

12.1 员工持股企业所持有的【】元人民币公司注册资本出资（占本次增资完成后在全面稀释基础上公司全部股权的【】%）是为集团公司高级管理人员和核心员工预留的激励股权（"员工激励股权"）。公司各股东同意于本次增资完成后尽快设立员工股权激励计划，适时将员工激励股权用于对集团公司的高级管理人员和核心员工的股权激励。

12.2 为免疑义，在员工股权激励计划下，向员工授予的激励股权应继续由员工持股企业代持，公司、被授权员工和员工持股企业将另行签署经公司董事会批准的股权激励协议和其他相关协议和文件。

第十三条 创始人及员工持股限制

13.1 各创始人应保证，自本轮交割日起，其与集团公司的劳动关系期限应连续不少于三（3）年。

13.2 各方同意，各创始人直接或间接持有的公司股权为受限股权，受制于本协议第十三条规定的回购权，以创始人在集团公司全职工作为前提，该等受限股权应自本轮交割日后的四（4）年内等额解除受限股权的限制，具体方式如下：在本轮交割日之后第十二（12）个月的最后一（1）日（"首个解禁日"），各创始人在公司直接或间接持有的全部股份的25%应立即解除受限股权的限制；之后，剩余的股份将按年等额分三（3）期在首个解禁日后的三

（3）年内按年分期解除受限股权的限制。

13.3 在公司完成首次公开发行上市前，若任何创始人与集团公司的劳动关系解除（因死亡、残疾或其他重大疾病无法正常工作而离职的除外），就该创始人所持未解除限制的股权，公司有权无偿或以名义价格回购或购买；就已解除限制的股权，在公司完成首次公开发行上市前，经公司董事会及股东会审议通过，该创始人持有已解除限制的股权之投票权签署令公司满意的《表决权委托书》，委托公司董事会指定的其他创始人、公司或投资方行使。

第十四条 解除和终止

14.1 本协议在下列任何一种情形发生时可以被解除：

（1）各方一致书面同意解除本协议；

（2）发生法定的不可抗力事件，致使各方无法履行本协议或实现本协议的目的；

（3）任一方严重违反其在与本次增资相关的交易文件中的任何声明、保证或声明、保证失实，则守约方有权选择终止本协议。

14.2 解除、终止的效力：

（1）当本协议依上述任一条款解除或终止后，本协议的权利义务即终止，但本协议第十五条、第十六条、第十七条和第18.7条除外；

（2）协议解除、终止后，本协议各方应本着公平、合理、诚实信用的原则返还从对方得到的本协议项下的对价，尽量恢复本协议签订时的状态；

（3）本协议解除、终止后，除本协议另有约定外，各方在本协议项下的所有权利和义务即终止，任何一方对另一方在本协议项下或对于本协议的解除没有其他任何索赔，但是根据本协议第十六条的规定应承担的责任除外。

第十五条 保密

15.1 除非本协议另有约定，本协议各方应尽最大努力，对其因洽谈、签订或履行本协议而取得的所有其他方的各种形式的任何技术、商业信息和未公开的任何信息和资料（包括书面的、口头的、有形的或无形的）予以严格保密，包括本协议的任何内容及各方之间可能有的其他合作事项和交易等。任何一方应限制其董事、高级职员、雇员、代理人、顾问、分包商、供应商、客户等仅在为适当履行本协议义务所必需时方可获得上述信息。

15.2 上述限制不适用于：

（1）在披露时已成为公众一般可取得的资料；

（2）并非因接收方的过错在披露后已成为公众一般可取得的资料；

（3）接收方可以证明在披露前其已经掌握，并且不是从另一方直接或间接取得的资料；

（4）任何一方依照法律要求，有义务向有关政府部门、股票交易机构等披露，或任何一方因其正常经营所需向其直接法律顾问和财务顾问披露上述保密信息。

15.3 本协议任何一方应责成其董事、高级职员、雇员、代理人、顾问、分包商、供应商、客户以及其关联公司的董事、高级职员、雇员、代理人、顾问、分包商、供应商、客户遵守第15.1条所规定的保密义务。

15.4 无论本协议因何种原因被解除或终止，各方都应当遵守第15.1条规定的保密义务。

第十六条 违约责任及赔偿

16.1 如果本协议任何一方违反本协议规定，则其他方除享有本协议项下的其他权利之外，还有权就其因违约而遭受的损失提出赔偿要求。

16.2 受限于本协议其他条款的规定，本协议的一方（"赔偿方"）应就以下情形向其他方（"受偿方"）作出赔偿，使受偿方免受损害并偿付相关款项：（1）赔偿方违反其在本协议中所作的任何声明和保证，或其声明和保证失实；（2）赔偿方违反或未能全面履行本协议项下的承诺、协议、保证或义务，已被其他方以书面形式豁免的情形除外。赔偿方应就受偿方因上述情形直接或间接遭受的任何损失作出赔偿或补偿。

尽管有前述约定，在创始人不存在故意和欺诈的情况下，创始人在本条项下对投资方的赔偿责任以其所持公司股权的市场公允、可变现价值为限，且不得涉及该创始人所持其他任何私人财产。

16.3 本协议任何一方违反本协议规定，则其他方除享有本协议项下的其他权利之外，还有权要求违约方实际且全面地履行本协议项下的义务。

16.4 无论本协议是否有相反的规定，本条的规定应在本协议各方终止其权利和义务之后，或本协议终止后继续有效。

第十七条 适用法律和争议解决

17.1 适用法律

本协议受中华人民共和国法律的管辖。

17.2 争议解决

因本协议产生的或与本协议有关的任何争议，应首先由本协议各方和公司友好协商解决。如果双方在开始协商后的三十（30）日内未能解决争议，则任何一方均可提交上海国际经济贸易仲裁委员会（上海国际仲裁中心）进行仲裁。仲裁应在上海进行，仲裁使用的语言应为中文。仲裁裁决是终局裁决并对各方有约束力。争议解决期间，除争议事项外，各方应当继续履行本协议的其他条款。

第十八条 其他

18.1 本协议应当与增资协议、《公司章程》共同构成本协议各方之间完整的权利义务关系，各方以及集团公司应按照本协议及增资协议、《公司章程》的约定诚实地履行其权利义务。本协议与《公司章程》规定不一致的，以本协议为准。

18.2 本协议［包括本协议附件以及补充协议（如有）］和其他交易文件（含各方签署的增资协议、《公司章程》）构成各方就本次交易达成的完整协议，并取代各方此前关于本次交易及公司股东之间就股东权利所达成的任何协议、投资意向书、谅解备忘录、陈述或其他义务（无论以书面或口头形式，包括各类沟通形式），且本协议（包括其修改协议或修正，以及其他交易文件）包含了各方就本协议项下事项的全部协议。为免歧义，公司股东及公司同意，自本协议生效之日起，任何公司股东之间先前达成的有关公司股东权利的协议，应立即、永久且不可撤销地全部终止并由本协议取代。

18.3 如公司在本轮增资完成前给予任何股东的任何条件及股东权利优先于投资方在增资中所享有的股东权利的，则投资方有权自动享有该等权利，投资方有权要求公司和其他股东修改《公司章程》和《股东协议》，以体现投资方应享有的该等权利。

18.4 如集团公司未来为境外上市之目的，于境外设立控股公司并将集团公司的资产及业务整合进境外控股公司，则投资方在本协议中所享有的股东权利应及于该控股公司，且投资方有权享有境外投资架构下投资方通常应享有的其他股东权利。

18.5 如公司未来进行首次公开发行上市，投资方同意根据相关法律法规或政府监管部门要求调整或中止本协议部分条款（包括但不限于本协议所约定的投资方股东优先权条款）以满足相应监管要求，但各方应首先尽最大努力促使本协议的条款及其实质含义得以最大化保留，并且，如果（1）公司在调整或中止本协议部分条款后的十二（12）个月内未能完成首次公开发行上市的；（2）公司后续主动申请撤回其首次公开发行上市的申请的；或（3）公司的首次公开发行上市的申请被相关审批机关明确否决的，则以首次公开发行上市为目的调整或中止的该等条款应在前述事件发生之日（以较早发生的事件为准）起自动恢复至其被调整或中止之前的状态，且该等条款应视为自本协议生效之日起持续有效，如同其未曾被调整或中止。在失效条款法律效力恢复后，投资方可向集团公司和/或公司方股东追索在相应条款法律效力失效期间投资方应享有但未实际享有的收益。

18.6 对本协议作出任何修订，应以各方正式授权代表签署的书面协议形式作出，并构成本协议的一个组成部分。

18.7 通知

本协议项下规定或允许的任何通知、要求、请求或任何其他通讯应书面做出，并在寄件方签署后发往收件方地址，任何一方可为本协议之目的而书面通知其他方变更地址。各方通知信息如本协议之附件一所示。任何通知以下述方式发出时视为已送达，送达之日为以下日期中之较早者：

（1）通过专人送达的，收到日期应为签收之日；

（2）通过挂号信送达的，为寄件方投邮的邮政局加盖邮戳后十（10）日；

（3）通过快件方式送达的，为寄件方将邮件交给快递服务商之日起第三（3）日；

（4）通过传真送达的，为发出日后下一（1）个工作日。

18.8 本协议中所包含的标题仅供参考且不应以任何方式影响本协议的含义或解释。

18.9 如果按照任何有关法律，本协议任何一项或多项条款、任何一份或多份本次增资所涉及的其他法律文件被认定为无效、非法或无法执行，则：

（1）本协议其他条款的效力、合法性与可执行性不受影响或妨碍，并完全有效，除被认定为无效、非法或无法执行的协议之外，本次增资所涉及的其他协议的效力、合法性与可执行性不受影响或妨碍，并完全有效；

（2）各方应将上述无效、非法或不可执行的条款或协议代之以合法、有效且可执行的条款或协议，而该等替代条款或协议的意图应最接近上述无效、非法或不可执行的条款或协议。

18.10 本协议正本一式多份，每份具有相同效力。

18.11 本协议经各方签署后成立，自增资协议项下的交割完成日起生效。

【本页以下无正文】

（本页无正文，为《×××有限公司股东协议》之签字页）

创始人：【 】

签署：_____

创始人持股平台：【 】有限公司（盖章）

法定代表人签署：_____

员工持股平台：【】合伙企业（有限合伙）（盖章）

执行事务合伙人签署：_____

上海××有限公司（盖章）

法定代表人签署：_____

种子轮投资人：【】合伙企业（有限合伙）（盖章）

执行事务合伙人委派代表签署：_____

本轮投资人：【】合伙企业（有限合伙）（盖章）

执行事务合伙人签署：_____

第六节　股权激励计划

股权激励计划，是指公司以本公司股权或相关权益为标的，对其董事、高级管理人员及其他核心员工进行长期性激励的安排或方案。示范文本如下：

×××公司股权激励计划

释义：

在本计划中，除非上下文另有说明，下列词语分别具有本条所指含义：

| 公司 | 指【】公司，注册资本为人民币【】元，注册地址为【】，以下简称为"公司"。 |

续表

管理层持股平台	指公司为了激励公司管理人员、核心技术人员及其他业务人员而设立【 】合伙企业（有限合伙），以下简称"合伙企业"；该合伙企业出资额为人民币【 】元，持有公司【 】%股权，对应公司注册资本为人民币【 】元。
激励对象	指公司激励的公司管理人员、核心技术人员及其他业务人员。
间接持股	指"激励对象"通过一定的程序和出资成为"管理层持股平台"的有限合伙人，进而间接持有"公司"限制性股权。
限制性股权	指授予激励对象通过成为"管理层持股平台"的有限合伙人间接持有的"公司"相关经济性权益，但激励对象只有在满足了设定的限制性条件后才可实施出售等处分行为。为避免歧义，限制性股权持有人不是公司股东，不直接享有公司投票权、表决权和决策权等股东权利。
授权日	指公司向激励对象授予限制性股权的日期，具体为限制性股权授予通知生效之日或限制性股权授予协议签署生效之日。
锁定期禁售期	指限制性股权授权后，激励对象为公司提供持续劳动服务，且对获授的限制性期权不得实施转让、赠与、质押等任何处分行为的期间，具体为【 】年，即【 】个月。指锁定期届满后，激励对象对其持有的、锁定期届满的限制性股权不得出售的期间，具体为锁定期届满之日至公司在证券交易所上市之日。

一、激励计划宗旨

为建立现代企业管理制度，完善公司法人治理结构，建立和完善公司中层及以上管理人员和核心技术及业务人员的激励约束机制，激励各级管理人员和骨干勤勉工作，提高广大员工的工作积极性，确保整个公司经营和管理活动围绕公司的战略目标展开，不断提升公司业绩，以推动公司战略目标的实现，依据《公司法》《公司章程》及其他有关法律、法规特制定本股权激励计划。

二、激励计划目的和原则

2.1 激励计划目的

2.1.1 为了进一步完善公司治理结构，建立股权激励与约束机制，形成股东与管理团队之间的利益共享与风险共担，充分调动公司管理团队和业务骨干积极性；

2.1.2 进一步激励员工与公司共同持续、快速、健康成长，增强员工责任感、使命感、归属感；

2.1.3 吸引和保留优秀管理人才和业务骨干，确保公司长期发展。

2.2 激励计划原则

2.2.1 坚持公开、公平、公正；

2.2.2 坚持员工、公司、股东利益相一致，有利于公司的可持续发展；

2.2.3 坚持激励与约束相结合，风险与收益相对称；

2.2.4 坚持考核后兑现。

三、激励计划基本内容

3.1 激励工具

3.1.1 本激励计划授出激励工具为限制性股权。

3.1.2 限制性股权授权日为本计划通过后 30 日内，具体日期由董事会确定。

3.1.3 限制性股权锁定期为【】年，即【】个月。

3.1.4 限制性股权解锁条件为锁定期届满时，激励员工持续为激励方提供劳动服务，且公司对激励对象考核合格。

3.2 持股方式

3.2.1 本激励计划通过"管理层持股平台"间接授予激励对象公司权益的方式对激励对象进行激励。激励对象通过持有管理层持股平台权益从而间接持有公司相关经济性权益。

3.2.2 管理层持股平台系有限合伙企业，公司实际控制人【】担任管理层持股平台普通合伙人和执行事务合伙人，激励对象为管理层持股平台的有限合伙人。执行事务合伙人享有管理层持股平台的管理权，有限合伙人不参与管理层持股平台管理。

3.2.3 激励对象以受让合伙企业财产份额权益的方式成为有限合伙企业合

伙人，并间接持有公司一定比例的相关经济性权益；激励对象受让管理层持股平台财产份额权益的对价为【 】元，但激励对象受让管理层持股平台合伙份额权益后承担出资义务。

3.2.4 激励股权的价值体现在两个方面：第一，管理层持股平台所获得的公司分红，可以作为激励对象的收益；第二，未来公司上市且股份锁定期届满后，激励对象指令管理层持股公司出售其间接持有的公司股份之时，二级市场上该股票的价格和原始股之间的差价。

3.3 激励计划管理机构

3.3.1 公司股东会作为公司的最高权力机构，负责审议和批准本激励计划的实施、变更和终止。

3.3.2 公司董事会是本股权激励计划的执行管理机构，负责拟订和修订本股权激励计划，报公司股东会审批，并在股东会授权范围内办理本计划的相关事宜。

3.4 激励计划批准程序

公司董事会制订激励计划，由公司股东会审议通过。

3.5 公司与管理层持股平台权益兑换比例

3.5.1 假定激励对象持有的有限合伙企业的出资份额为 S_1，管理层持股平台持有的公司股权数量为 S_2，激励对象持有的公司权益占公司权益的比例为 S_3。

3.5.2 激励对象通过持有管理层持股平台权益所间接持有的公司股权数量的计算公式如下：

$$S_3 = S_1 \times S_2$$

四、激励对象选拔和义务

4.1 激励对象选拔范围

根据《中华人民共和国公司法》及其他有关法律、法规以及《公司章程》的约定，激励对象从下列人员中选拔产生：

4.1.1 中层以上高级管理人员；

4.1.2 核心技术人员；

4.1.3 由公司董事会确定的其他人员。

4.2 激励对象选拔标准

选拔标准为员工的岗位价值、个人能力、工作业绩、工作态度、团队合作精神、服务时间长短以及对公司的忠诚度等，人力资源部提交初步激励对象候选人，公司总经理选拔并提交确定名单，然后由公司董事会审议通过。

4.3 激励对象的义务

4.3.1 激励对象应当按公司所聘岗位要求，勤勉尽责、恪守职业道德，为公司的发展做出应有贡献；

4.3.2 激励对象购股的资金来源应为激励对象自筹资金；

4.3.3 激励对象在锁定期内为公司提供持续服务；

4.3.4 激励对象获授的限制性股权在锁定期不得转让、用于担保或偿还债务；

4.3.5 激励对象因本激励计划获得的收益，其本人应按国家税收法规交纳有关税费；

4.3.6 法律、法规规定的其他相关义务。

4.4 不得参与本《激励计划》的人员

4.4.1 最近三年内被证券交易所公开谴责或宣布为不适当人选的；

4.4.2 最近三年内因重大违法违规行为被中国证监会予以行政处罚的；

4.4.3 具有《中华人民共和国公司法》规定的不得担任董事、高级管理人员情形的；

4.4.4 依据公司《考核办法》，考核结果不合格的；

4.4.5 公司董事会认定的其他严重违反公司有关规定或严重损害公司利益的情形；

4.4.6 法律、法规规定的其他不得参与《激励计划》的人员。

4.5 激励对象构成

根据上述选拔标准，激励对象及股权激励数量具体如下：

	激励对象	职务	合伙企业出资额（万元人民币）	合伙企业份额占比（%）	兑换公司权益比例（%）
1					
2					
3					
	共计		【　】	【　】	【　】

五、激励计划实施

5.1 本计划有效期

本次股权激励计划有效期最长 12 个月，若该有效期内，公司向中国证监会申请首次公开发行股票并上市，则本次股权激励以申报基准日作为股权激励的终止日，激励对象未获得的激励无条件放弃。

5.2 激励实施程序

5.2.1 公司董事会向激励对象出具《关于授予公司员工激励股权通知书》（若有）；

5.2.2 激励对象应在公司董事会出具《关于授予公司员工激励股权通知书》的期限内签署《股权授予协议》等授权文件，逾期视为放弃激励；

5.2.3 激励对象按照公司要求签署全部行权文件，包括但不限于"管理层持股平台"之《合伙份额转让协议》《合伙协议》《一致行动人协议》及《配偶承诺函》；

5.2.4 由管理层持股平台执行事务合伙人向工商登记部门办理合伙人变更登记手续。

六、权益转让与出售

公司权益的转让与出售必须符合国家和政府机构相关的法律、法规的规定：

6.1 在锁定期和禁售期内，公司权益所有者所持有的公司权益不得转让、赠与、质押、担保、托管给第三人或在该等公司权益上设置任何其他形式的限制或负担。特殊情况确需实施该等行为的，应经公司董事会审核批准。

6.2 在禁售期届满后或公司上市后且股票法定锁定期届满之后，公司权益所有者有权向公司申请转让部分其所持有的公司权益，并取得管理层持股平台代扣代缴所得税后的收益，但转让或出售公司权益必须征得公司同意，且遵守本管理层持股平台的关于份额转让或出售的规定。

6.3 若公司上市，在公司上市后的一年内，管理层持股平台不得出售或转让其所持有的公司股份，激励对象不得申请执行事务合伙人出售其间接持有的公司股份。

6.4 若公司上市，在公司上市后且股票法定锁定期届满后的第二年起，管理层持股平台的有限合伙人有权向公司申请出售其间接持有的公司股份。合伙人每年可以申请出售的公司股票为其个人间接持有的公司股份的25%（以公司上市时其持有的公司股份为基数）。若中国证监会、证券交易所和登记结算公司等有特殊规定，则按相应规定执行。

6.5 执行事务合伙人在接受有限合伙人的申请并经公司董事会批准后，通过二级市场出售，并在代扣代缴有关税收后将有关收益交付该有限合伙人。

6.6 根据本激励计划以及中国证监会、证券交易所和登记结算公司等的有关规定，公司应积极配合满足出售条件的公司管理层持股平台合伙人出售其股份。但，若因中国证监会、证券交易所或登记结算公司等造成未能按其意愿出售股份并造成损失的，公司不承担责任。

七、股权激励变更和终止

7.1 在限制性股权锁定期内，若发生如下情形之一，公司有权终止实施本激励计划。激励对象尚未行权的股权须终止行权；激励对象已购买的公司权益由公司回购，回购价格为【激励对象出资额-已获分红】。激励对象必须在正式离职前协助公司完成财产份额过户登记手续。

7.2 激励对象有触犯法律、违反职业道德、泄露公司机密、严重失职或渎职等违法或违反公司规章制度的行为；

7.3 激励对象因不能胜任工作岗位、考核不合格或违反公司其他劳动纪律等解除劳动合同；

7.4 激励对象违反竞业禁止规定及保密规定；

7.5 激励对象劳动合同期限未满提前辞职的；

7.6 激励对象劳动合同期限届满未续签；

7.7 激励对象私自转让获授的股权，或者将其用于担保或偿还债务的；

7.8 激励对象死亡或宣告死亡等劳动关系终止的。

八、附 则

8.1 本《激励计划》中的有关条款，如与国家有关法律、法规及行政性规章制度相冲突，则按照国家有关法律、法规及行政性规章制度执行。本《激励计划》中未明确规定的，则按照国家有关法律、法规及行政性规章制度执行。

8.2 本《激励计划》自经公司股东会批准之日起生效。

8.3 本《激励计划》由公司董事会负责解释、执行。

（以下无正文）

×××有限责任公司

【 】年【 】月【 】日

第七节　激励股权授予协议

激励股权授予协议，是指在企业股权激励中，企业与激励对象为明确授予标的股权或权益及双方权利义务签署的具有法律约束力的法律文件。示范文本如下：

×××公司激励股权授予协议（限制性股权）

本协议由以下各方于【】年【】月【】日在中华人民共和国（以下简称"中国"）上海市【】签署。

甲　方（激励方）：【】
法定代表人：【】
联系地址：【】

乙　方（激励对象）：【】
身份证号码：【】
联系地址：【】

鉴于：

（1）本协议签署之日，甲方是一家根据中国法律、法规成立并有效存续、注册资本为人民币【】元的有限责任公司，以下简称"甲方""公司"或"激励方"；

（2）本协议签署之日，乙方与甲方签署了《劳动合同》等协议，双方具有劳动关系，且乙方为甲方提供持续服务，以下简称"乙方"或"激励对象"；

（3）本协议签署之日，【】合伙企业（有限合伙）是一家甲方为了激励公司管理人员、核心技术人员及业务人员而设立，根据中国法律、法规成立并有效存续、出资额为人民币【】元（未实缴）的有限合伙企业，持有甲方【】%股权，对应甲方注册资本为人民币【】元，以下简称"管理层持股平台"；

（4）本协议签署之日，甲方已通过编号为【】《股权激励计划》；乙方已认真阅读，并知悉该计划的全部内容，无异议，且承诺履行激励对象全部义务，以下简称"股权激励计划"。

现，甲、乙双方就甲方限制性股权激励相关事宜，经平等、友好协商，达成如下协议，以资各方共同遵守。

第一章 释　　义

1. 相关用语定义

除非本协议条款或上下文另有所指，下列用语含义如下：

1.1 限制性股权：是指甲方授予乙方通过持有"管理层持股平台"合伙份额间接持有的甲方相应经济性权益，但乙方只有在满足了设定的限制性条件后才可实施出售等处分行为。

1.2 授予日：指甲方向乙方授予限制性股权的日期，具体为限制性股权授予通知生效之日或本股权授予协议签署生效之日。

1.3 锁定期：指乙方为甲方提供持续服务，且对获授的限制性股权不得实施转让、赠与、质押等任何处分行为的期间，具体为【　】年（【　】个月），自【　】年【　】月【　】日起算。

1.4 禁售期：指锁定期届满后，激励对象对其持有的、锁定期届满的限制性股权不得出售的期间，具体为锁定期届满之日至公司在证券交易所上市之日。

1.5 解禁日：指限制性股权禁售期届满后，乙方对获授的限制性股权可以实施转让、赠与、质押等任何处分行为的时间，具体为禁售期届满之日。

1.6 持续服务：是指乙方在甲方处全职工作，并以乙方的全部精力和技能为甲方提供全职劳动和服务。

第二章 激 励 内 容

2. 激励方式

2.1 为了建立现代企业制度，实现合作各方的激励与约束，充分调动各方积极性和创造性，促使决策者和经营者行为长期化，实现企业的可持续发展，甲方根据"股权激励计划"决定按本协议约定对乙方开展股权激励。

2.2 甲方对乙方激励的方式为间接持股方式，即乙方通过受让"管理层持股平台"合伙份额方式，间接持有甲方限制性股权，享受相应的经济性权益。

3. 激励股权

3.1 甲方授予乙方的为甲方【】%限制性股权，即对应"管理层持股平台"人民币【】元合伙企业财产份额；授予价格为人民币【】元，激励对象承担该合伙财产份额对应人民币【】元出资义务。

3.2 为避免歧义，双方确认：甲方授予乙方的限制性股权是根据甲方【】年【】月【】日的股权结构为基准日所计算的股权比例。乙方同意并确认，乙方从甲方处得到的限制性股权的股权比例可能因甲方的增资、扩股等股权变动情形而发生相应的调整。

3.3 为避免歧义，双方确认：甲方授予乙方的限制性股权不具有对甲方或"管理层持股平台"任何投票权、表决权和决策权；但，如果甲方和"管理层持股平台"有分红等收益情况，乙方有权根据届时所持有的限制性股权获得分红等经济性权益。

3.4 为避免歧义，双方确认：乙方获得本协议项下限制性股权的前提是乙方按照本协议约定行权、支付相应出资，并在本协议生效之日起连续且全职为甲方提供持续服务。否则，甲方有权按照本协议安排对授予乙方的限制性股权进行回购等处分。

4. 实施程序

4.1 授予日起30天内，乙方按照甲方要求签署全部行权文件，包括但不限于"管理层持股平台"之《合伙份额转让协议》《合伙协议》《一致行动人协议》及《配偶承诺函》（若有）；否则，视为乙方放弃行权。

4.2 乙方按照甲方要求签署全部行权文件，且支付相应出资款后，乙方及时完成"管理层持股平台"合伙份额工商变更登记等手续。虽有上述之约定，但乙方确认，上述激励实施安排以乙方为甲方持续服务为前提；若任何事由导致乙方提供的持续服务终止，则上述激励实施终止。

4.3 乙方确认，乙方因行权、分红、回购等所得产生的所有税费、登记费等，均由乙方承担。

5. 股权锁定

5.1 行权后，乙方持有甲方限制性股权锁定期为【】年（【】个月），自【】年【】月【】日起算。

5.2 锁定期内，乙方必须为甲方提供持续服务，且未经甲方同意，乙方不得就持有的限制性股权实施转让、赠与、质押等任何处分行为；否则，甲方有权回购乙方全部或部分股权，回购价格为乙方获得限制性股权实际支付的出资金额。

5.3 锁定期届满后，若乙方承担竞业限制义务和保密义务，乙方承诺全面履行上述义务。若乙方违反竞业限制义务或保密义务，甲方有权按照本协议第5.2条约定的回购价格回购乙方全部或部分股权，或要求乙方赔偿甲方因无法收回乙方股权给甲方造成的损失。

5.4 锁定期届满后，乙方持股期间，若该公司首次公开发行股票并上市的，就中国证监会、证券交易所和登记结算公司等有关甲方股权转让的规定，乙方承诺遵守，并不得指示甲方处分其对该公司享有的相应权益。若因中国证监会、证券交易所或登记结算公司等造成未能按期申请出售股份并造成损失的，甲方不承担责任。

5.5 为避免歧义，虽有上述之约定，乙方同意并确认，股权锁定期届满后乙方仍不得实施任何损害甲方利益的行为；否则，甲方有权以本协议第5.2条约定的回购价格回购乙方全部股权，或要求乙方赔偿甲方因无法收回乙方股权给甲方造成的损失。

6. 股权回购

6.1 在锁定期内，若发生如下情形之一，甲方有权强制回购乙方持有的限制性股权，回购价格为本协议第5.2条约定的回购价格，且乙方必须在正式离职前协助公司完成财产份额过户登记等手续：

6.1.1 激励对象有触犯法律、违反职业道德、泄露公司机密、严重失职或渎职等违法或违反公司规章制度的行为；

6.1.2 激励对象因不能胜任工作岗位、考核不合格、违法或违反公司规章制度等行为被公司解除劳动合同；

6.1.3 激励对象违反公司竞业限制规定及保密义务；

6.1.4 激励对象劳动合同期限未满提前向公司辞职；

6.1.5 激励对象劳动合同期限届满未能与公司续签；

6.1.6 激励对象私自转让获授的合伙企业份额，或者将其用于担保或偿还债务；

6.1.7 激励对象死亡、宣告死亡或丧失劳动能力等情形导致劳动合同终止的。

6.2 甲方行使股权回购权时，回购方（受让方）可以为甲方，也可以为甲方指定的第三方。

6.3 禁售期届满前，乙方不得对获授的限制性股权实施转让、赠与、质押等任何处分行为；禁售期届满后，若乙方处分其因该股权激励获得的股权，乙方应向甲方提出书面申请，经甲方批准后方可进行出售等处分行为。

7. 回购方式

若发生回购，乙方应在收到甲方回购通知后立即（最迟不晚于书面通知发送之日起15日内）与回购方（受让方）办理完毕回购手续，包括但不限于就合伙份额回购事宜签署《合伙份额转让协议》及其他相关法律文件；根据适用法律、法规和《合伙协议》的要求采取一切必要措施完成上述合伙份额回购事宜，该等必要措施包括但不限于参加公司合伙人会议、通过相关决议同意向回购方（受让方）转让上述合伙份额、配合办理工商变更登记等。否则，乙方应按照每迟延一（1）日人民币伍仟元整的标准向甲方支付违约金。

第三章 权利与义务

8. 甲方权利与义务

根据相关法律、法规、规范性文件及股权激励计划等规定，甲方具有如下权利和义务：

8.1 若激励对象因触犯法律、违反职业道德、泄露公司机密、失职或渎职等行为损害公司利益或声誉，甲方有权收回全部对乙方激励的限制性股权；

8.2 根据国家有关税收法律、法规的规定，甲方为激励对象代扣、代缴其应缴纳的个人所得税及其他税费。

9. 乙方权利与义务

根据相关法律、法规、规范性文件及股权激励计划等规定，激励对象具有如下权利和义务：

9.1 激励对象应当按甲方所聘岗位的要求勤勉尽责地完成工作，为甲方提供持续服务；

9.2 激励对象认购限制性股权的资金（若需）应为自筹资金，不得通过与他人签署代持协议等方式筹措资金；

9.3 激励对象获授的限制性股权在解禁日前不享有进行转让、用于担保、偿还债务等处分权；

9.4 锁定期内，激励对象因获授的限制股权而取得的资本公积转增股权、配股股权、增发中向原股东配售的股权（若有）同时按照本协议约定锁定，该等股权锁定期的截止日期与原授予股权相同；

9.5 若根据本协议约定对乙方的激励股权应当由甲方收回或回购的，乙方应当配合甲方完成收回或回购的全部手续，包括但不限于配合转让持股平台的份额并从持股平台退伙；

9.6 激励对象离职后，应当遵守与甲方签署的保密协议和竞业限制协议约定（若有）。

第四章　协议终止

10. 协议终止

10.1 各方经协商一致同意的，可以终止本协议。

10.2 乙方违反本协议约定义务，或违反对该甲方忠实勤勉义务，或给甲方造成损害，或被甲方辞退，或劳动合同终止，甲方有权书面通知乙方终止本协议。

10.3 甲方解散、注销、破产或被收购的，本协议自行终止。

第五章　保密义务

11. 保密信息与保密义务

11.1 除非另有书面约定，一方（"接受方"）根据本协议的条款或其他规定从另外一方（"披露方"）收到的所有的文件、材料和信息均属高度机密的资料（以下统称为"保密信息"）。接受方应当：（1）对保密信息予以保密；（2）不向任何人泄露保密信息，但事先经披露方书面同意披露或根据本协议披露的除外；（3）除了为履行本协议项下义务或为本协议预期的目的使用外，不得为任何其他目的使用保密信息。

11.2 各方确认，乙方未经甲方事先书面许可泄露或使用保密信息，构成对本协议违约，应支付违约金人民币伍拾万元整；同时，甲方有权以本协议第5.2条约定的回购价格回购乙方全部限制性股权或已解锁股权。

11.3 本条规定的保密义务在本协议期限内以及在本协议解除、终止或期满后长期有效。

第六章　违约责任

12. 违约责任

12.1 凡一方不遵守本协议约定，不按照本协议相关约定正确而适当地履行义务的行为，均构成违约。

12.2 凡一方违约的，如果是一般违约行为，守约方有权可以依据中国法律、法规和本协议的有关规定追究该违约方的违约责任及依法采取其他法律救济措施；严重违约行为发生时，守约方有权要求违约方赔偿给守约方造成的一切损失及终止本协议履行。

第七章 争议解决

13. 争议解决

13.1 本协议成立、效力、解释、履行及争议解决等均受中华人民共和国法律管辖。

13.2 因履行本协议或与本协议相关事项而发生的任何争议，各方应当友好协商解决。协商不成，则将该争议提交甲方所在地法院诉讼解决。因诉讼发生的诉讼费用、律师费、公证费、鉴定费、差旅费等合理费用由败诉方承担。

13.3 诉讼进行期间，除提交诉讼的争议事项外，各方均应继续履行本协议规定的其他各项义务。

第八章 其他约定

14. 协议效力

14.1 本协议构成各方之间关于股权激励的全部陈述，并取代各方于本协议签署前就本协议项下股权激励内容所作的任何口头或者书面的陈述、保证、谅解及协议等。各方同意并确认：除股权激励计划外，本协议中未载明的任何陈述或承诺不构成本协议的内容，因此不能作为确定各方权利和义务以及解释协议条款和条件的依据。本协议各条款的标题仅为参阅方便而设，不决定或影响本协议任何条款和条件的意思。若本协议内容与"管理层持股平台"交入工商行政部门备案的"合伙协议"内容相冲突，应当以本协议的内容为准。

14.2 股权激励计划和乙方按照甲方要求签署全部行权文件（若有），包括但不限于"管理层持股平台"之《合伙份额转让协议》《合伙协议》《一致行动人协议》及《配偶承诺函》(若有),均为本协议有效组成部分。

15. **修改与变更**

15.1 本协议的修改、补充及/或变更,须经各方共同协商同意作出,以书面形式确认。任何书面的修改、补充及/或变更均是本协议的一部分,对本协议各方具有同等法律效力。

16. **协议通知**

16.1 本协议中各方载明的联络地址即为本协议下任何书面通知的送达地址,若任何一方联络地址变更的,应及时书面通知对方。否则,如因收受方拒收或联络地址错误无法送达的,均按照付邮日(以邮局邮戳为准)视作通知方已依本协议约定给予了书面通知。

17. **协议生效**

17.1 本协议经各方签署,且甲方加盖公章后生效。

17.2 本协议以中文书写,正本一式叁(3)份,甲方持贰(2)份,乙方持有壹(1)份,具有同等法律效力。

【以下无正文】

甲　　方:【】公司(盖章)
授权代表签字:

乙　　方:【】
签字:

附录

中华人民共和国公司法

（1993年12月29日第八届全国人民代表大会常务委员会第五次会议通过　根据1999年12月25日第九届全国人民代表大会常务委员会第十三次会议《关于修改〈中华人民共和国公司法〉的决定》第一次修正　根据2004年8月28日第十届全国人民代表大会常务委员会第十一次会议《关于修改〈中华人民共和国公司法〉的决定》第二次修正　2005年10月27日第十届全国人民代表大会常务委员会第十八次会议第一次修订　根据2013年12月28日第十二届全国人民代表大会常务委员会第六次会议《关于修改〈中华人民共和国海洋环境保护法〉等七部法律的决定》第三次修正　根据2018年10月26日第十三届全国人民代表大会常务委员会第六次会议《关于修改〈中华人民共和国公司法〉的决定》第四次修正　2023年12月29日第十四届全国人民代表大会常务委员会第七次会议第二次修订　2023年12月29日中华人民共和国主席令第15号公布　自2024年7月1日起施行）

目　录

第一章　总　　则

第二章　公司登记

第三章　有限责任公司的设立和组织机构

　　第一节　设　　立

　　第二节　组织机构

第四章　有限责任公司的股权转让

第五章 股份有限公司的设立和组织机构

　第一节 设　　立

　第二节 股 东 会

　第三节 董事会、经理

　第四节 监 事 会

　第五节 上市公司组织机构的特别规定

第六章 股份有限公司的股份发行和转让

　第一节 股份发行

　第二节 股份转让

第七章 国家出资公司组织机构的特别规定

第八章 公司董事、监事、高级管理人员的资格和义务

第九章 公司债券

第十章 公司财务、会计

第十一章 公司合并、分立、增资、减资

第十二章 公司解散和清算

第十三章 外国公司的分支机构

第十四章 法律责任

第十五章 附　　则

第一章 总　　则

第一条 为了规范公司的组织和行为，保护公司、股东、职工和债权人的合法权益，完善中国特色现代企业制度，弘扬企业家精神，维护社会经济秩序，促进社会主义市场经济的发展，根据宪法，制定本法。

第二条 本法所称公司，是指依照本法在中华人民共和国境内设立的有限责任公司和股份有限公司。

第三条 公司是企业法人，有独立的法人财产，享有法人财产权。公司以其全部财产对公司的债务承担责任。

公司的合法权益受法律保护，不受侵犯。

第四条 有限责任公司的股东以其认缴的出资额为限对公司承担责任；股份有限公司的股东以其认购的股份为限对公司承担责任。

公司股东对公司依法享有资产收益、参与重大决策和选择管理者等权利。

第五条 设立公司应当依法制定公司章程。公司章程对公司、股东、董事、监事、高级管理人员具有约束力。

第六条 公司应当有自己的名称。公司名称应当符合国家有关规定。

公司的名称权受法律保护。

第七条 依照本法设立的有限责任公司，应当在公司名称中标明有限责任公司或者有限公司字样。

依照本法设立的股份有限公司，应当在公司名称中标明股份有限公司或者股份公司字样。

第八条 公司以其主要办事机构所在地为住所。

第九条 公司的经营范围由公司章程规定。公司可以修改公司章程，变更经营范围。

公司的经营范围中属于法律、行政法规规定须经批准的项目，应当依法经过批准。

第十条 公司的法定代表人按照公司章程的规定，由代表公司执行公司事务的董事或者经理担任。

担任法定代表人的董事或者经理辞任的，视为同时辞去法定代表人。

法定代表人辞任的，公司应当在法定代表人辞任之日起三十日内确定新的法定代表人。

第十一条 法定代表人以公司名义从事的民事活动，其法律后果由公司承受。

公司章程或者股东会对法定代表人职权的限制，不得对抗善意相对人。

法定代表人因执行职务造成他人损害的，由公司承担民事责任。公司承担民事责任后，依照法律或者公司章程的规定，可以向有过错的法定代表人追偿。

第十二条 有限责任公司变更为股份有限公司，应当符合本法规定的股份有限公司的条件。股份有限公司变更为有限责任公司，应当符合本法规定的有限责任公司的条件。

有限责任公司变更为股份有限公司的，或者股份有限公司变更为有限责任公司的，公司变更前的债权、债务由变更后的公司承继。

第十三条 公司可以设立子公司。子公司具有法人资格，依法独立承担民事责任。

公司可以设立分公司。分公司不具有法人资格，其民事责任由公司承担。

第十四条 公司可以向其他企业投资。

法律规定公司不得成为对所投资企业的债务承担连带责任的出资人的，从其规定。

第十五条 公司向其他企业投资或者为他人提供担保，按照公司章程的规定，由董事会或者股东会决议；公司章程对投资或者担保的总额及单项投资或者担保的数额有限额规定的，不得超过规定的限额。

公司为公司股东或者实际控制人提供担保的，应当经股东会决议。

前款规定的股东或者受前款规定的实际控制人支配的股东，不得参加前款规定事项的表决。该项表决由出席会议的其他股东所持表决权的过半数通过。

第十六条 公司应当保护职工的合法权益，依法与职工签订劳动合同，参加社会保险，加强劳动保护，实现安全生产。

公司应当采用多种形式，加强公司职工的职业教育和岗位培训，提高职工素质。

第十七条 公司职工依照《中华人民共和国工会法》组织工会，开展工会活动，维护职工合法权益。公司应当为本公司工会提供必要的活动条件。公司工会代表职工就职工的劳动报酬、工作时间、休息休假、劳动安全卫生和保险福利等事项依法与公司签订集体合同。

公司依照宪法和有关法律的规定，建立健全以职工代表大会为基本形式的民主管理制度，通过职工代表大会或者其他形式，实行民主管理。

公司研究决定改制、解散、申请破产以及经营方面的重大问题、制定重要的规章制度时，应当听取公司工会的意见，并通过职工代表大会或者其他形式听取职工的意见和建议。

第十八条 在公司中，根据中国共产党章程的规定，设立中国共产党的组织，开展党的活动。公司应当为党组织的活动提供必要条件。

第十九条 公司从事经营活动，应当遵守法律法规，遵守社会公德、商业道德，诚实守信，接受政府和社会公众的监督。

第二十条 公司从事经营活动，应当充分考虑公司职工、消费者等利益相关者的利益以及生态环境保护等社会公共利益，承担社会责任。

国家鼓励公司参与社会公益活动，公布社会责任报告。

第二十一条 公司股东应当遵守法律、行政法规和公司章程，依法行使股东权利，不得滥用股东权利损害公司或者其他股东的利益。

公司股东滥用股东权利给公司或者其他股东造成损失的，应当承担赔偿责任。

第二十二条 公司的控股股东、实际控制人、董事、监事、高级管理人员不得利用关联关系损害公司利益。

违反前款规定，给公司造成损失的，应当承担赔偿责任。

第二十三条 公司股东滥用公司法人独立地位和股东有限责任，逃避债务，严重损害公司债权人利益的，应当对公司债务承担连带责任。

股东利用其控制的两个以上公司实施前款规定行为的，各公司应当对任一公司的债务承担连带责任。

只有一个股东的公司，股东不能证明公司财产独立于股东自己的财产的，应当对公司债务承担连带责任。

第二十四条 公司股东会、董事会、监事会召开会议和表决可以采用电子通信方式，公司章程另有规定的除外。

第二十五条 公司股东会、董事会的决议内容违反法律、行政法规的无效。

第二十六条 公司股东会、董事会的会议召集程序、表决方式违反法律、行政法规或者公司章程,或者决议内容违反公司章程的,股东自决议作出之日起六十日内,可以请求人民法院撤销。但是,股东会、董事会的会议召集程序或者表决方式仅有轻微瑕疵,对决议未产生实质影响的除外。

未被通知参加股东会会议的股东自知道或者应当知道股东会决议作出之日起六十日内,可以请求人民法院撤销;自决议作出之日起一年内没有行使撤销权的,撤销权消灭。

第二十七条 有下列情形之一的,公司股东会、董事会的决议不成立:

(一)未召开股东会、董事会会议作出决议;

(二)股东会、董事会会议未对决议事项进行表决;

(三)出席会议的人数或者所持表决权数未达到本法或者公司章程规定的人数或者所持表决权数;

(四)同意决议事项的人数或者所持表决权数未达到本法或者公司章程规定的人数或者所持表决权数。

第二十八条 公司股东会、董事会决议被人民法院宣告无效、撤销或者确认不成立的,公司应当向公司登记机关申请撤销根据该决议已办理的登记。

股东会、董事会决议被人民法院宣告无效、撤销或者确认不成立的,公司根据该决议与善意相对人形成的民事法律关系不受影响。

第二章 公 司 登 记

第二十九条 设立公司,应当依法向公司登记机关申请设立登记。

法律、行政法规规定设立公司必须报经批准的,应当在公司登记前依法办理批准手续。

第三十条 申请设立公司,应当提交设立登记申请书、公司章程等文件,提交的相关材料应当真实、合法和有效。

申请材料不齐全或者不符合法定形式的，公司登记机关应当一次性告知需要补正的材料。

第三十一条　申请设立公司，符合本法规定的设立条件的，由公司登记机关分别登记为有限责任公司或者股份有限公司；不符合本法规定的设立条件的，不得登记为有限责任公司或者股份有限公司。

第三十二条　公司登记事项包括：

（一）名称；

（二）住所；

（三）注册资本；

（四）经营范围；

（五）法定代表人的姓名；

（六）有限责任公司股东、股份有限公司发起人的姓名或者名称。

公司登记机关应当将前款规定的公司登记事项通过国家企业信用信息公示系统向社会公示。

第三十三条　依法设立的公司，由公司登记机关发给公司营业执照。公司营业执照签发日期为公司成立日期。

公司营业执照应当载明公司的名称、住所、注册资本、经营范围、法定代表人姓名等事项。

公司登记机关可以发给电子营业执照。电子营业执照与纸质营业执照具有同等法律效力。

第三十四条　公司登记事项发生变更的，应当依法办理变更登记。

公司登记事项未经登记或者未经变更登记，不得对抗善意相对人。

第三十五条　公司申请变更登记，应当向公司登记机关提交公司法定代表人签署的变更登记申请书、依法作出的变更决议或者决定等文件。

公司变更登记事项涉及修改公司章程的，应当提交修改后的公司章程。

公司变更法定代表人的，变更登记申请书由变更后的法定代表人签署。

第三十六条　公司营业执照记载的事项发生变更的，公司办理变更登记后，由公司登记机关换发营业执照。

第三十七条 公司因解散、被宣告破产或者其他法定事由需要终止的，应当依法向公司登记机关申请注销登记，由公司登记机关公告公司终止。

第三十八条 公司设立分公司，应当向公司登记机关申请登记，领取营业执照。

第三十九条 虚报注册资本、提交虚假材料或者采取其他欺诈手段隐瞒重要事实取得公司设立登记的，公司登记机关应当依照法律、行政法规的规定予以撤销。

第四十条 公司应当按照规定通过国家企业信用信息公示系统公示下列事项：

（一）有限责任公司股东认缴和实缴的出资额、出资方式和出资日期，股份有限公司发起人认购的股份数；

（二）有限责任公司股东、股份有限公司发起人的股权、股份变更信息；

（三）行政许可取得、变更、注销等信息；

（四）法律、行政法规规定的其他信息。

公司应当确保前款公示信息真实、准确、完整。

第四十一条 公司登记机关应当优化公司登记办理流程，提高公司登记效率，加强信息化建设，推行网上办理等便捷方式，提升公司登记便利化水平。

国务院市场监督管理部门根据本法和有关法律、行政法规的规定，制定公司登记注册的具体办法。

第三章 有限责任公司的设立和组织机构

第一节 设 立

第四十二条 有限责任公司由一个以上五十个以下股东出资设立。

第四十三条 有限责任公司设立时的股东可以签订设立协议，明确各自在公司设立过程中的权利和义务。

第四十四条 有限责任公司设立时的股东为设立公司从事的民事活动，其法律后果由公司承受。

公司未成立的，其法律后果由公司设立时的股东承受；设立时的股东为二人以上的，享有连带债权，承担连带债务。

设立时的股东为设立公司以自己的名义从事民事活动产生的民事责任，第三人有权选择请求公司或者公司设立时的股东承担。

设立时的股东因履行公司设立职责造成他人损害的，公司或者无过错的股东承担赔偿责任后，可以向有过错的股东追偿。

第四十五条 设立有限责任公司，应当由股东共同制定公司章程。

第四十六条 有限责任公司章程应当载明下列事项：

（一）公司名称和住所；

（二）公司经营范围；

（三）公司注册资本；

（四）股东的姓名或者名称；

（五）股东的出资额、出资方式和出资日期；

（六）公司的机构及其产生办法、职权、议事规则；

（七）公司法定代表人的产生、变更办法；

（八）股东会认为需要规定的其他事项。

股东应当在公司章程上签名或者盖章。

第四十七条 有限责任公司的注册资本为在公司登记机关登记的全体股东认缴的出资额。全体股东认缴的出资额由股东按照公司章程的规定自公司成立之日起五年内缴足。

法律、行政法规以及国务院决定对有限责任公司注册资本实缴、注册资本最低限额、股东出资期限另有规定的，从其规定。

第四十八条 股东可以用货币出资，也可以用实物、知识产权、土地使用权、股权、债权等可以用货币估价并可以依法转让的非货币财产作价出资；

但是，法律、行政法规规定不得作为出资的财产除外。

对作为出资的非货币财产应当评估作价，核实财产，不得高估或者低估作价。法律、行政法规对评估作价有规定的，从其规定。

第四十九条 股东应当按期足额缴纳公司章程规定的各自所认缴的出资额。

股东以货币出资的，应当将货币出资足额存入有限责任公司在银行开设的账户；以非货币财产出资的，应当依法办理其财产权的转移手续。

股东未按期足额缴纳出资的，除应当向公司足额缴纳外，还应当对给公司造成的损失承担赔偿责任。

第五十条 有限责任公司设立时，股东未按照公司章程规定实际缴纳出资，或者实际出资的非货币财产的实际价额显著低于所认缴的出资额的，设立时的其他股东与该股东在出资不足的范围内承担连带责任。

第五十一条 有限责任公司成立后，董事会应当对股东的出资情况进行核查，发现股东未按期足额缴纳公司章程规定的出资的，应当由公司向该股东发出书面催缴书，催缴出资。

未及时履行前款规定的义务，给公司造成损失的，负有责任的董事应当承担赔偿责任。

第五十二条 股东未按照公司章程规定的出资日期缴纳出资，公司依照前条第一款规定发出书面催缴书催缴出资的，可以载明缴纳出资的宽限期；宽限期自公司发出催缴书之日起，不得少于六十日。宽限期届满，股东仍未履行出资义务的，公司经董事会决议可以向该股东发出失权通知，通知应当以书面形式发出。自通知发出之日起，该股东丧失其未缴纳出资的股权。

依照前款规定丧失的股权应当依法转让，或者相应减少注册资本并注销该股权；六个月内未转让或者注销的，由公司其他股东按照其出资比例足额缴纳相应出资。

股东对失权有异议的，应当自接到失权通知之日起三十日内，向人民法院提起诉讼。

第五十三条 公司成立后，股东不得抽逃出资。

违反前款规定的，股东应当返还抽逃的出资；给公司造成损失的，负有责任的董事、监事、高级管理人员应当与该股东承担连带赔偿责任。

第五十四条 公司不能清偿到期债务的，公司或者已到期债权的债权人有权要求已认缴出资但未届出资期限的股东提前缴纳出资。

第五十五条 有限责任公司成立后，应当向股东签发出资证明书，记载下列事项：

（一）公司名称；

（二）公司成立日期；

（三）公司注册资本；

（四）股东的姓名或者名称、认缴和实缴的出资额、出资方式和出资日期；

（五）出资证明书的编号和核发日期。

出资证明书由法定代表人签名，并由公司盖章。

第五十六条 有限责任公司应当置备股东名册，记载下列事项：

（一）股东的姓名或者名称及住所；

（二）股东认缴和实缴的出资额、出资方式和出资日期；

（三）出资证明书编号；

（四）取得和丧失股东资格的日期。

记载于股东名册的股东，可以依股东名册主张行使股东权利。

第五十七条 股东有权查阅、复制公司章程、股东名册、股东会会议记录、董事会会议决议、监事会会议决议和财务会计报告。

股东可以要求查阅公司会计账簿、会计凭证。股东要求查阅公司会计账簿、会计凭证的，应当向公司提出书面请求，说明目的。公司有合理根据认为股东查阅会计账簿、会计凭证有不正当目的，可能损害公司合法利益的，可以拒绝提供查阅，并应当自股东提出书面请求之日起十五日内书面答复股东并说明理由。公司拒绝提供查阅的，股东可以向人民法院提起诉讼。

股东查阅前款规定的材料，可以委托会计师事务所、律师事务所等中介机构进行。

股东及其委托的会计师事务所、律师事务所等中介机构查阅、复制有关材料，应当遵守有关保护国家秘密、商业秘密、个人隐私、个人信息等法律、行政法规的规定。

股东要求查阅、复制公司全资子公司相关材料的，适用前四款的规定。

第二节 组织机构

第五十八条 有限责任公司股东会由全体股东组成。股东会是公司的权力机构，依照本法行使职权。

第五十九条 股东会行使下列职权：

（一）选举和更换董事、监事，决定有关董事、监事的报酬事项；

（二）审议批准董事会的报告；

（三）审议批准监事会的报告；

（四）审议批准公司的利润分配方案和弥补亏损方案；

（五）对公司增加或者减少注册资本作出决议；

（六）对发行公司债券作出决议；

（七）对公司合并、分立、解散、清算或者变更公司形式作出决议；

（八）修改公司章程；

（九）公司章程规定的其他职权。

股东会可以授权董事会对发行公司债券作出决议。

对本条第一款所列事项股东以书面形式一致表示同意的，可以不召开股东会会议，直接作出决定，并由全体股东在决定文件上签名或者盖章。

第六十条 只有一个股东的有限责任公司不设股东会。股东作出前条第一款所列事项的决定时，应当采用书面形式，并由股东签名或者盖章后置备于公司。

第六十一条 首次股东会会议由出资最多的股东召集和主持，依照本法规定行使职权。

第六十二条 股东会会议分为定期会议和临时会议。

定期会议应当按照公司章程的规定按时召开。代表十分之一以上表决权的股东、三分之一以上的董事或者监事会提议召开临时会议的，应当召开临时会议。

第六十三条 股东会会议由董事会召集，董事长主持；董事长不能履行职务或者不履行职务的，由副董事长主持；副董事长不能履行职务或者不履行职务的，由过半数的董事共同推举一名董事主持。

董事会不能履行或者不履行召集股东会会议职责的，由监事会召集和主持；监事会不召集和主持的，代表十分之一以上表决权的股东可以自行召集和主持。

第六十四条 召开股东会会议，应当于会议召开十五日前通知全体股东；但是，公司章程另有规定或者全体股东另有约定的除外。

股东会应当对所议事项的决定作成会议记录，出席会议的股东应当在会议记录上签名或者盖章。

第六十五条 股东会会议由股东按照出资比例行使表决权；但是，公司章程另有规定的除外。

第六十六条 股东会的议事方式和表决程序，除本法有规定的外，由公司章程规定。

股东会作出决议，应当经代表过半数表决权的股东通过。

股东会作出修改公司章程、增加或者减少注册资本的决议，以及公司合并、分立、解散或者变更公司形式的决议，应当经代表三分之二以上表决权的股东通过。

第六十七条 有限责任公司设董事会，本法第七十五条另有规定的除外。

董事会行使下列职权：

（一）召集股东会会议，并向股东会报告工作；

（二）执行股东会的决议；

（三）决定公司的经营计划和投资方案；

（四）制订公司的利润分配方案和弥补亏损方案；

（五）制订公司增加或者减少注册资本以及发行公司债券的方案；

（六）制订公司合并、分立、解散或者变更公司形式的方案；

（七）决定公司内部管理机构的设置；

（八）决定聘任或者解聘公司经理及其报酬事项，并根据经理的提名决定聘任或者解聘公司副经理、财务负责人及其报酬事项；

（九）制定公司的基本管理制度；

（十）公司章程规定或者股东会授予的其他职权。

公司章程对董事会职权的限制不得对抗善意相对人。

第六十八条 有限责任公司董事会成员为三人以上，其成员中可以有公司职工代表。职工人数三百人以上的有限责任公司，除依法设监事会并有公司职工代表的外，其董事会成员中应当有公司职工代表。董事会中的职工代表由公司职工通过职工代表大会、职工大会或者其他形式民主选举产生。

董事会设董事长一人，可以设副董事长。董事长、副董事长的产生办法由公司章程规定。

第六十九条 有限责任公司可以按照公司章程的规定在董事会中设置由董事组成的审计委员会，行使本法规定的监事会的职权，不设监事会或者监事。公司董事会成员中的职工代表可以成为审计委员会成员。

第七十条 董事任期由公司章程规定，但每届任期不得超过三年。董事任期届满，连选可以连任。

董事任期届满未及时改选，或者董事在任期内辞任导致董事会成员低于法定人数的，在改选出的董事就任前，原董事仍应当依照法律、行政法规和公司章程的规定，履行董事职务。

董事辞任的，应当以书面形式通知公司，公司收到通知之日辞任生效，但存在前款规定情形的，董事应当继续履行职务。

第七十一条 股东会可以决议解任董事，决议作出之日解任生效。

无正当理由，在任期届满前解任董事的，该董事可以要求公司予以赔偿。

第七十二条　董事会会议由董事长召集和主持；董事长不能履行职务或者不履行职务的，由副董事长召集和主持；副董事长不能履行职务或者不履行职务的，由过半数的董事共同推举一名董事召集和主持。

第七十三条　董事会的议事方式和表决程序，除本法有规定的外，由公司章程规定。

董事会会议应当有过半数的董事出席方可举行。董事会作出决议，应当经全体董事的过半数通过。

董事会决议的表决，应当一人一票。

董事会应当对所议事项的决定作成会议记录，出席会议的董事应当在会议记录上签名。

第七十四条　有限责任公司可以设经理，由董事会决定聘任或者解聘。经理对董事会负责，根据公司章程的规定或者董事会的授权行使职权。经理列席董事会会议。

第七十五条　规模较小或者股东人数较少的有限责任公司，可以不设董事会，设一名董事，行使本法规定的董事会的职权。该董事可以兼任公司经理。

第七十六条　有限责任公司设监事会，本法第六十九条、第八十三条另有规定的除外。

监事会成员为三人以上。监事会成员应当包括股东代表和适当比例的公司职工代表，其中职工代表的比例不得低于三分之一，具体比例由公司章程规定。监事会中的职工代表由公司职工通过职工代表大会、职工大会或者其他形式民主选举产生。

监事会设主席一人，由全体监事过半数选举产生。监事会主席召集和主持监事会会议；监事会主席不能履行职务或者不履行职务的，由过半数的监事共同推举一名监事召集和主持监事会会议。

董事、高级管理人员不得兼任监事。

第七十七条 监事的任期每届为三年。监事任期届满，连选可以连任。

监事任期届满未及时改选，或者监事在任期内辞任导致监事会成员低于法定人数的，在改选出的监事就任前，原监事仍应当依照法律、行政法规和公司章程的规定，履行监事职务。

第七十八条 监事会行使下列职权：

（一）检查公司财务；

（二）对董事、高级管理人员执行职务的行为进行监督，对违反法律、行政法规、公司章程或者股东会决议的董事、高级管理人员提出解任的建议；

（三）当董事、高级管理人员的行为损害公司的利益时，要求董事、高级管理人员予以纠正；

（四）提议召开临时股东会会议，在董事会不履行本法规定的召集和主持股东会会议职责时召集和主持股东会会议；

（五）向股东会会议提出提案；

（六）依照本法第一百八十九条的规定，对董事、高级管理人员提起诉讼；

（七）公司章程规定的其他职权。

第七十九条 监事可以列席董事会会议，并对董事会决议事项提出质询或者建议。

监事会发现公司经营情况异常，可以进行调查；必要时，可以聘请会计师事务所等协助其工作，费用由公司承担。

第八十条 监事会可以要求董事、高级管理人员提交执行职务的报告。

董事、高级管理人员应当如实向监事会提供有关情况和资料，不得妨碍监事会或者监事行使职权。

第八十一条 监事会每年度至少召开一次会议，监事可以提议召开临时监事会会议。

监事会的议事方式和表决程序，除本法有规定的外，由公司章程规定。

监事会决议应当经全体监事的过半数通过。

监事会决议的表决,应当一人一票。

监事会应当对所议事项的决定作成会议记录,出席会议的监事应当在会议记录上签名。

第八十二条 监事会行使职权所必需的费用,由公司承担。

第八十三条 规模较小或者股东人数较少的有限责任公司,可以不设监事会,设一名监事,行使本法规定的监事会的职权;经全体股东一致同意,也可以不设监事。

第四章 有限责任公司的股权转让

第八十四条 有限责任公司的股东之间可以相互转让其全部或者部分股权。

股东向股东以外的人转让股权的,应当将股权转让的数量、价格、支付方式和期限等事项书面通知其他股东,其他股东在同等条件下有优先购买权。股东自接到书面通知之日起三十日内未答复的,视为放弃优先购买权。两个以上股东行使优先购买权的,协商确定各自的购买比例;协商不成的,按照转让时各自的出资比例行使优先购买权。

公司章程对股权转让另有规定的,从其规定。

第八十五条 人民法院依照法律规定的强制执行程序转让股东的股权时,应当通知公司及全体股东,其他股东在同等条件下有优先购买权。其他股东自人民法院通知之日起满二十日不行使优先购买权的,视为放弃优先购买权。

第八十六条 股东转让股权的,应当书面通知公司,请求变更股东名册;需要办理变更登记的,并请求公司向公司登记机关办理变更登记。公司拒绝或者在合理期限内不予答复的,转让人、受让人可以依法向人民法院提起诉讼。

股权转让的,受让人自记载于股东名册时起可以向公司主张行使股东权利。

第八十七条 依照本法转让股权后,公司应当及时注销原股东的出资证明书，向新股东签发出资证明书，并相应修改公司章程和股东名册中有关股东及其出资额的记载。对公司章程的该项修改不需再由股东会表决。

第八十八条 股东转让已认缴出资但未届出资期限的股权的，由受让人承担缴纳该出资的义务；受让人未按期足额缴纳出资的，转让人对受让人未按期缴纳的出资承担补充责任。

未按照公司章程规定的出资日期缴纳出资或者作为出资的非货币财产的实际价额显著低于所认缴的出资额的股东转让股权的，转让人与受让人在出资不足的范围内承担连带责任；受让人不知道且不应当知道存在上述情形的，由转让人承担责任。

第八十九条 有下列情形之一的，对股东会该项决议投反对票的股东可以请求公司按照合理的价格收购其股权：

（一）公司连续五年不向股东分配利润，而公司该五年连续盈利，并且符合本法规定的分配利润条件；

（二）公司合并、分立、转让主要财产；

（三）公司章程规定的营业期限届满或者章程规定的其他解散事由出现，股东会通过决议修改章程使公司存续。

自股东会决议作出之日起六十日内，股东与公司不能达成股权收购协议的，股东可以自股东会决议作出之日起九十日内向人民法院提起诉讼。

公司的控股股东滥用股东权利，严重损害公司或者其他股东利益的，其他股东有权请求公司按照合理的价格收购其股权。

公司因本条第一款、第三款规定的情形收购的本公司股权，应当在六个月内依法转让或者注销。

第九十条 自然人股东死亡后，其合法继承人可以继承股东资格；但是，公司章程另有规定的除外。

第五章　股份有限公司的设立和组织机构

第一节　设　　立

第九十一条　设立股份有限公司，可以采取发起设立或者募集设立的方式。

发起设立，是指由发起人认购设立公司时应发行的全部股份而设立公司。

募集设立，是指由发起人认购设立公司时应发行股份的一部分，其余股份向特定对象募集或者向社会公开募集而设立公司。

第九十二条　设立股份有限公司，应当有一人以上二百人以下为发起人，其中应当有半数以上的发起人在中华人民共和国境内有住所。

第九十三条　股份有限公司发起人承担公司筹办事务。

发起人应当签订发起人协议，明确各自在公司设立过程中的权利和义务。

第九十四条　设立股份有限公司，应当由发起人共同制订公司章程。

第九十五条　股份有限公司章程应当载明下列事项：

（一）公司名称和住所；

（二）公司经营范围；

（三）公司设立方式；

（四）公司注册资本、已发行的股份数和设立时发行的股份数，面额股的每股金额；

（五）发行类别股的，每一类别股的股份数及其权利和义务；

（六）发起人的姓名或者名称、认购的股份数、出资方式；

（七）董事会的组成、职权和议事规则；

（八）公司法定代表人的产生、变更办法；

（九）监事会的组成、职权和议事规则；

（十）公司利润分配办法；

（十一）公司的解散事由与清算办法；

（十二）公司的通知和公告办法；

（十三）股东会认为需要规定的其他事项。

第九十六条 股份有限公司的注册资本为在公司登记机关登记的已发行股份的股本总额。在发起人认购的股份缴足前，不得向他人募集股份。

法律、行政法规以及国务院决定对股份有限公司注册资本最低限额另有规定的，从其规定。

第九十七条 以发起设立方式设立股份有限公司的，发起人应当认足公司章程规定的公司设立时应发行的股份。

以募集设立方式设立股份有限公司的，发起人认购的股份不得少于公司章程规定的公司设立时应发行股份总数的百分之三十五；但是，法律、行政法规另有规定的，从其规定。

第九十八条 发起人应当在公司成立前按照其认购的股份全额缴纳股款。

发起人的出资，适用本法第四十八条、第四十九条第二款关于有限责任公司股东出资的规定。

第九十九条 发起人不按照其认购的股份缴纳股款，或者作为出资的非货币财产的实际价额显著低于所认购的股份的，其他发起人与该发起人在出资不足的范围内承担连带责任。

第一百条 发起人向社会公开募集股份，应当公告招股说明书，并制作认股书。认股书应当载明本法第一百五十四条第二款、第三款所列事项，由认股人填写认购的股份数、金额、住所，并签名或者盖章。认股人应当按照所认购股份足额缴纳股款。

第一百零一条 向社会公开募集股份的股款缴足后，应当经依法设立的验资机构验资并出具证明。

第一百零二条 股份有限公司应当制作股东名册并置备于公司。股东名册应当记载下列事项：

（一）股东的姓名或者名称及住所；

（二）各股东所认购的股份种类及股份数；

（三）发行纸面形式的股票的，股票的编号；

（四）各股东取得股份的日期。

第一百零三条 募集设立股份有限公司的发起人应当自公司设立时应发行股份的股款缴足之日起三十日内召开公司成立大会。发起人应当在成立大会召开十五日前将会议日期通知各认股人或者予以公告。成立大会应当有持有表决权过半数的认股人出席，方可举行。

以发起设立方式设立股份有限公司成立大会的召开和表决程序由公司章程或者发起人协议规定。

第一百零四条 公司成立大会行使下列职权：

（一）审议发起人关于公司筹办情况的报告；

（二）通过公司章程；

（三）选举董事、监事；

（四）对公司的设立费用进行审核；

（五）对发起人非货币财产出资的作价进行审核；

（六）发生不可抗力或者经营条件发生重大变化直接影响公司设立的，可以作出不设立公司的决议。

成立大会对前款所列事项作出决议，应当经出席会议的认股人所持表决权过半数通过。

第一百零五条 公司设立时应发行的股份未募足，或者发行股份的股款缴足后，发起人在三十日内未召开成立大会的，认股人可以按照所缴股款并加算银行同期存款利息，要求发起人返还。

发起人、认股人缴纳股款或者交付非货币财产出资后，除未按期募足股份、发起人未按期召开成立大会或者成立大会决议不设立公司的情形外，不得抽回其股本。

第一百零六条 董事会应当授权代表，于公司成立大会结束后三十日内向公司登记机关申请设立登记。

第一百零七条 本法第四十四条、第四十九条第三款、第五十一条、第五十二条、第五十三条的规定，适用于股份有限公司。

第一百零八条 有限责任公司变更为股份有限公司时，折合的实收股本总额不得高于公司净资产额。有限责任公司变更为股份有限公司，为增加注册资本公开发行股份时，应当依法办理。

第一百零九条 股份有限公司应当将公司章程、股东名册、股东会会议记录、董事会会议记录、监事会会议记录、财务会计报告、债券持有人名册置备于本公司。

第一百一十条 股东有权查阅、复制公司章程、股东名册、股东会会议记录、董事会会议决议、监事会会议决议、财务会计报告，对公司的经营提出建议或者质询。

连续一百八十日以上单独或者合计持有公司百分之三以上股份的股东要求查阅公司的会计账簿、会计凭证的，适用本法第五十七条第二款、第三款、第四款的规定。公司章程对持股比例有较低规定的，从其规定。

股东要求查阅、复制公司全资子公司相关材料的，适用前两款的规定。

上市公司股东查阅、复制相关材料的，应当遵守《中华人民共和国证券法》等法律、行政法规的规定。

第二节 股东会

第一百一十一条 股份有限公司股东会由全体股东组成。股东会是公司的权力机构，依照本法行使职权。

第一百一十二条 本法第五十九条第一款、第二款关于有限责任公司股东会职权的规定，适用于股份有限公司股东会。

本法第六十条关于只有一个股东的有限责任公司不设股东会的规定，适用于只有一个股东的股份有限公司。

第一百一十三条 股东会应当每年召开一次年会。有下列情形之一的，应当在两个月内召开临时股东会会议：

（一）董事人数不足本法规定人数或者公司章程所定人数的三分之二时；

（二）公司未弥补的亏损达股本总额三分之一时；

（三）单独或者合计持有公司百分之十以上股份的股东请求时；

（四）董事会认为必要时；

（五）监事会提议召开时；

（六）公司章程规定的其他情形。

第一百一十四条 股东会会议由董事会召集，董事长主持；董事长不能履行职务或者不履行职务的，由副董事长主持；副董事长不能履行职务或者不履行职务的，由过半数的董事共同推举一名董事主持。

董事会不能履行或者不履行召集股东会会议职责的，监事会应当及时召集和主持；监事会不召集和主持的，连续九十日以上单独或者合计持有公司百分之十以上股份的股东可以自行召集和主持。

单独或者合计持有公司百分之十以上股份的股东请求召开临时股东会会议的，董事会、监事会应当在收到请求之日起十日内作出是否召开临时股东会会议的决定，并书面答复股东。

第一百一十五条 召开股东会会议，应当将会议召开的时间、地点和审议的事项于会议召开二十日前通知各股东；临时股东会会议应当于会议召开十五日前通知各股东。

单独或者合计持有公司百分之一以上股份的股东，可以在股东会会议召开十日前提出临时提案并书面提交董事会。临时提案应当有明确议题和具体决议事项。董事会应当在收到提案后二日内通知其他股东，并将该临时提案提交股东会审议；但临时提案违反法律、行政法规或者公司章程的规定，或者不属于股东会职权范围的除外。公司不得提高提出临时提案股东的持股比例。

公开发行股份的公司，应当以公告方式作出前两款规定的通知。

股东会不得对通知中未列明的事项作出决议。

第一百一十六条 股东出席股东会会议，所持每一股份有一表决权，类别股股东除外。公司持有的本公司股份没有表决权。

股东会作出决议，应当经出席会议的股东所持表决权过半数通过。

股东会作出修改公司章程、增加或者减少注册资本的决议，以及公司合并、分立、解散或者变更公司形式的决议，应当经出席会议的股东所持表决权的三分之二以上通过。

第一百一十七条 股东会选举董事、监事，可以按照公司章程的规定或者股东会的决议，实行累积投票制。

本法所称累积投票制，是指股东会选举董事或者监事时，每一股份拥有与应选董事或者监事人数相同的表决权，股东拥有的表决权可以集中使用。

第一百一十八条 股东委托代理人出席股东会会议的，应当明确代理人代理的事项、权限和期限；代理人应当向公司提交股东授权委托书，并在授权范围内行使表决权。

第一百一十九条 股东会应当对所议事项的决定作成会议记录，主持人、出席会议的董事应当在会议记录上签名。会议记录应当与出席股东的签名册及代理出席的委托书一并保存。

第三节 董事会、经理

第一百二十条 股份有限公司设董事会，本法第一百二十八条另有规定的除外。

本法第六十七条、第六十八条第一款、第七十条、第七十一条的规定，适用于股份有限公司。

第一百二十一条 股份有限公司可以按照公司章程的规定在董事会中设置由董事组成的审计委员会，行使本法规定的监事会的职权，不设监事会或者监事。

审计委员会成员为三名以上，过半数成员不得在公司担任除董事以外的其他职务，且不得与公司存在任何可能影响其独立客观判断的关系。公司董事会成员中的职工代表可以成为审计委员会成员。

审计委员会作出决议，应当经审计委员会成员的过半数通过。

审计委员会决议的表决,应当一人一票。

审计委员会的议事方式和表决程序,除本法有规定的外,由公司章程规定。

公司可以按照公司章程的规定在董事会中设置其他委员会。

第一百二十二条 董事会设董事长一人,可以设副董事长。董事长和副董事长由董事会以全体董事的过半数选举产生。

董事长召集和主持董事会会议,检查董事会决议的实施情况。副董事长协助董事长工作,董事长不能履行职务或者不履行职务的,由副董事长履行职务;副董事长不能履行职务或者不履行职务的,由过半数的董事共同推举一名董事履行职务。

第一百二十三条 董事会每年度至少召开两次会议,每次会议应当于会议召开十日前通知全体董事和监事。

代表十分之一以上表决权的股东、三分之一以上董事或者监事会,可以提议召开临时董事会会议。董事长应当自接到提议后十日内,召集和主持董事会会议。

董事会召开临时会议,可以另定召集董事会的通知方式和通知时限。

第一百二十四条 董事会会议应当有过半数的董事出席方可举行。董事会作出决议,应当经全体董事的过半数通过。

董事会决议的表决,应当一人一票。

董事会应当对所议事项的决定作成会议记录,出席会议的董事应当在会议记录上签名。

第一百二十五条 董事会会议,应当由董事本人出席;董事因故不能出席,可以书面委托其他董事代为出席,委托书应当载明授权范围。

董事应当对董事会的决议承担责任。董事会的决议违反法律、行政法规或者公司章程、股东会决议,给公司造成严重损失的,参与决议的董事对公司负赔偿责任;经证明在表决时曾表明异议并记载于会议记录的,该董事可以免除责任。

第一百二十六条 股份有限公司设经理，由董事会决定聘任或者解聘。

经理对董事会负责，根据公司章程的规定或者董事会的授权行使职权。经理列席董事会会议。

第一百二十七条 公司董事会可以决定由董事会成员兼任经理。

第一百二十八条 规模较小或者股东人数较少的股份有限公司，可以不设董事会，设一名董事，行使本法规定的董事会的职权。该董事可以兼任公司经理。

第一百二十九条 公司应当定期向股东披露董事、监事、高级管理人员从公司获得报酬的情况。

第四节 监 事 会

第一百三十条 股份有限公司设监事会，本法第一百二十一条第一款、第一百三十三条另有规定的除外。

监事会成员为三人以上。监事会成员应当包括股东代表和适当比例的公司职工代表，其中职工代表的比例不得低于三分之一，具体比例由公司章程规定。监事会中的职工代表由公司职工通过职工代表大会、职工大会或者其他形式民主选举产生。

监事会设主席一人，可以设副主席。监事会主席和副主席由全体监事过半数选举产生。监事会主席召集和主持监事会会议；监事会主席不能履行职务或者不履行职务的，由监事会副主席召集和主持监事会会议；监事会副主席不能履行职务或者不履行职务的，由过半数的监事共同推举一名监事召集和主持监事会会议。

董事、高级管理人员不得兼任监事。

本法第七十七条关于有限责任公司监事任期的规定，适用于股份有限公司监事。

第一百三十一条 本法第七十八条至第八十条的规定，适用于股份有限公司监事会。

监事会行使职权所必需的费用，由公司承担。

第一百三十二条 监事会每六个月至少召开一次会议。监事可以提议召开临时监事会会议。

监事会的议事方式和表决程序，除本法有规定的外，由公司章程规定。

监事会决议应当经全体监事的过半数通过。

监事会决议的表决，应当一人一票。

监事会应当对所议事项的决定作成会议记录，出席会议的监事应当在会议记录上签名。

第一百三十三条 规模较小或者股东人数较少的股份有限公司，可以不设监事会，设一名监事，行使本法规定的监事会的职权。

第五节　上市公司组织机构的特别规定

第一百三十四条 本法所称上市公司，是指其股票在证券交易所上市交易的股份有限公司。

第一百三十五条 上市公司在一年内购买、出售重大资产或者向他人提供担保的金额超过公司资产总额百分之三十的，应当由股东会作出决议，并经出席会议的股东所持表决权的三分之二以上通过。

第一百三十六条 上市公司设独立董事，具体管理办法由国务院证券监督管理机构规定。

上市公司的公司章程除载明本法第九十五条规定的事项外，还应当依照法律、行政法规的规定载明董事会专门委员会的组成、职权以及董事、监事、高级管理人员薪酬考核机制等事项。

第一百三十七条 上市公司在董事会中设置审计委员会的，董事会对下列事项作出决议前应当经审计委员会全体成员过半数通过：

（一）聘用、解聘承办公司审计业务的会计师事务所；

（二）聘任、解聘财务负责人；

（三）披露财务会计报告；

（四）国务院证券监督管理机构规定的其他事项。

第一百三十八条 上市公司设董事会秘书，负责公司股东会和董事会会议的筹备、文件保管以及公司股东资料的管理，办理信息披露事务等事宜。

第一百三十九条 上市公司董事与董事会会议决议事项所涉及的企业或者个人有关联关系的，该董事应当及时向董事会书面报告。有关联关系的董事不得对该项决议行使表决权，也不得代理其他董事行使表决权。该董事会会议由过半数的无关联关系董事出席即可举行，董事会会议所作决议须经无关联关系董事过半数通过。出席董事会会议的无关联关系董事人数不足三人的，应当将该事项提交上市公司股东会审议。

第一百四十条 上市公司应当依法披露股东、实际控制人的信息，相关信息应当真实、准确、完整。

禁止违反法律、行政法规的规定代持上市公司股票。

第一百四十一条 上市公司控股子公司不得取得该上市公司的股份。

上市公司控股子公司因公司合并、质权行使等原因持有上市公司股份的，不得行使所持股份对应的表决权，并应当及时处分相关上市公司股份。

第六章 股份有限公司的股份发行和转让

第一节 股份发行

第一百四十二条 公司的资本划分为股份。公司的全部股份，根据公司章程的规定择一采用面额股或者无面额股。采用面额股的，每一股的金额相等。

公司可以根据公司章程的规定将已发行的面额股全部转换为无面额股或者将无面额股全部转换为面额股。

采用无面额股的，应当将发行股份所得股款的二分之一以上计入注册资本。

第一百四十三条 股份的发行，实行公平、公正的原则，同类别的每一股份应当具有同等权利。

同次发行的同类别股份，每股的发行条件和价格应当相同；认购人所认购的股份，每股应当支付相同价额。

第一百四十四条 公司可以按照公司章程的规定发行下列与普通股权利不同的类别股：

（一）优先或者劣后分配利润或者剩余财产的股份；

（二）每一股的表决权数多于或者少于普通股的股份；

（三）转让须经公司同意等转让受限的股份；

（四）国务院规定的其他类别股。

公开发行股份的公司不得发行前款第二项、第三项规定的类别股；公开发行前已发行的除外。

公司发行本条第一款第二项规定的类别股的，对于监事或者审计委员会成员的选举和更换，类别股与普通股每一股的表决权数相同。

第一百四十五条 发行类别股的公司，应当在公司章程中载明以下事项：

（一）类别股分配利润或者剩余财产的顺序；

（二）类别股的表决权数；

（三）类别股的转让限制；

（四）保护中小股东权益的措施；

（五）股东会认为需要规定的其他事项。

第一百四十六条 发行类别股的公司，有本法第一百一十六条第三款规定的事项等可能影响类别股股东权利的，除应当依照第一百一十六条第三款的规定经股东会决议外，还应当经出席类别股股东会议的股东所持表决权的三分之二以上通过。

公司章程可以对需经类别股股东会议决议的其他事项作出规定。

第一百四十七条 公司的股份采取股票的形式。股票是公司签发的证明股东所持股份的凭证。

公司发行的股票，应当为记名股票。

第一百四十八条 面额股股票的发行价格可以按票面金额,也可以超过票面金额,但不得低于票面金额。

第一百四十九条 股票采用纸面形式或者国务院证券监督管理机构规定的其他形式。

股票采用纸面形式的,应当载明下列主要事项:

(一) 公司名称;

(二) 公司成立日期或者股票发行的时间;

(三) 股票种类、票面金额及代表的股份数,发行无面额股的,股票代表的股份数。

股票采用纸面形式的,还应当载明股票的编号,由法定代表人签名,公司盖章。

发起人股票采用纸面形式的,应当标明发起人股票字样。

第一百五十条 股份有限公司成立后,即向股东正式交付股票。公司成立前不得向股东交付股票。

第一百五十一条 公司发行新股,股东会应当对下列事项作出决议:

(一) 新股种类及数额;

(二) 新股发行价格;

(三) 新股发行的起止日期;

(四) 向原有股东发行新股的种类及数额;

(五) 发行无面额股的,新股发行所得股款计入注册资本的金额。

公司发行新股,可以根据公司经营情况和财务状况,确定其作价方案。

第一百五十二条 公司章程或者股东会可以授权董事会在三年内决定发行不超过已发行股份百分之五十的股份。但以非货币财产作价出资的应当经股东会决议。

董事会依照前款规定决定发行股份导致公司注册资本、已发行股份数发生变化的,对公司章程该项记载事项的修改不需再由股东会表决。

第一百五十三条 公司章程或者股东会授权董事会决定发行新股的,董事会决议应当经全体董事三分之二以上通过。

第一百五十四条 公司向社会公开募集股份，应当经国务院证券监督管理机构注册，公告招股说明书。

招股说明书应当附有公司章程，并载明下列事项：

（一）发行的股份总数；

（二）面额股的票面金额和发行价格或者无面额股的发行价格；

（三）募集资金的用途；

（四）认股人的权利和义务；

（五）股份种类及其权利和义务；

（六）本次募股的起止日期及逾期未募足时认股人可以撤回所认股份的说明。

公司设立时发行股份的，还应当载明发起人认购的股份数。

第一百五十五条 公司向社会公开募集股份，应当由依法设立的证券公司承销，签订承销协议。

第一百五十六条 公司向社会公开募集股份，应当同银行签订代收股款协议。

代收股款的银行应当按照协议代收和保存股款，向缴纳股款的认股人出具收款单据，并负有向有关部门出具收款证明的义务。

公司发行股份募足股款后，应予公告。

第二节 股份转让

第一百五十七条 股份有限公司的股东持有的股份可以向其他股东转让，也可以向股东以外的人转让；公司章程对股份转让有限制的，其转让按照公司章程的规定进行。

第一百五十八条 股东转让其股份，应当在依法设立的证券交易场所进行或者按照国务院规定的其他方式进行。

第一百五十九条 股票的转让，由股东以背书方式或者法律、行政法规规定的其他方式进行；转让后由公司将受让人的姓名或者名称及住所记载于股东名册。

股东会会议召开前二十日内或者公司决定分配股利的基准日前五日内，不得变更股东名册。法律、行政法规或者国务院证券监督管理机构对上市公司股东名册变更另有规定的，从其规定。

第一百六十条 公司公开发行股份前已发行的股份，自公司股票在证券交易所上市交易之日起一年内不得转让。法律、行政法规或者国务院证券监督管理机构对上市公司的股东、实际控制人转让其所持有的本公司股份另有规定的，从其规定。

公司董事、监事、高级管理人员应当向公司申报所持有的本公司的股份及其变动情况，在就任时确定的任职期间每年转让的股份不得超过其所持有本公司股份总数的百分之二十五；所持本公司股份自公司股票上市交易之日起一年内不得转让。上述人员离职后半年内，不得转让其所持有的本公司股份。公司章程可以对公司董事、监事、高级管理人员转让其所持有的本公司股份作出其他限制性规定。

股份在法律、行政法规规定的限制转让期限内出质的，质权人不得在限制转让期限内行使质权。

第一百六十一条 有下列情形之一的，对股东会该项决议投反对票的股东可以请求公司按照合理的价格收购其股份，公开发行股份的公司除外：

（一）公司连续五年不向股东分配利润，而公司该五年连续盈利，并且符合本法规定的分配利润条件；

（二）公司转让主要财产；

（三）公司章程规定的营业期限届满或者章程规定的其他解散事由出现，股东会通过决议修改章程使公司存续。

自股东会决议作出之日起六十日内，股东与公司不能达成股份收购协议的，股东可以自股东会决议作出之日起九十日内向人民法院提起诉讼。

公司因本条第一款规定的情形收购的本公司股份，应当在六个月内依法转让或者注销。

第一百六十二条 公司不得收购本公司股份。但是，有下列情形之一的除外：

（一）减少公司注册资本；

（二）与持有本公司股份的其他公司合并；

（三）将股份用于员工持股计划或者股权激励；

（四）股东因对股东会作出的公司合并、分立决议持异议，要求公司收购其股份；

（五）将股份用于转换公司发行的可转换为股票的公司债券；

（六）上市公司为维护公司价值及股东权益所必需。

公司因前款第一项、第二项规定的情形收购本公司股份的，应当经股东会决议；公司因前款第三项、第五项、第六项规定的情形收购本公司股份的，可以按照公司章程或者股东会的授权，经三分之二以上董事出席的董事会会议决议。

公司依照本条第一款规定收购本公司股份后，属于第一项情形的，应当自收购之日起十日内注销；属于第二项、第四项情形的，应当在六个月内转让或者注销；属于第三项、第五项、第六项情形的，公司合计持有的本公司股份数不得超过本公司已发行股份总数的百分之十，并应当在三年内转让或者注销。

上市公司收购本公司股份的，应当依照《中华人民共和国证券法》的规定履行信息披露义务。上市公司因本条第一款第三项、第五项、第六项规定的情形收购本公司股份的，应当通过公开的集中交易方式进行。

公司不得接受本公司的股份作为质权的标的。

第一百六十三条 公司不得为他人取得本公司或者其母公司的股份提供赠与、借款、担保以及其他财务资助，公司实施员工持股计划的除外。

为公司利益，经股东会决议，或者董事会按照公司章程或者股东会的授权作出决议，公司可以为他人取得本公司或者其母公司的股份提供财务资助，但财务资助的累计总额不得超过已发行股本总额的百分之十。董事会作出决议应当经全体董事的三分之二以上通过。

违反前两款规定，给公司造成损失的，负有责任的董事、监事、高级管理人员应当承担赔偿责任。

第一百六十四条　股票被盗、遗失或者灭失，股东可以依照《中华人民共和国民事诉讼法》规定的公示催告程序，请求人民法院宣告该股票失效。人民法院宣告该股票失效后，股东可以向公司申请补发股票。

第一百六十五条　上市公司的股票，依照有关法律、行政法规及证券交易所交易规则上市交易。

第一百六十六条　上市公司应当依照法律、行政法规的规定披露相关信息。

第一百六十七条　自然人股东死亡后，其合法继承人可以继承股东资格；但是，股份转让受限的股份有限公司的章程另有规定的除外。

第七章　国家出资公司组织机构的特别规定

第一百六十八条　国家出资公司的组织机构，适用本章规定；本章没有规定的，适用本法其他规定。

本法所称国家出资公司，是指国家出资的国有独资公司、国有资本控股公司，包括国家出资的有限责任公司、股份有限公司。

第一百六十九条　国家出资公司，由国务院或者地方人民政府分别代表国家依法履行出资人职责，享有出资人权益。国务院或者地方人民政府可以授权国有资产监督管理机构或者其他部门、机构代表本级人民政府对国家出资公司履行出资人职责。

代表本级人民政府履行出资人职责的机构、部门，以下统称为履行出资人职责的机构。

第一百七十条　国家出资公司中中国共产党的组织，按照中国共产党章程的规定发挥领导作用，研究讨论公司重大经营管理事项，支持公司的组织机构依法行使职权。

第一百七十一条 国有独资公司章程由履行出资人职责的机构制定。

第一百七十二条 国有独资公司不设股东会，由履行出资人职责的机构行使股东会职权。履行出资人职责的机构可以授权公司董事会行使股东会的部分职权，但公司章程的制定和修改，公司的合并、分立、解散、申请破产、增加或者减少注册资本，分配利润，应当由履行出资人职责的机构决定。

第一百七十三条 国有独资公司的董事会依照本法规定行使职权。

国有独资公司的董事会成员中，应当过半数为外部董事，并应当有公司职工代表。

董事会成员由履行出资人职责的机构委派；但是，董事会成员中的职工代表由公司职工代表大会选举产生。

董事会设董事长一人，可以设副董事长。董事长、副董事长由履行出资人职责的机构从董事会成员中指定。

第一百七十四条 国有独资公司的经理由董事会聘任或者解聘。

经履行出资人职责的机构同意，董事会成员可以兼任经理。

第一百七十五条 国有独资公司的董事、高级管理人员，未经履行出资人职责的机构同意，不得在其他有限责任公司、股份有限公司或者其他经济组织兼职。

第一百七十六条 国有独资公司在董事会中设置由董事组成的审计委员会行使本法规定的监事会职权的，不设监事会或者监事。

第一百七十七条 国家出资公司应当依法建立健全内部监督管理和风险控制制度，加强内部合规管理。

第八章　公司董事、监事、高级管理人员的资格和义务

第一百七十八条 有下列情形之一的，不得担任公司的董事、监事、高级管理人员：

（一）无民事行为能力或者限制民事行为能力；

（二）因贪污、贿赂、侵占财产、挪用财产或者破坏社会主义市场经济秩序，被判处刑罚，或者因犯罪被剥夺政治权利，执行期满未逾五年，被宣告缓刑的，自缓刑考验期满之日起未逾二年；

（三）担任破产清算的公司、企业的董事或者厂长、经理，对该公司、企业的破产负有个人责任的，自该公司、企业破产清算完结之日起未逾三年；

（四）担任因违法被吊销营业执照、责令关闭的公司、企业的法定代表人，并负有个人责任的，自该公司、企业被吊销营业执照、责令关闭之日起未逾三年；

（五）个人因所负数额较大债务到期未清偿被人民法院列为失信被执行人。

违反前款规定选举、委派董事、监事或者聘任高级管理人员的，该选举、委派或者聘任无效。

董事、监事、高级管理人员在任职期间出现本条第一款所列情形的，公司应当解除其职务。

第一百七十九条 董事、监事、高级管理人员应当遵守法律、行政法规和公司章程。

第一百八十条 董事、监事、高级管理人员对公司负有忠实义务，应当采取措施避免自身利益与公司利益冲突，不得利用职权牟取不正当利益。

董事、监事、高级管理人员对公司负有勤勉义务，执行职务应当为公司的最大利益尽到管理者通常应有的合理注意。

公司的控股股东、实际控制人不担任公司董事但实际执行公司事务的，适用前两款规定。

第一百八十一条 董事、监事、高级管理人员不得有下列行为：

（一）侵占公司财产、挪用公司资金；

（二）将公司资金以其个人名义或者以其他个人名义开立账户存储；

（三）利用职权贿赂或者收受其他非法收入；

（四）接受他人与公司交易的佣金归为己有；

（五）擅自披露公司秘密；

（六）违反对公司忠实义务的其他行为。

第一百八十二条 董事、监事、高级管理人员，直接或者间接与本公司订立合同或者进行交易，应当就与订立合同或者进行交易有关的事项向董事会或者股东会报告，并按照公司章程的规定经董事会或者股东会决议通过。

董事、监事、高级管理人员的近亲属，董事、监事、高级管理人员或者其近亲属直接或者间接控制的企业，以及与董事、监事、高级管理人员有其他关联关系的关联人，与公司订立合同或者进行交易，适用前款规定。

第一百八十三条 董事、监事、高级管理人员，不得利用职务便利为自己或者他人谋取属于公司的商业机会。但是，有下列情形之一的除外：

（一）向董事会或者股东会报告，并按照公司章程的规定经董事会或者股东会决议通过；

（二）根据法律、行政法规或者公司章程的规定，公司不能利用该商业机会。

第一百八十四条 董事、监事、高级管理人员未向董事会或者股东会报告，并按照公司章程的规定经董事会或者股东会决议通过，不得自营或者为他人经营与其任职公司同类的业务。

第一百八十五条 董事会对本法第一百八十二条至第一百八十四条规定的事项决议时，关联董事不得参与表决，其表决权不计入表决权总数。出席董事会会议的无关联关系董事人数不足三人的，应当将该事项提交股东会审议。

第一百八十六条 董事、监事、高级管理人员违反本法第一百八十一条至第一百八十四条规定所得的收入应当归公司所有。

第一百八十七条 股东会要求董事、监事、高级管理人员列席会议的，董事、监事、高级管理人员应当列席并接受股东的质询。

第一百八十八条 董事、监事、高级管理人员执行职务违反法律、行政法规或者公司章程的规定，给公司造成损失的，应当承担赔偿责任。

第一百八十九条　董事、高级管理人员有前条规定的情形的，有限责任公司的股东、股份有限公司连续一百八十日以上单独或者合计持有公司百分之一以上股份的股东，可以书面请求监事会向人民法院提起诉讼；监事有前条规定的情形的，前述股东可以书面请求董事会向人民法院提起诉讼。

监事会或者董事会收到前款规定的股东书面请求后拒绝提起诉讼，或者自收到请求之日起三十日内未提起诉讼，或者情况紧急、不立即提起诉讼将会使公司利益受到难以弥补的损害的，前款规定的股东有权为公司利益以自己的名义直接向人民法院提起诉讼。

他人侵犯公司合法权益，给公司造成损失的，本条第一款规定的股东可以依照前两款的规定向人民法院提起诉讼。

公司全资子公司的董事、监事、高级管理人员有前条规定情形，或者他人侵犯公司全资子公司合法权益造成损失的，有限责任公司的股东、股份有限公司连续一百八十日以上单独或者合计持有公司百分之一以上股份的股东，可以依照前三款规定书面请求全资子公司的监事会、董事会向人民法院提起诉讼或者以自己的名义直接向人民法院提起诉讼。

第一百九十条　董事、高级管理人员违反法律、行政法规或者公司章程的规定，损害股东利益的，股东可以向人民法院提起诉讼。

第一百九十一条　董事、高级管理人员执行职务，给他人造成损害的，公司应当承担赔偿责任；董事、高级管理人员存在故意或者重大过失的，也应当承担赔偿责任。

第一百九十二条　公司的控股股东、实际控制人指示董事、高级管理人员从事损害公司或者股东利益的行为的，与该董事、高级管理人员承担连带责任。

第一百九十三条　公司可以在董事任职期间为董事因执行公司职务承担的赔偿责任投保责任保险。

公司为董事投保责任保险或者续保后，董事会应当向股东会报告责任保险的投保金额、承保范围及保险费率等内容。

第九章 公司债券

第一百九十四条 本法所称公司债券，是指公司发行的约定按期还本付息的有价证券。

公司债券可以公开发行，也可以非公开发行。

公司债券的发行和交易应当符合《中华人民共和国证券法》等法律、行政法规的规定。

第一百九十五条 公开发行公司债券，应当经国务院证券监督管理机构注册，公告公司债券募集办法。

公司债券募集办法应当载明下列主要事项：

（一）公司名称；

（二）债券募集资金的用途；

（三）债券总额和债券的票面金额；

（四）债券利率的确定方式；

（五）还本付息的期限和方式；

（六）债券担保情况；

（七）债券的发行价格、发行的起止日期；

（八）公司净资产额；

（九）已发行的尚未到期的公司债券总额；

（十）公司债券的承销机构。

第一百九十六条 公司以纸面形式发行公司债券的，应当在债券上载明公司名称、债券票面金额、利率、偿还期限等事项，并由法定代表人签名，公司盖章。

第一百九十七条 公司债券应当为记名债券。

第一百九十八条 公司发行公司债券应当置备公司债券持有人名册。

发行公司债券的，应当在公司债券持有人名册上载明下列事项：

（一）债券持有人的姓名或者名称及住所；

（二）债券持有人取得债券的日期及债券的编号；

（三）债券总额，债券的票面金额、利率、还本付息的期限和方式；

（四）债券的发行日期。

第一百九十九条 公司债券的登记结算机构应当建立债券登记、存管、付息、兑付等相关制度。

第二百条 公司债券可以转让，转让价格由转让人与受让人约定。

公司债券的转让应当符合法律、行政法规的规定。

第二百零一条 公司债券由债券持有人以背书方式或者法律、行政法规规定的其他方式转让；转让后由公司将受让人的姓名或者名称及住所记载于公司债券持有人名册。

第二百零二条 股份有限公司经股东会决议，或者经公司章程、股东会授权由董事会决议，可以发行可转换为股票的公司债券，并规定具体的转换办法。上市公司发行可转换为股票的公司债券，应当经国务院证券监督管理机构注册。

发行可转换为股票的公司债券，应当在债券上标明可转换公司债券字样，并在公司债券持有人名册上载明可转换公司债券的数额。

第二百零三条 发行可转换为股票的公司债券的，公司应当按照其转换办法向债券持有人换发股票，但债券持有人对转换股票或者不转换股票有选择权。法律、行政法规另有规定的除外。

第二百零四条 公开发行公司债券的，应当为同期债券持有人设立债券持有人会议，并在债券募集办法中对债券持有人会议的召集程序、会议规则和其他重要事项作出规定。债券持有人会议可以对与债券持有人有利害关系的事项作出决议。

除公司债券募集办法另有约定外，债券持有人会议决议对同期全体债券持有人发生效力。

第二百零五条 公开发行公司债券的，发行人应当为债券持有人聘请债券受托管理人，由其为债券持有人办理受领清偿、债权保全、与债券相关的诉讼以及参与债务人破产程序等事项。

第二百零六条 债券受托管理人应当勤勉尽责，公正履行受托管理职责，不得损害债券持有人利益。

受托管理人与债券持有人存在利益冲突可能损害债券持有人利益的，债券持有人会议可以决议变更债券受托管理人。

债券受托管理人违反法律、行政法规或者债券持有人会议决议，损害债券持有人利益的，应当承担赔偿责任。

第十章 公司财务、会计

第二百零七条 公司应当依照法律、行政法规和国务院财政部门的规定建立本公司的财务、会计制度。

第二百零八条 公司应当在每一会计年度终了时编制财务会计报告，并依法经会计师事务所审计。

财务会计报告应当依照法律、行政法规和国务院财政部门的规定制作。

第二百零九条 有限责任公司应当按照公司章程规定的期限将财务会计报告送交各股东。

股份有限公司的财务会计报告应当在召开股东会年会的二十日前置备于本公司，供股东查阅；公开发行股份的股份有限公司应当公告其财务会计报告。

第二百一十条 公司分配当年税后利润时，应当提取利润的百分之十列入公司法定公积金。公司法定公积金累计额为公司注册资本的百分之五十以上的，可以不再提取。

公司的法定公积金不足以弥补以前年度亏损的，在依照前款规定提取法定公积金之前，应当先用当年利润弥补亏损。

公司从税后利润中提取法定公积金后，经股东会决议，还可以从税后利润中提取任意公积金。

公司弥补亏损和提取公积金后所余税后利润，有限责任公司按照股东实缴的出资比例分配利润，全体股东约定不按照出资比例分配利润的除外；股份有限公司按照股东所持有的股份比例分配利润，公司章程另有规定的除外。

公司持有的本公司股份不得分配利润。

第二百一十一条 公司违反本法规定向股东分配利润的，股东应当将违反规定分配的利润退还公司；给公司造成损失的，股东及负有责任的董事、监事、高级管理人员应当承担赔偿责任。

第二百一十二条 股东会作出分配利润的决议的，董事会应当在股东会决议作出之日起六个月内进行分配。

第二百一十三条 公司以超过股票票面金额的发行价格发行股份所得的溢价款、发行无面额股所得股款未计入注册资本的金额以及国务院财政部门规定列入资本公积金的其他项目，应当列为公司资本公积金。

第二百一十四条 公司的公积金用于弥补公司的亏损、扩大公司生产经营或者转为增加公司注册资本。

公积金弥补公司亏损，应当先使用任意公积金和法定公积金；仍不能弥补的，可以按照规定使用资本公积金。

法定公积金转为增加注册资本时，所留存的该项公积金不得少于转增前公司注册资本的百分之二十五。

第二百一十五条 公司聘用、解聘承办公司审计业务的会计师事务所，按照公司章程的规定，由股东会、董事会或者监事会决定。

公司股东会、董事会或者监事会就解聘会计师事务所进行表决时，应当允许会计师事务所陈述意见。

第二百一十六条 公司应当向聘用的会计师事务所提供真实、完整的会计凭证、会计账簿、财务会计报告及其他会计资料，不得拒绝、隐匿、谎报。

第二百一十七条 公司除法定的会计账簿外，不得另立会计账簿。

对公司资金，不得以任何个人名义开立账户存储。

第十一章 公司合并、分立、增资、减资

第二百一十八条 公司合并可以采取吸收合并或者新设合并。

一个公司吸收其他公司为吸收合并，被吸收的公司解散。两个以上公司合并设立一个新的公司为新设合并，合并各方解散。

第二百一十九条 公司与其持股百分之九十以上的公司合并，被合并的公司不需经股东会决议，但应当通知其他股东，其他股东有权请求公司按照合理的价格收购其股权或者股份。

公司合并支付的价款不超过本公司净资产百分之十的，可以不经股东会决议；但是，公司章程另有规定的除外。

公司依照前两款规定合并不经股东会决议的，应当经董事会决议。

第二百二十条 公司合并，应当由合并各方签订合并协议，并编制资产负债表及财产清单。公司应当自作出合并决议之日起十日内通知债权人，并于三十日内在报纸上或者国家企业信用信息公示系统公告。债权人自接到通知之日起三十日内，未接到通知的自公告之日起四十五日内，可以要求公司清偿债务或者提供相应的担保。

第二百二十一条 公司合并时，合并各方的债权、债务，应当由合并后存续的公司或者新设的公司承继。

第二百二十二条 公司分立，其财产作相应的分割。

公司分立，应当编制资产负债表及财产清单。公司应当自作出分立决议之日起十日内通知债权人，并于三十日内在报纸上或者国家企业信用信息公示系统公告。

第二百二十三条 公司分立前的债务由分立后的公司承担连带责任。但是，公司在分立前与债权人就债务清偿达成的书面协议另有约定的除外。

第二百二十四条 公司减少注册资本，应当编制资产负债表及财产清单。

公司应当自股东会作出减少注册资本决议之日起十日内通知债权人，并于三十日内在报纸上或者国家企业信用信息公示系统公告。债权人自接到通

知之日起三十日内，未接到通知的自公告之日起四十五日内，有权要求公司清偿债务或者提供相应的担保。

公司减少注册资本，应当按照股东出资或者持有股份的比例相应减少出资额或者股份，法律另有规定、有限责任公司全体股东另有约定或者股份有限公司章程另有规定的除外。

第二百二十五条 公司依照本法第二百一十四条第二款的规定弥补亏损后，仍有亏损的，可以减少注册资本弥补亏损。减少注册资本弥补亏损的，公司不得向股东分配，也不得免除股东缴纳出资或者股款的义务。

依照前款规定减少注册资本的，不适用前条第二款的规定，但应当自股东会作出减少注册资本决议之日起三十日内在报纸上或者国家企业信用信息公示系统公告。

公司依照前两款的规定减少注册资本后，在法定公积金和任意公积金累计额达到公司注册资本百分之五十前，不得分配利润。

第二百二十六条 违反本法规定减少注册资本的，股东应当退还其收到的资金，减免股东出资的应当恢复原状；给公司造成损失的，股东及负有责任的董事、监事、高级管理人员应当承担赔偿责任。

第二百二十七条 有限责任公司增加注册资本时，股东在同等条件下有权优先按照实缴的出资比例认缴出资。但是，全体股东约定不按照出资比例优先认缴出资的除外。

股份有限公司为增加注册资本发行新股时，股东不享有优先认购权，公司章程另有规定或者股东会决议决定股东享有优先认购权的除外。

第二百二十八条 有限责任公司增加注册资本时，股东认缴新增资本的出资，依照本法设立有限责任公司缴纳出资的有关规定执行。

股份有限公司为增加注册资本发行新股时，股东认购新股，依照本法设立股份有限公司缴纳股款的有关规定执行。

第十二章 公司解散和清算

第二百二十九条 公司因下列原因解散：

（一）公司章程规定的营业期限届满或者公司章程规定的其他解散事由出现；

（二）股东会决议解散；

（三）因公司合并或者分立需要解散；

（四）依法被吊销营业执照、责令关闭或者被撤销；

（五）人民法院依照本法第二百三十一条的规定予以解散。

公司出现前款规定的解散事由，应当在十日内将解散事由通过国家企业信用信息公示系统予以公示。

第二百三十条 公司有前条第一款第一项、第二项情形，且尚未向股东分配财产的，可以通过修改公司章程或者经股东会决议而存续。

依照前款规定修改公司章程或者经股东会决议，有限责任公司须经持有三分之二以上表决权的股东通过，股份有限公司须经出席股东会会议的股东所持表决权的三分之二以上通过。

第二百三十一条 公司经营管理发生严重困难，继续存续会使股东利益受到重大损失，通过其他途径不能解决的，持有公司百分之十以上表决权的股东，可以请求人民法院解散公司。

第二百三十二条 公司因本法第二百二十九条第一款第一项、第二项、第四项、第五项规定而解散的，应当清算。董事为公司清算义务人，应当在解散事由出现之日起十五日内组成清算组进行清算。

清算组由董事组成，但是公司章程另有规定或者股东会决议另选他人的除外。

清算义务人未及时履行清算义务，给公司或者债权人造成损失的，应当承担赔偿责任。

第二百三十三条 公司依照前条第一款的规定应当清算，逾期不成立清算组进行清算或者成立清算组后不清算的，利害关系人可以申请人民法院指定有关人员组成清算组进行清算。人民法院应当受理该申请，并及时组织清算组进行清算。

公司因本法第二百二十九条第一款第四项的规定而解散的，作出吊销营业执照、责令关闭或者撤销决定的部门或者公司登记机关，可以申请人民法院指定有关人员组成清算组进行清算。

第二百三十四条 清算组在清算期间行使下列职权：

（一）清理公司财产，分别编制资产负债表和财产清单；

（二）通知、公告债权人；

（三）处理与清算有关的公司未了结的业务；

（四）清缴所欠税款以及清算过程中产生的税款；

（五）清理债权、债务；

（六）分配公司清偿债务后的剩余财产；

（七）代表公司参与民事诉讼活动。

第二百三十五条 清算组应当自成立之日起十日内通知债权人，并于六十日内在报纸上或者国家企业信用信息公示系统公告。债权人应当自接到通知之日起三十日内，未接到通知的自公告之日起四十五日内，向清算组申报其债权。

债权人申报债权，应当说明债权的有关事项，并提供证明材料。清算组应当对债权进行登记。

在申报债权期间，清算组不得对债权人进行清偿。

第二百三十六条 清算组在清理公司财产、编制资产负债表和财产清单后，应当制订清算方案，并报股东会或者人民法院确认。

公司财产在分别支付清算费用、职工的工资、社会保险费用和法定补偿金，缴纳所欠税款，清偿公司债务后的剩余财产，有限责任公司按照股东的出资比例分配，股份有限公司按照股东持有的股份比例分配。

清算期间，公司存续，但不得开展与清算无关的经营活动。公司财产在未依照前款规定清偿前，不得分配给股东。

第二百三十七条 清算组在清理公司财产、编制资产负债表和财产清单后，发现公司财产不足清偿债务的，应当依法向人民法院申请破产清算。

人民法院受理破产申请后，清算组应当将清算事务移交给人民法院指定的破产管理人。

第二百三十八条 清算组成员履行清算职责，负有忠实义务和勤勉义务。

清算组成员怠于履行清算职责，给公司造成损失的，应当承担赔偿责任；因故意或者重大过失给债权人造成损失的，应当承担赔偿责任。

第二百三十九条 公司清算结束后，清算组应当制作清算报告，报股东会或者人民法院确认，并报送公司登记机关，申请注销公司登记。

第二百四十条 公司在存续期间未产生债务，或者已清偿全部债务的，经全体股东承诺，可以按照规定通过简易程序注销公司登记。

通过简易程序注销公司登记，应当通过国家企业信用信息公示系统予以公告，公告期限不少于二十日。公告期限届满后，未有异议的，公司可以在二十日内向公司登记机关申请注销公司登记。

公司通过简易程序注销公司登记，股东对本条第一款规定的内容承诺不实的，应当对注销登记前的债务承担连带责任。

第二百四十一条 公司被吊销营业执照、责令关闭或者被撤销，满三年未向公司登记机关申请注销公司登记的，公司登记机关可以通过国家企业信用信息公示系统予以公告，公告期限不少于六十日。公告期限届满后，未有异议的，公司登记机关可以注销公司登记。

依照前款规定注销公司登记的，原公司股东、清算义务人的责任不受影响。

第二百四十二条 公司被依法宣告破产的，依照有关企业破产的法律实施破产清算。

第十三章　外国公司的分支机构

第二百四十三条　本法所称外国公司，是指依照外国法律在中华人民共和国境外设立的公司。

第二百四十四条　外国公司在中华人民共和国境内设立分支机构，应当向中国主管机关提出申请，并提交其公司章程、所属国的公司登记证书等有关文件，经批准后，向公司登记机关依法办理登记，领取营业执照。

外国公司分支机构的审批办法由国务院另行规定。

第二百四十五条　外国公司在中华人民共和国境内设立分支机构，应当在中华人民共和国境内指定负责该分支机构的代表人或者代理人，并向该分支机构拨付与其所从事的经营活动相适应的资金。

对外国公司分支机构的经营资金需要规定最低限额的，由国务院另行规定。

第二百四十六条　外国公司的分支机构应当在其名称中标明该外国公司的国籍及责任形式。

外国公司的分支机构应当在本机构中置备该外国公司章程。

第二百四十七条　外国公司在中华人民共和国境内设立的分支机构不具有中国法人资格。

外国公司对其分支机构在中华人民共和国境内进行经营活动承担民事责任。

第二百四十八条　经批准设立的外国公司分支机构，在中华人民共和国境内从事业务活动，应当遵守中国的法律，不得损害中国的社会公共利益，其合法权益受中国法律保护。

第二百四十九条　外国公司撤销其在中华人民共和国境内的分支机构时，应当依法清偿债务，依照本法有关公司清算程序的规定进行清算。未清偿债务之前，不得将其分支机构的财产转移至中华人民共和国境外。

第十四章 法律责任

第二百五十条 违反本法规定，虚报注册资本、提交虚假材料或者采取其他欺诈手段隐瞒重要事实取得公司登记的，由公司登记机关责令改正，对虚报注册资本的公司，处以虚报注册资本金额百分之五以上百分之十五以下的罚款；对提交虚假材料或者采取其他欺诈手段隐瞒重要事实的公司，处以五万元以上二百万元以下的罚款；情节严重的，吊销营业执照；对直接负责的主管人员和其他直接责任人员处以三万元以上三十万元以下的罚款。

第二百五十一条 公司未依照本法第四十条规定公示有关信息或者不如实公示有关信息的，由公司登记机关责令改正，可以处以一万元以上五万元以下的罚款。情节严重的，处以五万元以上二十万元以下的罚款；对直接负责的主管人员和其他直接责任人员处以一万元以上十万元以下的罚款。

第二百五十二条 公司的发起人、股东虚假出资，未交付或者未按期交付作为出资的货币或者非货币财产的，由公司登记机关责令改正，可以处以五万元以上二十万元以下的罚款；情节严重的，处以虚假出资或者未出资金额百分之五以上百分之十五以下的罚款；对直接负责的主管人员和其他直接责任人员处以一万元以上十万元以下的罚款。

第二百五十三条 公司的发起人、股东在公司成立后，抽逃其出资的，由公司登记机关责令改正，处以所抽逃出资金额百分之五以上百分之十五以下的罚款；对直接负责的主管人员和其他直接责任人员处以三万元以上三十万元以下的罚款。

第二百五十四条 有下列行为之一的，由县级以上人民政府财政部门依照《中华人民共和国会计法》等法律、行政法规的规定处罚：

（一）在法定的会计账簿以外另立会计账簿；

（二）提供存在虚假记载或者隐瞒重要事实的财务会计报告。

第二百五十五条 公司在合并、分立、减少注册资本或者进行清算时，不依照本法规定通知或者公告债权人的，由公司登记机关责令改正，对公司处以一万元以上十万元以下的罚款。

第二百五十六条 公司在进行清算时，隐匿财产，对资产负债表或者财产清单作虚假记载，或者在未清偿债务前分配公司财产的，由公司登记机关责令改正，对公司处以隐匿财产或者未清偿债务前分配公司财产金额百分之五以上百分之十以下的罚款；对直接负责的主管人员和其他直接责任人员处以一万元以上十万元以下的罚款。

第二百五十七条 承担资产评估、验资或者验证的机构提供虚假材料或者提供有重大遗漏的报告的，由有关部门依照《中华人民共和国资产评估法》、《中华人民共和国注册会计师法》等法律、行政法规的规定处罚。

承担资产评估、验资或者验证的机构因其出具的评估结果、验资或者验证证明不实，给公司债权人造成损失的，除能够证明自己没有过错的外，在其评估或者证明不实的金额范围内承担赔偿责任。

第二百五十八条 公司登记机关违反法律、行政法规规定未履行职责或者履行职责不当的，对负有责任的领导人员和直接责任人员依法给予政务处分。

第二百五十九条 未依法登记为有限责任公司或者股份有限公司，而冒用有限责任公司或者股份有限公司名义的，或者未依法登记为有限责任公司或者股份有限公司的分公司，而冒用有限责任公司或者股份有限公司的分公司名义的，由公司登记机关责令改正或者予以取缔，可以并处十万元以下的罚款。

第二百六十条 公司成立后无正当理由超过六个月未开业的，或者开业后自行停业连续六个月以上的，公司登记机关可以吊销营业执照，但公司依法办理歇业的除外。

公司登记事项发生变更时，未依照本法规定办理有关变更登记的，由公司登记机关责令限期登记；逾期不登记的，处以一万元以上十万元以下的罚款。

第二百六十一条 外国公司违反本法规定，擅自在中华人民共和国境内设立分支机构的，由公司登记机关责令改正或者关闭，可以并处五万元以上二十万元以下的罚款。

第二百六十二条 利用公司名义从事危害国家安全、社会公共利益的严重违法行为的，吊销营业执照。

第二百六十三条 公司违反本法规定，应当承担民事赔偿责任和缴纳罚款、罚金的，其财产不足以支付时，先承担民事赔偿责任。

第二百六十四条 违反本法规定，构成犯罪的，依法追究刑事责任。

第十五章　附　　则

第二百六十五条 本法下列用语的含义：

（一）高级管理人员，是指公司的经理、副经理、财务负责人，上市公司董事会秘书和公司章程规定的其他人员。

（二）控股股东，是指其出资额占有限责任公司资本总额超过百分之五十或者其持有的股份占股份有限公司股本总额超过百分之五十的股东；出资额或者持有股份的比例虽然低于百分之五十，但依其出资额或者持有的股份所享有的表决权已足以对股东会的决议产生重大影响的股东。

（三）实际控制人，是指通过投资关系、协议或者其他安排，能够实际支配公司行为的人。

（四）关联关系，是指公司控股股东、实际控制人、董事、监事、高级管理人员与其直接或者间接控制的企业之间的关系，以及可能导致公司利益转移的其他关系。但是，国家控股的企业之间不仅因为同受国家控股而具有关联关系。

第二百六十六条 本法自 2024 年 7 月 1 日起施行。

本法施行前已登记设立的公司，出资期限超过本法规定的期限的，除法律、行政法规或者国务院另有规定外，应当逐步调整至本法规定的期限以内；对于出资期限、出资额明显异常的，公司登记机关可以依法要求其及时调整。具体实施办法由国务院规定。

图书在版编目（CIP）数据

股权战略 / 焦汉伟著. -- 北京：中国法治出版社，2025.5. -- ISBN 978-7-5216-5288-8

Ⅰ.F272

中国国家版本馆 CIP 数据核字第 2025BW6910 号

责任编辑：刘晓霞　　　　　　　　　　　　封面设计：蒋　怡

股权战略
GUQUAN ZHANLUE

著者/焦汉伟
经销/新华书店
印刷/三河市国英印务有限公司
开本/710 毫米×1000 毫米　16 开　　　　印张/ 17.25　字数/ 187 千
版次/2025 年 5 月第 1 版　　　　　　　　2025 年 5 月第 1 次印刷

中国法治出版社出版
书号 ISBN 978-7-5216-5288-8　　　　　　　　　　　定价：58.00 元

北京市西城区西便门西里甲 16 号西便门办公区
邮政编码：100053　　　　　　　　　　　传真：010-63141600
网址：http://www.zgfzs.com　　　　　　编辑部电话：010-63141664
市场营销部电话：010-63141612　　　　印务部电话：010-63141606

（如有印装质量问题，请与本社印务部联系。）